DESENVOLVIMENTO DE EXECUTIVOS GLOBAIS

AS LIÇÕES DA EXPERIÊNCIA INTERNACIONAL

Associação Brasileira para
a Proteção dos Direitos
Editoriais e Autorais

RESPEITE O AUTOR
NÃO FAÇA CÓPIA
www.abpdea.org.br

M479d McCall, Morgan W., Jr.
      Desenvolvimento de executivos globais: as lições da experiência internacional / Morgan W. McCall Jr. e George P. Hollenbeck; trad. Zaida Maldonado. – Porto Alegre : Bookman, 2003.

      1. Administração – Desenvolvimento – Executivos.
I. Hollenbeck, George P. II. Título.

CDU 65.16-057.162

Catalogação na publicação: Mônica Ballejo Canto – CRB 10/1023

ISBN 85-363-0169-4

DESENVOLVIMENTO DE EXECUTIVOS GLOBAIS

AS LIÇÕES DA EXPERIÊNCIA INTERNACIONAL

MORGAN W. McCALL Jr.
GEORGE P. HOLLENBECK

Tradução:
Zaida Maldonado

Consultoria, supervisão e revisão técnica desta edição:
Ubyrajara Brasil Dal Bello
Especialista em Comércio Exterior e mestre em Administração de Empresas
Professor de Negociação Internacional, pesquisador e coordenador
do curso Administração da Universidade de Caxias do Sul

2003

Obra originalmente publicada sob o título
Developing global executives: the lessons of international experience

© Harvard Business School Publishing Corporation, 2002
Publicado por acordo com Harvard Business School Press.

ISBN 1-57851-336-7

Capa
Tatiana Sperhacke

Preparação do original
Luciano Gomes e Carla Krohn

Supervisão editorial
Arysinha Jacques Affonso

Projeto e editoração
Armazém Digital Editoração Eletrônica – rcmv

Reservados todos os direitos de publicação, em língua portuguesa, à
ARTMED® EDITORA S.A. (Bookman® Companhia Editora
é uma divisão da Artmed® Editora S.A.)
Av. Jerônimo de Ornelas, 670 – Santana
90040-340 Porto Alegre RS
Fone: (51) 3330-3444 Fax: (51) 3330-2378

É proibida a duplicação ou reprodução deste volume, no todo ou em parte,
sob quaisquer formas ou por quaisquer meios (eletrônico, mecânico, gravação,
fotocópia, distribuição na Web e outros), sem permissão expressa da Editora.

SÃO PAULO
Av. Rebouças, 1073 – Jardins
05401-150 São Paulo SP
Fone: (11) 3062-3757 Fax: (11) 3062-2487

SAC 0800 703-3444

IMPRESSO NO BRASIL
PRINTED IN BRAZIL

Sobre os Autores

Morgan W. McCall Jr. é professor de Administração e Organização na Marshall School of Business, da University of Southern California (USC) e leciona no programa International Business Education e Research (IBEAR – Programa Internacional de Educação e Pesquisa em Administração) da USC. É autor de *High Flyers: Developing the Next Generation of Leaders*, co-autor de *The Lessons of Experience* e, com Bill Mobley, editor de *Advances in Global Leadership*, volume 2. Graduou-se em Ciências pela Yale e obteve seu Ph.D. na Cornell. É Fellow da Society for Industrial and Organizational Psychology. Antes de se juntar à USC, Morgan foi diretor de pesquisa e cientista comportamental sênior no Center for Creative Leadership.

George P. Hollenbeck é psicólogo organizacional, consultor e professor de desenvolvimento de liderança executiva. Sua carreira incluiu cargos executivos na Merrill Lynch, em Nova York, e na Fidelity Investments. Foi diretor sênior de educação executiva na Harvard Business School. Após receber o Ph.D. na Universidade de Wisconsin, ele foi para a IBM, atuando no The Psychological Corporation. Foi James McKeen Cattell Fund Fellow na Universidade da Califórnia, em Berkeley, e, como executivo da Merrill Lynch, freqüentou o programa avançado de administração da Harvard Business School. O seu trabalho de consultoria se dá, principalmente, na área de aconselhamento individual a executivos.

Para Esther e Ruth, cujo amor e apoio nos encorajaram a empreender este projeto e cuja paciência nos permitiu completá-lo.

Agradecimentos

Embora apenas dois nomes apareçam na capa do livro, foram necessários os esforços de muitas outras pessoas e organizações para a sua concepção. Não podemos expressar adequadamente nossa gratidão aos 101 executivos que nos concederam o seu tempo e que conosco partilharam as lições de suas experiências. Não só responderam à nossa longa lista de perguntas, mas também demonstraram admirável paciência, enquanto buscávamos ver o mundo conforme eles o viam. Muitos deles desdobraram-se para tornar a nossa visita especial, oferecendo carros e motoristas que nos levassem pelas cidades por nós desconhecidas, mostrando instalações e operações, nos recebendo para almoços ou jantares, oferecendo sugestões sobre como desfrutar de nossa permanência em seus países e proporcionando pequenas atenções que tornam mais confortável a estadia de um estrangeiro. Sentimo-nos honrados em tê-los conhecido.

Esta pesquisa teria sido impossível sem o apoio de Asea Brown Boveri (ABB), Ericsson, PDI Global Research Consortia (GRC), Human Resources Futures Association (HRFA), Johnson & Johnson, o grupo das empresas Royal Dutch/Shell e Unilever. Nossos colegas organizações apoiaram e encorajaram incansavelmente durante todo o trabalho: Anne-Christine Carlsson, Par-Anders Pehrson e Britt Reigo, da Ericsson; Charley Corace, da Johnson & Johnson; Brian Dive, então na Unilever; Steve Fitzgerald, da HRFA; John Hofmeister, da Royal Dutch/Shell; Bill Mobley, do GRC; e Arne Olsson, da ABB. (Foram os dedicados esforços, a sabedoria sem fim, a crença e o apoio de Arne Olsson ao trabalho que deram início ao estudo do projeto.) Sem eles, a pesquisa e, em última instância, este livro não existiriam. Apreciamos a paciência que tiveram enquanto aguardavam os resultados, um processo que durou, como um deles observou, mais do que o período de gestação do elefante indiano.

Também apreciamos os esforços dos heróis não-citados nos bastidores dessas empresas que passaram muitas horas organizando toda a logística, em especial Margareta Andersson, Maureen Bayless, Y. Y. Choy, Linell Griffin, Anneke Herder, Kathy Mak, Connie Sardellitto e Anita Yeung. Hilde Wesselink desempenhou um papel especial coordenando a reunião de apresentação do *feedback* do projeto para os nossos patrocinadores em Soestduinen.

Agradecemos às pessoas que nos auxiliaram e apoiaram as empresas participantes do GRC e da HRFA e a Toyota. Essas incluem, do GRC, Ann Tidball, da AlliedSignal (hoje Honeywell); Elaine Wang, da Amoco (hoje BP Amoco); Phil Read, da Dow Chemical; Doug Thompson, da Hewlett-Packard e Isabell Yen, anteriormente da Mobil (hoje ExxonMobil); da HRFA, Bob Silverforb (aposentado) e Dave Roxburgh, da Bechtel; Colleen Norwine e Steve Fitzgerald, da Ford; Linn Minella, da IBM; Wes Coleman, da SC Johnson e Ted Runge (aposentado), da Xerox; e da Toyota, Karen Arden (a Toyota à época do estudo) e Kirk Edmondson. Durante o estudo, notamos um ritmo incrível refletido na grande quantidade de mudanças em um período tão curto, em relação às pessoas e empresas envolvidas neste trabalho.

Apreciamos o continuado apoio do nosso grupo administrativo no Center for Effective Organizations da University of Southern California, agradecendo especialmente a Ed Lawler por nos receber e a Annette Yakushi e Lydia Arakaki, por trabalharem arduamente para manter tudo em ordem. A Marshall School of Business da USC providenciou dispensa de cursos, apoio no verão e um assistente de pesquisa.

Muitas tarefas envolvidas nesta pesquisa podem melhor ser descritas como puro trabalho burocrático. Imagine tentar desenvolver e concordar com categorias de código utilizando as observações de 101 entrevistados, depois codificar 952 lições em 27 categorias com as quais quatro pessoas concordem! E isso para começar. Tais tarefas recaíram sobre os nossos leais, dedicados e pacientes assistentes de pesquisa Murat Aspalan (da Turquia) e Azfar Hussein (da Índia), cujas experiências internacionais certamente qualificavam-nos a compreender os dados com os quais lidavam. Murat merece especial reconhecimento por criar o banco de dados e providenciar muito da análise estatística.

Quando descobrimos o quão sobrecarregados estávamos com mais de 100 entrevistas a serem feitas ao redor do mundo, sentimos que precisávamos de ajuda. A primeira a responder ao nosso apelo foi Esther Hutchison, que estivera envolvida em uma pesquisa anterior sobre o desenvolvimento dos executivos no Center for Creative Leadership e concordou em nos auxiliar com as entrevistas, conduzindo, por fim, 19 delas, na Inglaterra e na Suécia. Também somos gratos a Karen Otazo e a JoJo Fresnedi, que fizeram entrevistas na Bélgica e na Inglaterra, e nas Filipinas, respectivamente.

Ao iniciarmos a preparação do manuscrito, a nossa dívida expandiu-se outra vez. Nosso amigo e colega Tim Hall devotou parte de uma reunião da Executive Development Roundtable à discussão do nosso trabalho, e o *feedback* desse grupo proporcionou uma valiosa perspectiva das implicações das nossas descobertas. Agradecimentos, também, a Warren Bennis por sua eloqüente apresentação. Seu trabalho sempre foi uma inspiração para nós; portanto, ficamos especialmente satisfeitos que tenha gostado do nosso livro.

Somos devedores aos seis revisores anônimos que providenciaram para nós e para a Harvard Business School Press comentários detalhados de um rascunho inicial do manuscrito. Na Harvard Business School Press, a cuidadosa leitura e os conselhos de Jeff Kehoe fizeram deste um livro melhor. Nossa editora, Amanda Elkin e Patty Boyd, executaram um trabalho admirável... estamos em dívida! Também na Harvard Business School Press, apreciamos o apoio recebido de Marjorie Williams, Erin Korey e de um grande grupo que trabalhou na criação do produto final.

No que tange ao apoio, agradecimentos especiais a Ruth Hollenbeck, que incansavelmente leu e releu o manuscrito, melhorando-o a cada vez.

Finalmente, agradecemos a Esther e a Ruth – pela paciência que tiveram durante os anos necessários para a conclusão deste projeto.

Apresentação à edição brasileira

Há muito que é sabido o quão modesta é a atividade de comércio internacional do Brasil, comparativamente a outros países, mormente aqueles que pertencem à Organização para a Cooperação e o Desenvolvimento Econômico (OCDE). Os estudiosos brasileiros do assunto, que ainda são poucos, procuram explicar a baixa inserção da *Terra Brasilis* no contexto global por meio de variados pontos de vista. Alguns, por exemplo, creditam o fato à vastidão do território brasileiro: por ser rico em recursos naturais, a necessidade de internacionalização de parte da economia nunca foi um fator premente para os brasileiros, diferentemente do que ocorre com as pequenas nações asiáticas (Cingapura, Taiwan, Coréia e, entre outras, o próprio Japão). A vocação natural em produzir produtos primários, com baixo valor agregado, seria uma outra explicação para tal fato. Há estudiosos que preferem explicar o isolamento intencional brasileiro, decorrente de políticas protecionistas anteriores, como o cerne elucidativo da questão. Seja como for, isoladamente ou em conjunto, todos esses fatores explicam grande parte da tímida performance brasileira no teatro dos negócios internacionais.

Além disso, esse mesmo grupo de fatores é responsável pela falta de competência das empresas genuinamente nacionais em preparar seus executivos para enfrentar as ameaças e aproveitar as oportunidades vindas do exterior. São relativamente poucos os profissionais brasileiros que possuem uma experiência internacional, assim como também é relativamente difícil identificar profissionais que dominam outros idiomas que não o velho e conhecido português. E mais raro ainda são os profissionais que dominam elementos mínimos de uma cultura que não seja a materna. Assim, a falta de recursos humanos habilitados para levar a cabo o desafio da internacionalização da empresa acaba servindo de elo para um ciclo vicioso: a seqüência eterna da não internacionalização por falta de recursos humanos competentes a conseqüente ausência do processo de internacionalização – uma coisa leva a outra e tudo permanece como "dantes no quartel de Abrantes", como diria Camões.

Nesse sentido, o livro dos professores Morgan W. McCall, Jr. e George P. Hollenbeck, *Desenvolvimento de Executivos Globais*, trazido ao público pela Bookman Editora, representa uma grande ferramenta que, se usada com critério, pode auxiliar na minimização desta lacuna: a reduzida quantidade de executivos internacionais globais verdadeiramente brasileiros.

O livro tem como vantagem adicional a capacidade de elucidar didaticamente assuntos críticos que envolvem o cotidiano de profissionais cuja vida se passa, na maior parte do tempo, além-fronteiras. Exemplos desses assuntos críticos podem ser encontrados no Capítulo 4, onde os autores abordam os seguintes temas: como trabalhar com culturas diferentes; como dirigir um negócio de âmbito internacional; como lidar com pessoas dessemelhantes a nós com uma gama complexa de relacionamentos difíceis; como desenvolver as habilidades e as atitudes necessárias para um comportamento pessoal eficaz; como preservar e melhorar os nossos relacionamentos familiares e, principalmente, como administrar a nossa carreira institucional.

Para construir esse acervo de experiências, os autores entrevistaram 101 executivos atuantes e originários de 36 países diferentes. Os questionários foram distribuídos e analisados, tendo os seus dados compilados e tratados para resultar nesta obra. Assim, essa coletânea de vivências executivas é um material valioso para aqueles que tenham como ambição a atuação internacional.

Por fim, fico muito agradecido pela confiança que a Bookman depositou em mim, conferindo-me a nobre missão de revisar tecnicamente essa obra e apresentá-la ao público em geral. Confesso que me vi em muitas das situações descritas ao longo do livro, decorrentes de minha experiência internacional de mais de 25 anos. Durante a vida ativa no seio empresarial, 33 países foram palco de intensas negociações por mim vivenciadas. Logo, ao ler este livro, pude reviver muitos dos desafios que muitos dos executivos entrevistados relataram.

Em especial aos meus estimados alunos, portanto, aconselho a leitura.

Ubyrajara Brasil Dal Bello

Apresentação

Nos últimos dois ou três anos, eu não pude deixar de reparar em Morgan e George, suas cabeças em sussurros globais no escritório de Morgan sem dúvida falavam do novo livro. Como seria de esperar, eu estava mais do que um pouco curioso acerca desse livro, uma vez que eles já haviam me pedido para escrever a apresentação. Vez por outra, eu indagava do progresso do livro: quando o terminariam? Recebia a resposta típica dos autores: "Logo". Algumas vezes, desavergonhadamente, colei o ouvido na parede do escritório à escuta, na esperança de novidades interessantes. (Explicação: Morgan ocupa o escritório ao lado do meu e as paredes, por felicidade, são porosas.)

Finalmente, ei-lo. E o resultado: um livro imaginativo, singular, maravilhosamente lúcido e escrito de forma elegante, que não só desmistifica a "liderança global", mas também, e igualmente importante, esclarece como as empresas globais podem, devem e precisam *desenvolver* esse tipo de talento extraordinário.

Não se parece com o usual estudo que você lê sentado na poltrona, a meta-análise da variação comum a toda literatura sobre globalização ou a habitual análise dos fatores de 300 mil questionários submetidos a executivos seniores internacionais. Antes, é um profundo estudo de 101 líderes globais de verdade originários de 36 países, trabalhando em 16 empresas de destaque global, como a ABB, a Hewlett-Packard, a IBM e a Unilever. Todas essas admiráveis 101 pessoas concordaram em participar de uma longa e substancial entrevista (Deus sabe o quanto cada uma durou!), cobrindo toda a sorte de tópicos de suas vidas profissionais e pessoais. Eis uns poucos exemplos desses líderes globais: um executivo da Holanda, morando em Londres, com 12 anos de experiência fora do seu país e dez cargos que envolviam atravessar fronteiras, hoje se encarrega de agrupar 60 negócios "órfãos" em um único negócio global; um outro executivo, baseado em Pequim, nascido em Cingapura, viveu na Austrália e em Xian e hoje é responsável pela subsidiária chinesa de uma empresa dos Estados Unidos; ou um executivo suíço, hoje baseado em Zurique, com 14 anos no exterior em países que vão desde a Alemanha até Cingapura, que declarou: "Lar é onde estou"; ou o executivo nascido na Índia, que hoje vive em Cingapura e é responsável por operações em oito países tão diversos quanto o Paquistão e a Coréia. Cento e uma histórias admiráveis, 101 reflexões profundamente matizadas sobre líderes e estereótipos, conflitos entre culturas e algumas conclusões que derrubam mitos – todas conceituadas com cuidado e espantosamente úteis para as iniciativas estratégicas do desenvolvimento da liderança global.

Como leitor, eu sei que você vai se interessar pelas sete principais competências do executivo global, pelas cinco experiências-chave que levam à maturidade executiva global e pelos desafios diante das organizações e dos indivíduos ao selecionarem e impulsionarem essas experiências. Você também vai se interessar em saber por que alguns empresários fracassaram ou suas carreiras descarrilaram (um dos constantes interesses de Morgan) e por que a repatriação acaba sendo tão difícil. Você também pode aprender alguns dados interessantes sobre as qualidades importantes de um executivo global, em especial a integridade e uma "abertura à aprendizagem e à experiência"; por que tudo parece demorar tanto em "outras" culturas; o quão relevante (ou não) é saber falar a língua do país; o que é o "choque cultural" e, como se diz nos comerciais de TV, "muito, muito mais".

O que me intrigou em especial – e que tem significado fundamental neste livro – foi a diferença entre o *atravessar fronteiras de negócios* e o *atravessar fronteiras de culturas*. Os requisitos básicos funcionais do fazer negócio convergem cada vez mais em todas as empresas ao redor do mundo. Entretanto, existem importantes diferenças de um país para outro no "como" negociar; por exemplo, ninguém discute que um "sim" no Japão pode significar algo bem diferente de um "sim" no Reino Unido. Mas, para atingirem o ponto fundamental, os autores mostram que dominar o contexto do atravessar fronteiras de *negócios* é pouco quando comparado com a compreensão dos aspectos *culturais/humanos* da liderança em uma sociedade global. Este último exige algo muito importante: a *transformação de si mesmo*. Sim, eles estão falando de mudança, não apenas cultural, mas uma mudança profunda, pessoal.

Como os autores apontam, foi-se o tempo das recitações em um só fôlego sobre a rapidez com que o mundo vem se transformando – o imperativo para as organizações e os indivíduos "de 'tornarem-se globais' é hoje evidente". Portanto, prepare-se e *não saia de casa sem este livro!*

Warren Bennis
University of Southern California

Prefácio

Desde a primeira fotografia da Terra nascendo, vista da lua, somos assombrados pelo pequeno tamanho do nosso planeta. Também é assim nos negócios: a própria idéia de fronteiras nacionais foi substituída por "inexistência de fronteiras", e a necessidade das organizações tornarem-se globais é hoje evidente. Por conseguinte, pensamos, escrever um livro sobre o negociar contemporâneo nem mesmo exigiria uma daquelas cansativas recitações sobre a rapidez com que o mundo vem se transformando, como a presença penetrante da Internet vem eliminando a distância, como a competição hoje ocorre em uma escala global e como nem mesmo o armazém da esquina (caso um ainda exista) pode escapar ao impacto da economia globalizada. Sabíamos que a necessidade de executivos internacionais eficientes era grande e aumentava, mas a pesquisa sobre o seu desenvolvimento era eventual. "Então", ingenuamente dissemos a nós mesmos, "vamos descobrir como desenvolver executivos internacionais".

Dizemos "ingenuamente" porque não tínhamos idéia do que isso exigiria. Nós dois havíamos pesquisado sobre executivos, e um de nós até já havia sido um. Nós dois nos vangloriávamos de mais de meio século de experiência na área; portanto, julgávamos saber o que e como fazer. "Dois anos, no máximo", dissemos ao embarcarmos em nossa própria aventura no mundo da liderança global.

Três anos depois, demos início a este livro. Levou um ano para levantarmos o dinheiro e um segundo ano e alguns meses para identificarmos os executivos, marcarmos as entrevistas, viajarmos quase ao redor do mundo e trazer para casa as entrevistas concluídas. Um terceiro ano foi necessário para codificarmos e analisarmos os dados, prepararmos e enviarmos os relatórios às empresas participantes e começarmos a pôr no papel as descobertas. Não havíamos nos dado conta da complexidade do projeto. Queríamos encontrar e conversar com executivos globais, não apenas ler a respeito deles nos artigos de outras pessoas ou despachar para eles mais uma extensa pesquisa. Afinal, se você quer compreender as carreiras das pessoas em profundidade, precisa deixar que elas contem as suas histórias do seu jeito, sem confiná-las aos questionários com respostas de múltipla escolha.

Primeiramente, no entanto, precisávamos de executivos para entrevistar. Cinco importantes corporações internacionais, uma baseada nos Estados Unidos e quatro baseadas na Europa; e dois consórcios de organizações, um baseado nos Estados Unidos e outro na Ásia providenciaram não só os 101 executivos para entrevista, mas também o apoio logístico e financeiro necessário para levar adiante o projeto.

Visitamos os executivos em seus hábitats para ver com o que se parecia seu mundo, para fazermos perguntas e, sobretudo, para ouvir o que tinham a dizer. Desejávamos saber o que poderiam os seus 4.844 anos de existência como grupo nos dizer sobre como selecionar e desenvolver executivos. Poderíamos colher em suas experiências o que importa para o sucesso em um trabalho global, quais ensinam as lições de importância e por que as carreiras de executivos tão talentosos descarrilam em determinadas situações no exterior? Talvez pudéssemos usar a sabedoria por eles acumulada para ajudar os aspirantes a executivos internacionais a desenvolver as habilidades de que precisam para o trabalho internacional e para auxiliar as organizações a planejar e gerir os processos de desenvolvimento global.

Nosso encontro com esses executivos nos levou a visitar 34 cidades e três continentes. Vimo-nos perdidos em grandes cidades (Zurique, São Paulo, Tóquio), sozinhos em lugares românticos (Paris, Londres, Hong Kong, Buenos Aires), intrigados em partes do mundo que tínhamos de procurar em um atlas (Sarawak, Hertzogenrath) e um tanto inseguros em localidades conturbadas (Bogotá, Jacarta). Espantamo-nos, contudo, pelo fato de que, onde quer que fôssemos, éramos tratados com a maior gentileza e cortesia. Quando algo dava errado, o que acontece com freqüência em viagens internacionais, tudo se resolvia. Mesmo em Bogotá, uma cidade despedaçada pela guerra civil e afligida por seqüestros, nós passamos uma noite com nossos antigos alunos e outros jovens locais dançando, divertindo-nos e conhecendo um outro lado da vida.

Ao encontrarmos esses executivos, rapidamente constatamos que os executivos internacionais não são como os executivos domésticos que havíamos estudado por tão longo tempo. Tinham algo dos heróis em suas pessoas, no sentido de Joseph Campbell, por viverem uma trajetória transformadora.[1] Tampouco eram uns iguais aos outros. Uns eram pensativos, atenciosos, ao estilo do Velho Mundo. Outros, independentemente de suas nacionalidades, eram óbvios produtos da era peripatética da Internet. Apesar de unidos pela fluência na língua inglesa, as pessoas que entrevistamos representavam uma verdadeira Torre de Babel de línguas, das quais muitas não sabíamos existir (por exemplo, nenhum de nós jamais conhecera um executivo que falasse o fukienense). Vinham de todas as partes, de uma fazendola na Escócia ao Bronx de Nova York. Haviam estado em todas as partes, de refinarias no interior da Austrália aos arranha-céus de São Paulo. Aparentemente haviam visto de tudo, da brutal guerra étnica na África aos empreendimentos conjuntos de alta tecnologia na China. E haviam comido coisas que jamais imagináramos que pudessem ser transformadas em alimento. Talvez como eles, quando inicialmente se aventuraram ao estrangeiro, nós nos aturdimos com o nosso próprio provincianismo!

Quando retornamos para casa, depois de mais de um ano acumulando milhas de viagens, encaramos a desanimadora tarefa de dar sentido a uma massa de dados de entrevista. Pedimos socorro, acrescentando à nossa equipe dois assistentes de pesquisa, um turco e um indiano, que trouxeram uma perspectiva internacional e uma energia sem limites à tarefa de analisar em profundidade cada questão. Devagar, mas constantemente, desenvolvemos um processo elaborado para classificar as experiências e transformar em dados quantificáveis o que, um dia, foram histórias fecundas contadas por pessoas de verdade e incrustadas em nossa experiência pessoal. No computador, quantificadas e organizadas, nos sentíamos mais confortáveis com as informações. Passamos a contar dados: o número de tipos diferentes de experiências e os diferentes tipos de lições aprendidas, e com que freqüência cada lição se associava com cada experiência. Uma versão científica começou a emergir da realidade e, finalmente, pisávamos em terreno sólido!

Em última instância, porém, não são os números e os testes estatísticos que contam a verdade desta pesquisa – são as histórias. Vidas revelam-se como tapeçarias tramadas com muitos fios e mergulhar em seus detalhes, mesmo que estes sejam interessantes em sua essência, lança pouca luz sobre a peça inteira. A poderosa relação entre as vivências relatadas e as nossas próprias experiências ao fazer as entrevistas é que fez a diferença. Os números nos levaram para a objetividade, mas as lições dessas experiências eram relatos de carne e osso – vívidos, emocionais, e tudo, menos objetivos. Começamos a compreender do que John Steinbeck falava quando retornou da sua expedição biológica com Ed Ricketts ao Mar de Cortez.[2] Tendo explorado o golfo como Darwin, experimentando a realidade da situação tanto quanto do lugar, Steinbeck e Ricketts trouxeram de volta espécimes em jarros e uma experiência visceral. O contraste entre as duas realidades levou Steinbeck a refletir sobre a diferença entre o golfo da experiência deles e o da biologia objetiva da contagem de espinhas e da classificação de espécies. Sem negar o valor da objetividade, Steinbeck descreveu a "nova geração" dos biólogos técnicos como estando a "rasgar pedaços de seus objetos de estudo, pedaços de formas de vida, como tubarões arrancando nacos de um cavalo morto, examinando-os, descartando-os". Como os biólogos de Steinbeck, nós relataremos sobre o quantificável. Ironicamente, no processo editorial, essa realidade foi cada vez mais relegada aos apêndices. A outra verdade, que para sempre nos transformou, é também aquela que intriga e desafia os outros. Cada pessoa tem uma história singular, perdida de alguma forma no relato coletivo, mas única, não obstante.

Embora possamos ter sido modificados por nossa experiência, nos damos conta de quão "americanos" permanecemos. Por mais que tentemos, e por mais internacional que seja a nossa amostra – os executivos norte-americanos representam somente 16% de nosso grupo –, o nosso estilo e as nossas idéias ainda traem as nossas origens. Não nos desculpamos por essas origens: afinal, não tivemos escolha nesse sentido. Nem podemos voltar atrás e alterar as lentes produzidas por nossas origens, que obviamente influenciaram no desempenho desta pesquisa. Mas agora, ao menos, nos tornamos dolorosamente cônscios das nossas próprias parcialidades culturais e da miríade de suas evidências que, repetidamente, saltam aos olhos e das quais não estamos cientes. Esperamos que a mensagem dos executivos globais seja tão forte que, mesmo ao ser contada por meio de olhos norte-americanos recém-abertos, ainda correspondam ao relato original.

Sumário

1 Introdução: um mundo de possibilidades 21
2 O que é um executivo global? 35
3 Trajetórias globais: as vidas dos executivos globais 53
4 As lições da experiência internacional 79
5 Experiências que ensinam aos executivos globais 103
6 Entendendo a cultura 119
7 Quando as coisas dão errado 137
8 Desenvolvimento de executivos globais: o papel da organização 151
9 Construção de uma carreira global: a parte do indivíduo 173
10 Epílogo 187

Apêndice A: Perguntas da entrevista 191
Apêndice B: Metodologia 193
Apêndice C: Tabelas suplementares 195
Notas 209
Referências bibliográficas 215
Índice 217

Introdução: um mundo de possibilidades

> Na desordem, encontre a Simplicidade.
> Na discórdia, encontre a Harmonia.
> Em meio à dificuldade reside a Oportunidade.
>
> – Albert Einstein, Três Normas de Trabalho

Em 500 a.C., Heráclito escreveu *Da Natureza*, livro do qual restam apenas fragmentos.[1] Em seus esforços para compreender a natureza, Heráclito observou que esta aprecia ocultar as suas verdades e que são elusivos os seus princípios. Depois de passarmos 18 meses viajando pelo mundo, ouvindo as histórias e as opiniões de executivos globais, chegamos a uma conclusão similar quanto ao seu desenvolvimento. Havíamos partido para descobrir a "verdade" em relação a como os executivos globais se desenvolvem para então traduzirmos essa verdade de uma forma simples e útil aos aspirantes a executivo e a organizações globais. Como Heráclito, constatamos ser a realidade um tanto mais complicada do que antecipáramos, e óbvias muitas das verdades acessíveis.

Sim, todo negócio é hoje, em uma certa medida, global, e as organizações não podem se esconder disso, sendo forçadas a desenvolver estratégias e estruturas apropriadas ao contexto internacional. Os estudiosos, igualmente, têm prestado considerável atenção à estrutura e à estratégia globais, o que resulta em uma compreensão cada vez mais diferenciada das questões envolvidas. Existem muitos tipos diferentes de corporações globais, muitas estratégias diferentes de negócio global e muitas estruturas diferentes para se levar a cabo essas estratégias.[2] O alinhamento adequado dessas forças transformou-se no anel de compromisso da competitividade internacional.

A nova realidade está todos os dias nas revistas de economia e negócios, onde são relatados os embates corporativos. Os caminhos e descaminhos das megafusões, dos empreendimentos conjuntos e das incursões em novos mercados, bem como as lutas de vida ou morte entre os concorrentes internacionais são leitura excitante, envolvendo toda a industria, dos automóveis à telefonia celular.

Porém, enquanto as abordagens com respeito à estratégia e à estrutura de forma crescente sofisticam-se a nossa compreensão dos tipos de executivos exigidos em um cenário tão complexo permaneceu comum e simplista. De fato, ter liderança em um contexto internacional é mais difícil do que em nosso próprio quintal e, sim, requer habilidades mais sofisticadas. Mas o que isso significa? Uma crescente literatura de estudo de casos exaltando os CEOs de empresas globais admiradas faz uso de figuras legendárias, como Percy Barnevik e Richard Branson, para tirar conclusões sobre como os executivos deveriam ser.[3] Um movimento ainda maior crê que pode, em uma pequena lista de competências, descrever adequadamente o executivo global de sucesso. Embora tais listas constantemente fracassem em capturar a grande variedade dos desafios de uma liderança global, elas continuam proliferando. Até mesmo o definitivo livro de Jay Galbraith sobre o planejamento organizacional apenas toca nas questões de liderança, deixando implícita a maioria das implicações das escolhas de estratégia e de estrutura em uma liderança.[4]

Embora muitos concordem que os executivos globais devem ser flexíveis, sensíveis às diferenças culturais, capazes de lidar com a complexidade, dispostos a pensar globalmente e demonstrar qualidades afins, tais generalidades não são muito úteis às estratégias específicas do desenvolvimento. Stewart Black e seus colegas, por exemplo, sugerem o uso de viagens ao exterior, a união de equipes internacionais, os programas de treinamento com um toque global e as transferências para o exterior visando ao desenvolvimento de executivos globais.[5] Difícil discordar, mas será o suficiente? Se o for, fica difícil imaginar o porquê da existência de uma perceptível falta de talento.

Aonde isto nos leva? Podemos afirmar, com alguma certeza, que existem muitos tipos diferentes de corporações globais, com inúmeras variações, desde o seu grau de presença internacional, a como são projetadas, até o quão multinacionais são as suas equipes. Já que situações diversas requerem talentos e habilidades executivas diversas, deve haver muitos tipos de executivos globais. Mas se existem muitos tipos, pode uma organização criar uma única estratégia para desenvolvê-los?

Eis o mundo de possibilidades que confrontamos neste estudo. Necessitávamos de uma metodologia capaz de trazer alguma simplicidade para essa complexidade e de proporcionar respostas úteis, mesmo se não universais. Chegamos ao seguinte: utilizamos uma metodologia que, desde o início dos anos 80, tem se provado excepcionalmente útil para a compreensão de como os executivos se desenvolvem. Depois, levamos essa abordagem aos executivos *in situ*, ou seja, aos seus escritórios. Acreditamos poder compreender melhor o desenvolvimento dos executivos globais nos posicionando na arena global do que sentados em nossos escritórios, analisando números. Por fim, e talvez de maior importância, buscamos essa compreensão nos próprios veteranos globais, executivos que "por isso passaram e com isso lidaram", que conheciam tanto o entusiasmo quanto a ansiedade de ser um estranho em uma nova terra com responsabilidades que pudessem exceder às suas habilidades. Descrevemos, na seção seguinte, exatamente como desenvolvemos a pesquisa. Mais uma vez citando Heráclito, o qual observou que "o começo é o fim", nós incluímos, neste capítulo introdutório, oito conclusões preliminares sobre o desenvolvimento de executivos globais.

A AMOSTRAGEM DE PESQUISA

Sabíamos que o sucesso do nosso método – entrevistar executivos sobre as suas experiências de autodesenvolvimento – dependeria da qualidade da nossa amostragem. Entrevistamos 101 executivos, cuidadosamente selecionados por suas empresas pelo fato de serem considerados executivos globais extremamente bem-sucedidos. Os 92 homens e nove mulheres provinham de 36 países diferentes (sem contar as muitas nacionalidades diferentes) e trabalhavam para 16 empresas globais (veja Tabelas 1.1 e 1.2). Suas posições eram bastante diversas, incluindo-se

Tabela 1.1 Nacionalidades dos executivos globais ouvidos no estudo

Nacionalidade	Número de participantes
Europeus (Áustria, Bélgica, Inglaterra, Finlândia, França, Irlanda, Itália, Holanda, Noruega, Escócia, Suécia, Suíça, País de Gales)	46
Norte-americanos (Canadá, Estados Unidos)	19
Asiáticos (China, Hong Kong, Índia, Indonésia, Japão, Malásia, Filipinas, Cingapura)	18
Centro-americanos e sul-americanos (Brasil, Colômbia, Equador, México, Uruguai)	8
Africanos e do Oriente Médio (Líbano, Marrocos, Nigéria, Tanzânia, Turquia)	6
Neozelandeses e australianos	4

Tabela 1.2 Organizações participantes do estudo

Nome	Número de executivos por tipo de organização
Corporações patrocinadoras e independentes • ABB • Ericsson • Johnson & Johnson • Royal Dutch / Shell • Toyota • Unilever	72
Do Global Research Consortia • AlliedSignal • Amoco • Dow • Hewlett-Packard • Mobil	16
Da Human Resources Futures Association • Bechtel • Ford • IBM • SC Johnson • Xerox	13

múltiplas variações de títulos, tais como presidente de conselho, diretor-executivo, presidente, vice-presidente executivo, diretor-geral, gerente nacional, gerente da unidade da empresa, *controller*. Com uma média de idade de 48 anos, tinham substancial experiência empresarial e, em média, nove anos de atuação no exterior. Juntos, eles falavam todos os idiomas dominantes e tinham trabalho em todos os maiores países do mundo. Altamente considerados em suas empresas, essas pessoas formavam, sob qualquer critério, um grupo admirável, bem-posicionado para prestar o tipo de informação de que precisaríamos para tratar de difíceis questões.

AS ENTREVISTAS

Ao desenvolvermos as perguntas da entrevista, revisamos a literatura existente sobre liderança global.[6] Embora muitos tópicos relevantes às corporações internacionais tenham recebido considerável atenção, a pesquisa disponível sobre o *desenvolvimento* de executivos globais é relativamente esparsa. Se a literatura concorda em algum ponto, é no da experiência ser o veículo primário para o desenvolvimento das habilidades de liderança global.[7]

Dada a centralidade da experiência, nos baseamos em um estudo que identificava experiências de autodesenvolvimento específicas que havia moldado uma ampla amostra de executivos, principalmente norte-americanos.[8] O protocolo da entrevista e os métodos analítico-qualitativos desenvolvidos para esse estudo foram guias úteis. Esse trabalho anterior e a sua subseqüente pesquisa formaram a base para a obra de McCall, *High Flyers: Developing the Next Generation of Leaders*, que proporcionou uma estrutura conceitual e um ponto de partida para a compreensão do desenvolvimento do talento executivo global de alto potencial.[9] Se os executivos domésticos *voam alto*, então não seria um grande salto considerar os executivos globais como *viajantes experientes*.

A estrutura de *high-flyers* identifica cinco componentes fundamentais no processo de desenvolvimento. Começa pela suposição de que os atributos que uma empresa deseja em seus líderes, são mais um *resultado* do processo de autodesenvolvimento do que uma contribuição a ele. Quaisquer que possam ser essas qualidades (ou competências) para uma empresa ou um cargo executivo em particular, uma pessoa talentosa, exposta a uma experiência apropriada, poderá desenvolvê-las. Na Figura 1.1, batizamos o estado final do desenvolvimento de "a coisa certa", pedindo a expressão emprestada do livro de Tom Wolfe com esse título. Em vez de enfocar as qualidades específicas das pessoas dotadas, no entanto, a abordagem em *High Flyers* trata antes das *experiências* que preparam uma pessoa para os desafios de liderança inerentes à estratégia empresarial. É a estratégia empresarial, e não um modelo de liderança teórico, que determina quais são as experiências significativas em termos de desenvolvimento. Somente se soubermos o que a organização está tentando alcançar, poderemos falar inteligentemente acerca dos tipos de experiência que pessoas de talento necessitarão para liderá-la com sucesso.

Como a Figura 1.1 também sugere, se a experiência é a professora, então, a questão-chave é quem recebe as experiências importantes. Por lógica, espera-se oferecer experiências tão valiosas às pessoas mais capazes de aprenderem com elas. Assim, o talento, ou, mais precisamente, o potencial, pode ser entendido como sendo a habilidade de aprender com a experiência.

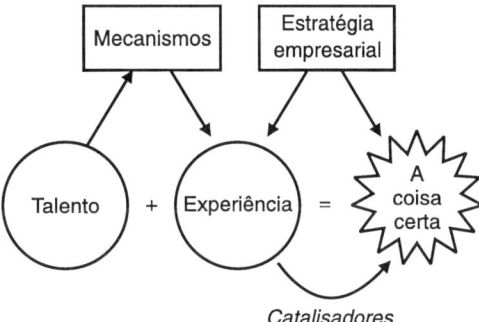

Fonte: Morgan W. McCall Jr., *High Flyers: Developing the Next Generation of Leaders* (Boston: Harvard Business School Press, 1998).

Figura 1.1 Um modelo geral para o desenvolvimento de talento executivo.

As pessoas de talento, contudo, nem sempre têm acesso às experiências com que melhor desenvolveriam as suas habilidades executivas; por conseguinte, as organizações precisam de mecanismos ou de processos que determinem quem recebe qual experiência. Quem quer que receba a experiência tem a oportunidade de crescer; a pessoa que determina quem recebe qual função controla o desenvolvimento. Em um contexto organizacional, essa é uma decisão que pode pertencer a um único gerente ou ser parte de um processo formal de planejamento de sucessão.

Por uma série de razões, mesmo uma pessoa de talento pode não aprender as lições que uma experiência tem a oferecer. Pessoas talentosas recebem atribuições que proporcionam o autodesenvolvimento sem que saibam especificamente o que delas se espera que aprendam, sem *feedback* e treinamento adequados, ou sem serem responsabilizadas por um aprendizado. A Figura 1.1 chama de "catalisadores" o que uma organização ou um chefe podem fazer a fim de facilitar o aprendizado (e que, por vezes, pode ser "nada"!).

Ao planejarmos o atual projeto de pesquisa, esperávamos que esta estrutura básica fosse ser relevante na arena global, mesmo que muito da pesquisa subjacente tivesse sido feita com executivos dos Estados Unidos. Por outro lado, não eliminamos *a priori* que algo totalmente diferente ocorresse com os executivos não-norte-americanos em empresas internacionais. Portanto, revisitamos as escoras originais da estrutura, incluindo algumas das perguntas da pré-estrutura: pedimos aos executivos que descrevessem ao menos três acontecimentos ou episódios que os tinham formado como executivos e as lições aprendidas com esses acontecimentos cruciais, e que nos relatassem uma situação em que testemunharam a carreira de um executivo de talento descarrilar. Além disso, cobrimos os vários componentes da estrutura por meio de perguntas abertas a respeito do que procurar em uma seleção de pessoas para posições globais (o componente do talento), e o que a organização fizera para auxiliar (o componente catalisador). Acrescentamos perguntas baseadas em outras pesquisas e teorias relevantes sobre executivos globais, inclusive indagações acerca de experiências de formação e do papel da família. Por fim, pusemos algumas perguntas para identificar as distinções observadas entre os cargos domésticos e os internacionais, incluindo questões específicas sobre o trabalho com chefes e subordinados de outras culturas. (No Apêndice A, apresentamos o questionário enviado aos participantes antes da entrevista.)

Nossa intenção, por conseguinte, foi a de incluir uma gama de perguntas, ampla o suficiente para constatarmos se a estrutura existente, ou alguma modificação dela, era traduzível para o desenvolvimento dos executivos globais. Ao mesmo tempo, permanecemos abertos à possibilidade de alguma outra abordagem ser mais parcimoniosa.

CONCLUSÕES INTRODUTÓRIAS

Este livro detalhará o que nos foi dito e as nossas recomendações para o desenvolvimento de executivos globais. No seu desenrolar, usaremos em demasia palavras como "complexo" e "complexidade" ao tentar descrever o que aprendemos. Em razão dessa complexidade, pode ser útil começarmos com umas poucas asserções, a fim de prenunciarmos o que está por vir. Embora essas asserções sejam mais desenvolvidas com profundidade nas páginas seguintes, o fato de sabermos para onde nos dirigimos pode proporcionar alguma orientação quando a trilha se torna difícil.

A estratégia empresarial orienta o desenvolvimento

Qual é o trabalho que precisa ser executado? É isso o que orienta (e assim deve ser) o desenvolvimento de qualquer organização. O conceito é claro e dificilmente controverso. A estratégia empresarial e a estrutura de uma corporação global afetam diretamente o número e o tipo de cargos internacionais, quantos executivos globais com quais habilidades serão necessários e quais as experiências disponíveis para ensinar o que eles precisam saber.

O problema é que poucas organizações possuem uma visão tão nítida de sua estratégia empresarial global a ponto de poder traduzí-la em necessidades específicas de desenvolvimento. Responder às vicissitudes do ambiente internacional raras vezes resulta em estratégias lógicas implementadas de modo ordenado. Por exemplo, esforços de expansão internacional ao acaso (que, em retrospectiva, melhor se descrevem como ingênuos) amiúde começam com: – "Quem podemos mandar para a China (ou qualquer outro lugar)?" Se o negócio fracassa, a falha é interpretada como sendo uma deficiência da pessoa enviada para liderar o empreendimento, em vez de ser vista como inerente ao empreendimento – uma tentativa de alto risco, mal preparada, de aumentar o negócio. Assim, não surpreende que as organizações internacionais percam líderes talentosos detentores de experiências inestimáveis.

O desenvolvimento sistemático de líderes globais requer um comprometimento mais forte e concentrado, do que o esforço doméstico. É preciso saber o que se está fazendo, por que se está fazendo e o que se pretende obter com a ação. Sem esta clareza de empenho, a complexidade do ambiente global atolará o esforço.

O que os executivos globais precisam saber pode ser aprendido, mas nem tudo é negócio

Os executivos que entrevistamos descreveram quase mil lições que aprenderam com as suas experiências, cobrindo toda a base imaginável de técnicas, habilidades e conhecimentos. Embora alguns indivíduos possam ter algumas dessas habilidades como dons "naturais", os executivos globais, ao relatarem o que aprenderam, estavam também nos dizendo que tais coisas *podem ser* aprendidas.

Enfocando exclusivamente o aspecto empresarial, alguns executivos sugeriram que as lições das experiências doméstica e internacional não eram assim tão diferentes. Negócios são negócios: não importa em que país se esteja, sempre será necessário preparar estratégias, tomar decisões, lidar com clientes, trabalhar com diretores de empresas. As pessoas precisam ser motivadas, os chefes, apaziguados, os conflitos, mitigados, onde quer que se esteja. Com efeito, comparando as lições descritas pelos executivos globais com as lições aprendidas pelos executivos norte-americanos, vemos um cerne comum de aprendizado acerca de liderar e negociar.

Além desse cerne, contudo, o contexto cultural no qual o negócio acontece tem um efeito profundo sobre o conteúdo das lições aprendidas. Primeiro, a cultura afeta *como* o negócio é feito ou, ao menos, o que deve ser feito. Segundo, o impacto das diferenças culturais pode ser tão poderoso que aprender sobre negócio se torna secundário. Como resultado, o que as pessoas podem aprender sobre negócio é menos previsível em um cenário internacional e pode ser específico da cultura.

Embora aprender a dirigir uma empresa no palco global seja um objetivo do desenvolvimento executivo global, aprender a se adaptar a diferentes culturas acaba sendo mais importante e mais difícil do que as lições de negócio. De fato, os nossos dados indicam que muitas lições de negócio podem ser aprendidas sem a expatriação, ao passo que a maioria das lições de adaptabilidade cultural não o podem.

Aprender a trabalhar atravessando fronteiras culturais é uma competência essencial do executivo global e representa, para a maioria das pessoas, uma educação emocional bem como intelectual. Em outras palavras, as lições são tanto profissionais quanto pessoais – com freqüência profundamente pessoais. Acreditamos que um dos motivos de as empresas constantemente terem dificuldade com a repatriação é precisamente pelo fato de que muito do que foi aprendido ser pessoal, pelo aprendizado profissional pessoal ser mais poderoso do que o aprendizado profissional e porque essas lições pessoais nem sempre serão tão relevantes no próximo cenário de negócios.

Considerando a complexidade intelectual das lições empresariais e a qualidade transformadora das lições pessoais, concluímos que os executivos globais, de fato, detêm uma perspectiva mais ampla do que as suas contrapartes domésticas. Essa perspectiva singular perfaz a base da qualidade elusiva denominada *orientação mental para o global*.

Os executivos globais aprendem o seu ofício da mesma maneira que os outros executivos

O *processo* básico da aprendizagem é o mesmo, independentemente do país de origem do executivo ou se o trabalho do executivo global é no exterior ou local. Em outras palavras, se forem concedidas experiências desafiadoras e relevantes a pessoas talentosas, se essas pessoas estiverem abertas para o aprendizado com as suas experiências e se receberem o apoio necessário, então, podem aprender muitas das lições. Que o processo seja o mesmo representa um grande alívio, porque significa que os executivos, internacionais ou domésticos, aprendem com os mesmos tipos de experiências: tarefas desafiadoras, outras pessoas significativas, acontecimentos que alteram a perspectiva e afins.

Quando essas experiências ocorrem em uma cultura diferente, entretanto, elas assumem um caráter decididamente diverso, são nitidamente mais complexas e podem até ensinar lições. Tentar dirigir um negócio em um país diferente do nosso é, em essência, uma experiência para a qual não há substituto. Fazê-lo uma segunda vez, em uma cultura substancialmente diferenciada, pode ser uma experiência transformadora.

A experiência que com maior rigor diferencia o desenvolvimento global do doméstico é o chamado *choque cultural*, ou seja, o resultado de se adentrar uma cultura radicalmente diferente. Um executivo não pode aprender a adaptabilidade cultural e as competências com ela associadas sem de fato viver e trabalhar em uma outra cultura e lidar com as descontinuidades que a acompanham. Isso parece ser igualmente verdadeiro tanto para os suecos como para os franceses, para os americanos e os filipinos, para os malaios e os italianos.

Por fim, outras pessoas – servindo de mentores, modelos ou exemplos – desempenham um papel proeminente em todo o desenvolvimento; mas para os executivos globais, a significância dessas pessoas é ainda mais pronunciada. Por ser o ambiente de uma outra cultura tão mais complexo, e as nuanças tão mais sutis, a orientação fornecida por outros (de maneira ativa ou simplesmente por exemplo) pode vir a representar a diferença entre o sucesso e o fracasso.

Não existe uma solução mágica para o desenvolvimento de executivos globais

Uma vasta e crescente biblioteca enfoca a economia e o negócio globais. Stewart Black e seus colegas os descrevem como um "maremoto de globalização", afirmando que "a globalização não é uma tendência; não é um modismo; não é um fenômeno isolado. É uma força inescapável. Se antecipada e compreendida, representa uma poderosa oportunidade. Se não, pode rapidamente destruir negócios e afogar carreiras".[10] O que isso nos diz sobre os executivos que precisamos nesta arena global?

Em um nível, pessoas são pessoas e aprendizagem é aprendizagem; portanto, tudo é bem parecido onde quer que se vá. Para os executivos seniores de empresas internacionais, o inglês é a língua comum; o Jakarta Hilton não difere muito do China World ou do Shanghai Ritz Carlton ou do London Savoy. A despeito dessas semelhanças, o mundo da liderança global é muito mais complexo (interessante) e perigoso (excitante) do que liderança em uma organização doméstica. Há muitas formas de obter sucesso, muito mais variáveis que causam impacto no sucesso ou no fracasso e, do mesmo modo, muito mais oportunidades de pisar em uma mina terrestre. "Os estudantes sérios da organização além-fronteiras atingiram a posição em que simplificar é uma tolice; o mundo é complexo, e uma organização simples em um mundo complexo, torna-se cada vez menos viável".[11] O desenvolvimento de executivos que operem eficazmente nesse tipo de ambiente é complicado.

Em longo prazo, é bem melhor aceitar a realidade de que mesmo na melhor das circunstâncias o autodesenvolvimento não é uma ciência exata e que uma organização não pode "fazer" as pessoas se desenvolverem, mesmo quando "sabe" do que elas precisam. Muitas – talvez a maioria – das forças que influenciam o desenvolvimento dos executivos globais não estão sob o controle direto de uma organização. Por essa razão, é ainda mais importante ser bem-sucedido em tudo que se enquadre nos limites da esfera de ação da organização. Classificar o que se situa dentro do domínio de uma ação realista, tanto para um indivíduo como para uma organização, é um importante objetivo deste livro.

Um "executivo global" não é igual a outro

Dizer "líder global" ou "executivo internacional" é insinuar que todos os espécimes assim rotulados são iguais. Ou que as funções exercidas ou as pessoas que as exercem, ou ambas, devem ser semelhantes. É verdade que as empresas que opera fora de seus ambientes domésticos requerem executivos com algo em comum: todos eles precisam ser capazes de trabalhar fora de seu país natal. Esta competência exigida foi uma característica central nos nossos resultados. A pergunta não é mais se todos terão de ser globalizados; a pergunta é o quanto e de que maneira.

Isso dito, é igualmente óbvio que todos os cargos globais não se assemelham. Existem muitos tipos de corporações globais, muitas estratégias diferentes para se fazer negócio global e muitas estruturas nas quais realizar essas estratégias. As diferenças podem existir no escopo da responsabilidade (por exemplo, residir no estrangeiro *versus* residir no país de origem), no tipo de indústria (por exemplo, a dos bens de consumo, para a qual as diferenças culturais nos mercados são de suma importância, *versus* a produção de petróleo, para a qual os processos de produção são bem semelhantes e altamente automatizados, onde quer que se localizem), no nível da organização (por exemplo, a relativa homogeneidade nos níveis mais altos pode abrir espaço para uma grande diversidade cultural nos níveis mais baixos) e uma série de outros fatores. Porquanto a natureza global da posição de um executivo reside na ocupação e não na pessoa, a economia global claramente produz muitos tipos de executivos globais.

Mesmo as funções não sendo iguais, talvez possa se encontrar um "executivo global" nas semelhanças entre as pessoas que exercem essas funções. Ficou claro, por intermédio dos nossos entrevistados, não ser todo executivo global, por exemplo, farinha do mesmo saco. Pode-se supor, por exemplo, que as pessoas que chegam ao posto de executivos internacionais tenham elementos de formação em comum. Muitos dos executivos, de fato, possuem algo no início de suas vidas que os inclinou a explorar carreiras internacionais; por exemplo, cresceram mudando-se para locais diferentes do mundo, ou os seus pais originavam-se de países diferentes. Mas um igual número não passou por isso. Não encontramos nenhuma experiência de formação compartilhada que predispusesse os executivos estudados ao trabalho internacional ou que previsse seu sucesso. A variedade, e não a homogeneidade, foi a regra entre os nossos executivos.

Sendo assim, nem os cargos globais nem as pessoas que os exercem são semelhantes. Eles se apresentam de muitas formas.

As carreiras globais são perigosas

Em um nível, as pessoas sempre souberam que era arriscado sair de casa. Também assim é com o emprego global. Da perspectiva de uma carreira, partir para o global acresce significativamente a possibilidade de um descarrilamento. Mudar-se para uma cultura diferente cria maiores e mais dramáticas oportunidades para um padrão de forças e fraquezas desviar-se da eficácia em um cenário para o desastre em outro. Por causa das diferenças nas normas e valores e dos mal-entendidos devidos à língua, um comportamento aceitável em uma cultura pode tornar-se um agente perturbador em outra. Os efeitos das diferenças culturais são sentidos de várias outras formas, por exemplo, no estresse aumentado que pode resultar em desregramentos por razões fora do âmbito profissional. Os abusos com o álcool e com as drogas, os pecadilhos sexuais e as alterações de personalidade também são presentes.

Embora os executivos globais sejam em geral mais talentosos do que as suas contrapartes domésticas, também são mais suscetíveis aos fracassos devido a numerosos fatores contextuais e organizacionais. O contexto internacional é multifacetado e vai, além das óbvias diferenças culturais. Nele, a estabilidade familiar representa uma questão mais central, a organização comete mais equívocos e o apoio e o monitoramento são mais difíceis de proporcionar. O trabalho internacional apresenta muitos outros pontos críticos – partir, retornar, trabalhar para um chefe de uma cultura diferente, e assim por diante. Essas mudanças oferecem maiores possibilidades para aprendizado, mas também maiores oportunidades de se fracassar. Certamente, as carreiras globais podem ser repletas de risco, e terror e exaltação. Os executivos globais são de fato aventureiros, e as suas carreiras, aventuras.

Desenvolver executivos globais é difícil, mas não impossível

Apesar de o desenvolvimento de um executivo global ser mais complicado e incerto do que o de sua contraparte doméstica, ele não é impossível. A razão mais comum para as organizações não terem uma liderança global excepcional é a falta de comprometimento com o processo de desenvolvê-la. O problema não é a ausência de *know-how* – na verdade, vários processos de administração de dificuldades das atribuições além-fronteiras são há muitos anos conhecidos. O problema é que, com a complexidade e o risco, são poucas as organizações que adotaram um modelo robusto o suficiente de adequação ao desafio e que depois dedicaram o tempo e os recursos exigidos para implementá-lo.

Os executivos globais devem ter muito mais responsabilidade em seu próprio desenvolvimento

Dado o desafio acrescido no desenvolvimento do talento global, um fardo substancial do desenvolvimento recai na pessoa que aspira a uma carreira global. Os indivíduos com tais aspirações precisam buscar exposição internacional, não esperar que ela os encontre, e quanto mais cedo melhor; precisam abordar oportunidades de trabalho em culturas diferentes com espírito de aventura, abertura às diferenças e uma inclinação para ouvir e perguntar. Veteranos escolados com quem conversamos aconselharam os potenciais administradores internacionais a arriscarem-se, manterem-se abertos a aprender, permanecerem ligados ao escritório doméstico e aos antigos colegas e cuidarem da família.

Em suma...

Concluímos, como outros antes de nós, que as pessoas aprendem a ser globais exercendo um trabalho global. Ponto. Em contraste ao desenvolvimento de executivos para as atribuições domésticas, contudo, as organizações detêm um controle consideravelmente menor no processo. Apesar dessa desvantagem, as organizações podem aumentar de forma dramática a probabilidade de desenvolver executivo com sucesso:

1. sendo claras quanto a que tipos de executivos globais com quais habilidades são necessários de uma perspectiva estratégica;
2. usando a experiência como professora ao proporcionar oportunidades relevantes àqueles que a organização busca desenvolver;
3. proporcionando os níveis apropriados de *feedback*, recursos e apoio para auxiliar as pessoas a aprenderem com as próprias experiências;
4. proporcionando logo cedo perspectivas e exposição internacionais nas carreira das pessoas.

A experiência continua sendo a professora, mas a sua conseqüência é menos certa nas situações globais por causa da interação da atribuição com o contexto cultural no qual ocorre e a formação da pessoa. É mais difícil prever com certeza o que as pessoas aprenderão com um tipo particular de experiência, e a falta de previsibilidade questiona a própria idéia da criação de programas genéricos de desenvolvimento para os diversos membros de um grupo de alto potencial. O que é bom para um não necessariamente é bom para todos.

A avaliação do potencial de sucesso de uma pessoa como um executivo internacional apresenta os seus próprios desafios especiais. Mesmo enfatizando o desenvolvimento, uma organização ainda precisa *selecionar* aqueles que irão ser desenvolvidos para as funções particularmente difíceis. A este respeito, pode haver certos pré-requisitos dignos de consideração na escolha dos candidatos a executivos internacionais, incluindo a capacidade intelectual de lidar com a complexidade do mundo global; a abertura emocional para encontrar animação e desafio, em vez de medo e postura defensiva ao travar relações com outras culturas e pessoas e a estabilidade pessoal para sobreviver aos rigores de uma carreira global. Mais importante ainda: a capacidade e a vontade de aprender com a experiência.

Colocar as pessoas certas nas experiências certas na hora certa forma grande parte do desafio do desenvolvimento, mas assegurar que de fato aprendam com essas experiências (ou que aprenderão o "certo" com elas) requer esforço adicional. Por fim, a distância física e psicológica, associada à atribuições globais, torna significativamente mais árduo o trabalho de proporcionar *feedback*, monitoramento, apoio e recursos.

UM PANORAMA DO LIVRO

O que nós aprendemos a partir das entrevistas com os executivos internacionais está distribuído em 10 capítulos. Começamos no Capítulo 2 tratando da ambigüidade que cerca a expressão *executivo global*. Desenvolvemos a idéia de que um executivo global se determina pela interação da pessoa com o cargo, que atravessar fronteiras culturais está em seu cerne e que não existe uma entidade única que possa ser chamada de executivo global. Os executivos globais são aqueles exercendo cargos globais, e os cargos globais se encontram na interseção da complexidade do negócio com a complexidade cultural.

Se o Capítulo 2 aponta a interação da pessoa com a função, lidando na maior parte com a função, o Capítulo 3 enfoca a pessoa. Discutimos as diferentes origens dos executivos globais e mostramos algumas diferenças importantes entre *viajar* para outros países, a fim de fazer negócio, e neles *viver*, enquanto se faz negócio. Apresentamos três pessoas, usando as suas histórias para mostrar como foi tecida a tapeçaria de suas vidas.

No Capítulo 4, vamos além dos casos individuais para apresentarmos a imensa variedade de conhecimentos, técnicas, habilidades e valores que este grupo, coletivamente, afirma possuir. Reduzimos as inúmeras lições a seis temas básicos: (1) como trabalhar com culturas diferentes da nossa, (2) como dirigir um negócio de âmbito internacional, (3) como lidar com e gerir pessoas dessemelhantes a nós, (4) como lidar com uma gama complexa de relacionamentos difíceis, (5) como desenvolver as habilidades e as atitudes necessárias para um comportamento pessoal eficaz e (6) como saber preservar e melhorar os nossos relacionamentos familiares e administrar a nossa própria carreira.

Contratar pessoas que já tenham dominado essas importantes lições é uma opção disponível a qualquer organização, mas ter o seu próprio processo de desenvolvimento de talento representa uma fonte de vantagem competitiva para uma organização. No Capítulo 5, descrevemos as experiências que ensinaram as lições do Capítulo 4. As 332 experiências que a nossa amostra de executivos globais de sucesso nos relatou incluem atribuições básicas que tendem a ocorrer no início de uma carreira; atribuições de ponta que envolvem liderar iniciativas de negócio e usualmente duram de um a vários anos; experiências de prazo mais curto, que tipicamente envolvem uma tarefa concentrada, desempenhada em um período limitado; e experiências que modificam a perspectiva, fazem, mas não parte do trabalho "oficial". A cultura na qual uma experiência se dá afeta diretamente sua complexidade e intensidade, seu impacto emocional e o aprendizado que produz.

O Capítulo 6 explora em maior profundidade alguns dos acontecimentos que desempenham um papel singularmente importante no desenvolvimento dos líderes globais. O choque cultural, por exemplo, certamente situa-se ao centro da experiência global. Mas o que é realmente o choque cultural? Embora as pessoas desempenhem um papel significativo no desenvolvimento global, que tipos de pessoas fazem diferença, quando elas fazem diferença, e que diferença elas fazem? Vários programas formais e experiências educacionais também, são importantes mas o que torna a uns mais valiosos do que outros? Por fim, visitamos aquele tópico de grande saliência, singularmente internacional, e com freqüência discutido – o papel e o impacto da família em uma carreira internacional.

O Capítulo 7 examina o ponto vulnerável do trabalho global. Esse capítulo descreve a rede emaranhada dos descarrilamentos de carreiras internacionais, documentando que, assim como existem muitos caminhos para o sucesso na arena global, existem muitas maneiras de se perder nesse caminho.

Os Capítulos 8 e 9 exploram as implicações das nossas descobertas. Primeiramente, voltamos a nossa atenção ao papel que as organizações desempenham no desenvolvimento dos executivos globais. Sem oferecer uma solução mágica, apresentamos uma estrutura para compreender como os executivos globais se desenvolvem e identificamos as ações específicas implicadas pela estrutura. A seguir, no Capítulo 9, nos concentramos em ajudar o indivíduo que busca uma carreira como executivo internacional. Sugerimos algumas ações que aprimoram, mas não garantem, uma carreira internacional de sucesso. Por fim, no Epílogo, consideramos as mudanças que as lições do passado podem vir a ter ao nos movermos em direção ao futuro.

DE VOLTA A HERÁCLITO

Em sua luta para decifrar o comportamento da natureza, Heráclito não se exasperou, e tampouco nós o faremos. Quando ele perseverou, alguns dos segredos da natureza lentamente revelaram-se.

Nós reconhecemos que a sabedoria coletiva desses executivos de sucesso não produziu uma solução simples para o desafio de desenvolver o talento executivo global. Talvez a esperança de encontrá-la seja apenas um sonho daqueles que ainda não iniciaram a viagem. Embora não haja essa solução simples, as organizações podem adotar vários princípios de desenvolvimento, processos de aprendizagem executiva e outras medidas que, se realizadas com eficácia no contexto global, podem ter bastante serventia em face ao desafio.

Neste livro, nós usamos a contribuição dos executivos que entrevistamos para talhar uma abordagem que seja realista e que tenha a necessária variedade para tratar da complexidade das questões. Começamos abordando a primeira pergunta difícil: o que é um executivo global?

2
O que é um executivo global?

> A organização global é uma rede complexa, multidimensional. Alguns negócios, como a empresa norueguesa que detém 70% do mercado mundial de anzóis de pesca, podem permanecer relativamente simples. Mas para as IBMs e os Deutsche Banks deste mundo, a complexidade é o nome do jogo a ser dominado.
>
> – Jay Galbraith, *Designing the Global Corporation*

Quando começamos o nosso estudo, evitamos a questão do que é um executivo internacional ou global. Na identificação dos executivos que participariam do estudo, deixamos a cargo das empresas usarem as *suas* definições, fossem quais fossem. Nossa tática foi bem-sucedida na produção de uma gama ampla de talentosos executivos participantes. Seguimos nessa linha em nossas entrevistas quando perguntamos: "Quais as diferenças mais importantes entre a gestão em um trabalho internacional e a gestão em uma atribuição doméstica?" Se o executivo respondia com: "O que você entende por internacional?", devolvíamos-lhe sua pergunta. Quando perguntávamos: "Quais os especiais desafios de se ter um chefe (ou um subordinado) de uma cultura diferente da sua?", deixávamos o executivo fornecer o significado. Tentamos segurar nossa própria interpretação até estarmos de posse de todos os dados.

Por fim, não conseguimos continuar com esse estratagema. Nos encontros com os nossos patrocinadores, éramos recebidos com: "O que vocês entendem por um executivo global? E por um executivo internacional?" O nosso exame da literatura sobre o desenvolvimento da liderança internacional e sobre o negócio global encontrou tantas definições quanto artigos e livros. As entrevistas com os nossos 101 executivos proporcionaram uma abundância de exemplos. Chegara a hora de reunir todas as nossas leituras e entrevistas e decidirmos o que os termos significavam. Mas, antes de darmos nossa resposta final, apresentamos, a seguir, um pouco sobre como chegamos a ela.

DE EXPATRIADO A TRANSNACIONAL

Durante a maior parte da história dos negócios, o termo *internacional* foi suficiente; o seu significado era claro – "fora do país original da organização". Um executivo internacional, na maioria dos casos, era um expatriado, alguém que vivia e trabalhava "no estrangeiro". Seja onde e quando o termo *expatriado* tenha se originado, a noção está conosco há milhares de anos. Os romanos não enviavam expatriados para "administrar" as suas subsidiárias nos quatro cantos do império? As responsabilidades dos expatriados iniciais não são muito diferentes das responsabilidades dos expatriados das empresas de hoje. Eram encarregados do controle assegurando-se de que as províncias operavam de acordo com a lei romana e enviavam os seus impostos. Esses primeiros expatriados também eram responsáveis pela transferência de conhecimentos, levando à província as novas habilidades técnicas e administrativas, e, naqueles tempos, talvez novos deuses, línguas e culturas. Eram responsáveis por realizar os deveres que exigiam a presença e o trabalho de um executivo informado e confiável. É fácil imaginar que as motivações desses primeiros expatriados fossem semelhantes às dos executivos de hoje que vão morar e trabalhar em um outro país – construir um conjunto de habilidades, acumular riqueza, carimbar a passagem para uma promoção, escapar de uma situação ruim ou, talvez, apenas por aventura.

Com a evolução das comunicações e dos transportes, ser internacional passou a ser mais do que simplesmente mudar-se para uma nova terra. Os executivos podiam viajar para longe de casa e retornar, ainda morando em seus países de origem, deixando para trás "viúvas", famílias que ficavam em casa, enquanto o executivo desempenhava uma tarefa em uma terra distante. A facilidade aparente da viagem entre os países permitia aos chamados "gaivotas corporativas" voarem das sedes das empresas para gerir operações no exterior. Embora a expressão *líder global* tenha aparecido nos anos 60 e 70 para descrever a posição de mercado de uma empresa (por exemplo, "o líder global nos defensivos agrícolas"), ao final da década de 80, a expressão *liderança global* aplicava-se aos executivos e aos cargos. O termo globalização ganhou um novo significado.

Em *Managing Across Borders*, Christopher Bartlett e Sumantra Ghoshal descreveram um modelo de negócio transnacional que busca lidar com as crescentes demandas competitivas de um mundo interligado, construindo eficiências globais e respostas nacionais e impulsionando a aprendizagem entre os mercados.[1] A organização transnacional adquiria a forma de uma matriz múltipla: negócio × país × função. Bartlett e Ghoshal definiram um gestor global no contexto dessa organização transnacional: "[Não] existe um gestor global universal. Em vez disso, existem três grupos de especialistas: os gestores de negócio, os gestores no país e os gestores de função". Dirigindo esses três grupos, um grupo menor de gestores corporativos "que gerenciam as complexas interações dos três grupos".[2] Esses quatro tipos de trabalho executivo se definem por suas funções na organização e por quais tarefas precisam executar. Confrontados com as dificuldades de implementação e de gestão dentro de uma estrutura de matriz tripla, Bartlett e Ghoshal declararam que a essência de uma organização transnacional, ou global, não é a estrutura da organização *per se* e sim a orientação mental para o global.[3]

Com a combinação, em 1987, da empresa sueca Asea com a empresa suíça Brown Boveri em Asea Brown Boveri (ABB), a ABB transformou-se no modelo de uma organização transnacional, e o seu CEO, Percy Barnevik, no modelo de um executivo transnacional. Desde então, a palavra *global* vem sendo utilizada alternadamente com a palavra *transnacional* para descrever uma organização caracterizada por trabalhar atravessando fronteiras. Com a travessia de fronteiras – seja virtual ou fisicamente – as organizações têm seguido os seus mercados fora de suas fronteiras de maneira fácil e rápida. As *formas* que essas organizações tomaram e os tipos de executivos de que necessitaram dependeram, cada vez mais, de quais tarefas precisavam ser desempenhadas na travessia de fronteiras.

ATRAVESSANDO FRONTEIRAS CULTURAIS

Com base em nosso estudo, acreditamos que Bartlett e Ghoshal estavam certos em muitos pontos. De fato, não existe um tipo definido de executivo global: existem muitos. Esses executivos globais trabalham *atravessando* fronteiras – fronteiras de negócios, produtos, funções e países. Todas essas "travessias de fronteiras" contribuem com a complexidade do trabalho global. Levamos o estudo de Bartlett e Ghoshal um passo adiante, entretanto, que, no desenvolvimento e na definição dos executivos globais, *atravessar fronteiras de países e culturas é a peça determinante*.[4] Atravessar fronteiras de negócios – fronteiras de unidades de negócio, mercados, produtos, funções e clientes – embora importante, é fundamentalmente diferente de atravessar fronteiras de países e de culturas. Lidar com múltiplos elementos de negócios, sejam quais forem os arranjos, acrescenta várias camadas de complexidade e contribui para a ambigüidade, a ansiedade e a incerteza; porém, o impacto nos executivos é basicamente cognitivo ou intelectual. Embora os problemas sejam mais complexos, no fundo, são problemas empresariais, não pessoais. É a travessia das linhas culturais que representa um assalto na identidade da pessoa. Quando a tarefa é administrar diferenças de países, culturas, idiomas e valores, as pressuposições que tecemos a nosso respeito e sobre as outras pessoas são questionadas. Quando se atravessam fronteiras de países e culturas, um desempenho executivo eficaz exige uma transformação de quem somos e de como vemos a nós mesmos. Eis do que é feito o desenvolvimento dos executivos *globais*.

Chegamos ao nosso argumento depois de muitas horas debruçados sobre as transcrições e as anotações das entrevistas. Depois de analisarmos as respostas sobre as experiências-chave que modificaram executivos (descritas nos Capítulos 5 e 6), examinamos os exemplos dos descarrilamentos de carreira de executivos internacionais (descritos no Capítulo 7). Concluímos que as diferenças no *contexto* dos cargos internacionais foram o fator crítico. Ao descreverem os efeitos contextuais, os executivos enfocavam as diferenças empresariais, as diferenças de costumes as diferenças entre as pessoas. O tema comum, no entanto, foi este: os executivos não podem desempenhar eficientemente as suas funções até que compreendam o contexto no qual estão operando. Essa conclusão foi ainda mais corroborada nas respostas sobre a diferença entre trabalho internacional e doméstico. Constatamos que os aspectos mais desafiadores e que mais nitidamente diferenciam o trabalho doméstico do global são as diferenças de país e de cultura. Mas o que isso quer dizer realmente?

MODIFICANDO CONTEXTOS

Modificar o contexto de trabalho de uma pessoa especialmente ao cruzar fronteiras culturais, mas também ao cruzar fronteiras de negócio ou de funções traz resultados quase que inevitáveis. Alguns são bons, estimulantes e revigorantes; outros são debilitantes, frustrantes e têm o potencial de limitar as carreiras. Os outros fatores são iguais: o nível de dificuldade que as pessoas experimentam vai depender da diferença entre o novo contexto e o de origem. As pessoas que trocaram um país por outro, em especial, mas também aquelas que trocaram de emprego, reconhecerão a experiência:

- as coisas são mais demoradas;
- os métodos antigos não funcionam;
- cometemos equívocos e percebemos;
- cometemos equívocos e não percebemos;
- sentimo-nos inaptos;
- não temos credibilidade;
- temos de pensar em tudo – nada é automático;
- temos de trabalhar muito mais;
- nada é simples;
- ninguém nos entende;
- não entendemos o que as pessoas nos dizem;
- tudo é nebuloso;
- as coisas não fazem sentido.

As pessoas que mudam de contexto estão sujeitos a algumas (ou mais) dessas experiências, seja indo para uma nova função ou para um novo país. Mas a ida para novos países e culturas é que agiganta à nossa frente o trabalho internacional quando tentamos compreender.

Quando um executivo se muda para uma outra cultura, o problema não é fazer negócio ou morar em um dado país ou cultura: o problema é a *diferença* dos contextos, e não os contextos em si. Negociar e viver na Alemanha não é necessariamente mais difícil do que negociar na Espanha (e, na verdade, pode ser mais fácil em certos aspectos), mas para o alemão em Madri ou para o espanhol em Düsseldorf, a dificuldade reside na diferença.

O CONTEXTO CULTURAL

Nossos executivos nos proporcionaram testemunhos vívidos da importância do contexto cultural. Suas respostas ilustram não só a experiência de atravessar fronteiras culturais, mas também o impacto de suas próprias formações e responsabilidades (amplamente diferenciadas) em relação aos aspectos da diferença cultural que eles experimentaram.

Um executivo da Holanda morando em Londres, com doze anos de vivência no exterior e dez cargos que envolviam atravessar fronteiras de países, encarregado em reunir, no momento, sessenta negócios órfãos em um só negócio global, descreveu as suas experiências deste modo:

> No trabalho internacional, os aspectos culturais são críticos. Você tem de entender a estrutura de referência: o que é permitido em um lugar pode não ser permitido em outro. Na França, as nuanças da linguagem podem comunicar significados sutis. Os ingleses são mais cândidos quanto ao lado ruim das coisas, e você precisa aprender a ler nas entrelinhas. Os holandeses são francos – eles precisam ter muita sensibilidade quando estão em outros países.

Um executivo, nascido em Cingapura, vivendo hoje em Beijing, viveu na Austrália e em Xian, e é responsável pela subsidiária chinesa de uma empresa dos Estados Unidos:

> A diferença mais importante é a diversidade cultural e, às vezes, a dificuldade de viver em outro lugar. Tenho subordinados vindos de Cingapura, Hong Kong e Taiwan. A solução para mantê-los unidos reside em administrar a diversidade. Gerir em outra cultura requer que você desenterre a cultura local e a incorpore para dar credibilidade ao que faz.

Um executivo nascido na Suécia, hoje baseado em Zurique, disse: "Lar é onde estou". Com 14 anos no exterior, da Alemanha a Cingapura, todos os seus cargos foram internacionais. Hoje, responsável por um segmento de negócio de amplitude mundial, ele prossegue dizendo:

> São os aspectos culturais que situam-se ao centro. Você precisa estar pronto para aceitar variadas visões. O maior equívoco que uma pessoa pode cometer é adentrar uma nova cultura e "faça do meu jeito". Você precisa ouvi-los e considerar o seu ponto de vista. Se você mostrar um pouco de si – e demonstrar confiança –, algumas pessoas se prontificarão e você poderá construir em cima disso.

Outro executivo, um inglês vivendo em Londres, passou oito anos em três atribuições internacionais. Primeiramente, trabalhou como gerente de vendas para a Europa, depois responsabilizou-se pelo produto de âmbito mundial e, mais tarde, assumiu a responsabilidade total pela Europa, o Oriente Médio e a África. A sua única experiência de viver no exterior foi um cargo envolvendo um produto global na sede da empresa nos Estados Unidos. Eis as suas observações:

> Você precisa entender as diferenças na cultura e ser capaz de adaptar o seu estilo de trabalho predominante. Você precisa reconhecer que não somos todos iguais e aplicar estilos diferentes. Nos Estados Unidos, as pessoas são mais abertamente otimistas, mas é um falso otimismo; o Reino Unido se assemelha mais aos Estados Unidos, mas na França eles principiam por o que pode dar errado.

Trabalhando e vivendo em Hong Kong, um executivo dos Estados Unidos tinha responsabilidade funcional pelo Pacífico Asiático:

> Você deve compreender que a cultura, os valores e a moral nem sempre são compartilhados. Se você consegue identificar e compreender as diferenças, então, você pode decidir o que fazer [com elas]. Você não pode operar sob suposições baseadas em valores e motivações domésticos. Em casa, você consegue entender o que dá errado porque você sabe muito sobre causa e efeito. No exterior, essas suposições são com freqüência errôneas – fatores políticos, jurídicos, físicos e culturais podem diferir. Não presuma que você terá eletricidade todos os dias, que existirão estradas para a sede, etc. Você deve entender quais os elementos de impulsão importantes em seu próprio país e no país em que você está.

Nascido na Índia, onde começou a sua carreira, e hoje vivendo em Cingapura, após doze anos percorrendo a Ásia, um executivo regional responsável pelas operações em oito países, tão diversos quanto Paquistão e Coréia, descreveu deste modo o trabalho internacional:

> O trabalho internacional requer muito mais sensibilidade em relação às culturas individuais. A cultura pode por vezes exercer influência e, quando isso ocorre, pode ser decisiva. Você precisa compreender as diferenças... dos clientes, dos mercados, dos indivíduos e do nosso negócio como os médicos operam em cada cultura. Você precisa despender algum tempo no ambiente onde você vai trabalhar com mais freqüência. Em minha primeira ida ao país, eu vou para ouvir, e não para aconselhar. Eu sempre me pergunto: o que as pessoas julgam que funcionará aqui, e o que não funcionará?

Essas descrições deixam pouca dúvida quanto à importância de atravessar culturas, seja trabalhando entre as culturas, vivendo em uma cultura diferente ou, às vezes, ambos. Um dos nossos executivos, um japonês vivendo e trabalhando nos Estados Unidos, descreveu a vida no seu país para ilustrar o quanto o Japão difere dos Estados Unidos:

> Domesticamente, o Japão é uma tribo. Não existem verdadeiras diferenças culturais, nenhuma diferença de fuso horário. Comemos os mesmos alimentos; a comunicação é fácil; nossa educação é homogênea; não há muita diferença nas formações. O divertimento é um meio para se formarem relações; os clubes de *karaokê* são parte do fazer negócio; os negócios internacionais são conduzidos nas reuniões e fora delas. Os japoneses ficam mais "nos bastidores". O Japão ainda é uma sociedade masculina.

Visto pelo olhar desse executivo, o Japão parece de fato um país bastante exótico para a maioria de nós. Para um exercício interessante em "patriocentrismo" – qualquer que seja o seu país – imagine o quão exótico São Francisco deve ter parecido a esse executivo!

Aqui segue um ponto de vista ligeiramente diferente, que enfatiza o trabalhar através de fronteiras *vivendo* em casa em oposição a *vivendo e trabalhando* em um outro país. Esta executiva constatou que a diferença não residia tanto no que ela fazia durante o dia, que na maioria das vezes era o que ela faria em qualquer lugar onde estivesse situada nesta empresa global, mas sim na vida fora do ambiente de trabalho:

> A grande diferença está em para onde se vai quando vai para casa. Se você está em uma atribuição internacional fora do seu país natal, você vai para casa e torna-se parte da outra cultura. A cultura da nossa sede aqui é basicamente uma cultura internacional no ambiente de trabalho mas, é claro, volta a ser doméstica quando estou em casa. Em alguns aspectos, é mais fácil lá, porque as pessoas são mais autênticas tanto no trabalho como em suas vidas pessoais.

A diferença cultural que os nossos executivos consideraram mais desafiadora foi a comunicação e a linguagem. Descrevendo a sua primeira atribuição internacional, no Brasil, uma executiva australiana em Jacarta descreveu com eloqüência as frustrações e o isolamento de não se conhecer a língua local:

A coisa mais difícil foi conquistar uma comunicação eficaz. O maior desafio era me comunicar, compreender as pessoas e o que queriam e motivá-las. Sempre fui uma pessoa bastante comunicativa e posso entusiasmar as pessoas, mas eu não conseguia fazê-lo porque não compreendia a língua. Aprendi a língua o mais rápido que pude, mas tinha um pesadelo recorrente, que ainda hoje tenho, de que eu não conseguia falar e não podia me comunicar. Eu me surpreendi com a dificuldade de comunicação em um negócio sendo operado em português e eu só falando inglês.

As empresas que se tornam mais globais e têm uma linguagem comum – usualmente o inglês – aliviou um pouco dessa frustração (a executiva antes mencionada ressaltou que agora o seu negócio no Brasil é conduzido em inglês). Os problemas de comunicação são mais profundos do que a simples compreensão das palavras e da língua, e os padrões culturais tornam os significados obscuros e exigem muito mais esforço. Aqui segue a forma com que vários executivos os descreveram:

- "Às vezes, eu compreendo o que as pessoas me dizem, mas eu não sei como interpretar por causa das diferenças culturais."
- "Em sua própria cultura, muito do que se dá é automaticamente compreendido; o nível de comunicação é mais profundo sem muito esforço".
- "Quando você diz a uma pessoa "isto que é o que vamos fazer", se ela não o compreende, não diz a você. Faz parte da cultura latina, e não da língua, nunca dar más notícias e nunca dizer não haver entendido o que foi dito."
- "Leva mais tempo para as pessoas compreenderem o que eu estou dizendo. Minhas analogias, as que estou acostumado a empregar, não funcionam no Japão. Eu me dei conta rapidamente de que elas não me davam ouvidos."

As questões de liderança estão intimamente relacionadas às questões de comunicação, e os nossos executivos nos deram exemplos do contexto doméstico *versus* o contexto global, salientando as diferenças entre uma cultura específica em relação a outra. Estilos de "comando" que podem funcionar em uma cultura não dão certo em outras, as fontes de motivação podem diferir, e o modo pelo qual o executivo em geral consegue que as coisas sejam feitas precisa se adaptar ao contexto. Se operar em uma outra cultura acrescenta dificuldade, então operar entre várias culturas aumenta dramaticamente a complexidade e exige muito do líder que precisa enfrentar essa situação. Vários executivos comentaram como aprenderam a lidar com esse problema:

- "Na arena mundial, você precisa estar muito aberto. Precisa ouvir, ser honesto e trabalhar visando um consenso dentro de cada país. Muitas pessoas resistirão às iniciativas globais, e você não pode obrigar as pessoas a isso."
- "É mais fácil motivar as pessoas localmente – você pode apontar um inimigo externo e fazer uso do nacionalismo. Um emprego global força uma

integração entre conjuntos de valores, e você precisa encontrar um terreno comum."
- "O trabalho, as eficiências, etc., em geral se assemelham, mas você dirigir as pessoas, para delas obter o máximo, difere. Embora [eu seja] de etnia chinesa e tenha nascido em Hong Kong, sou mais americano do que chinês, e tenho que me adaptar às pessoas e gerir de formas diferentes."
- "A vida corporativa nos Estados Unidos é mais hierárquica do que nos outros países. Na Europa, você não pode comandar – você tem de vender as suas idéias. Não conheço um único país na Europa onde comandar funcionaria."

Os nossos executivos nos falaram igualmente das diferenças entre trabalho doméstico e internacional, que nós rotulamos de processos empresarias. Fazer negócio apresentou-se aos executivos internacionais como uma prodigiosa tarefa de aprendizagem, que incluía conhecimentos específicos sobre os países, suas leis ou hábitos de negócio, seus processos de decisão, suas empresas e clientes diferentes, suas perspectivas quanto ao risco e à estrutura da organização e forma como as relações de negócio se desenvolviam. Embora algumas dessas diferenças tenham sido demonstradas pelos exemplos acima apresentados, acrescentamos alguns breves exemplos, nas palavras dos executivos, para enfatizar este ponto:

- "Você não sabe qual é a lei, quais são as práticas de negócio; as negociações podem ser sutis".
- "Os negócios não são feitos do mesmo modo nos outros países... A Inglaterra é mais funcional e seqüencial. Você não deve tecer juízos muito cedo; o ritmo é mais lento em outros países."
- "Eu preciso saber muito sobre como as coisas funcionam nos outros países. Por exemplo, para padronizar um programa de incentivo, eu tenho de saber o que nós temos na Alemanha e o que é preciso modificar e eu preciso fazer isso em todos os outros países."
- "Você precisa compreender as diferenças entre os clientes e os mercados. A perspectiva de cada um sobre o gerenciamento do risco, sobre as pessoas e o dinheiro é influenciada conforme a natureza (doméstica ou internacional). O que uma perspectiva doméstica considera um risco pode não parecer arriscado sob uma perspectiva internacional. O que é estrangeiro parece mais arriscado às pessoas que jamais estiveram na cultura, que não a compreendem."
- "Em uma atribuição doméstica, você tem a sua rede de relações. Você conhece os ministros e os clientes; a sua rede se desenvolve com o passar do tempo, e você se sente confortável quanto ao modo de fazer as coisas acontecerem. Mas construir uma rede de relações em outro país, sendo um estrangeiro, é muito difícil. Eu ainda não tinha uma rede – mesmo depois de dois anos, em uma atribuição de cinco anos. Você simplesmente não consegue desenvolver tal rede, precisa depender das pessoas locais. Eu posso impor minha vontade, mas não posso participar das batalhas."

Apenas alguns executivos mencionaram a importância da família como um fator determinante nas atribuições internacionais. Atribuímos esse número pequeno à ordem das nossas perguntas, e não à falta de importância da família.

Como descrito no Capítulo 6, a importância crítica da família soou alto e claro em nossas constatações, ratificando a maioria dos outros estudos sobre executivos internacionais.[5]

Ademais, uns poucos executivos depreciaram as diferenças entre o trabalho internacional e o doméstico, às vezes pensando um nível acima do específico, às vezes refletindo a visão de que a globalização tem diluído e vai continuar diluindo quaisquer diferenças existentes, ou até questionando a nossa pergunta mesmo. Suas respostas servem de pano de fundo para a discussão do epílogo sobre o futuro.

- "Não é assim tão diferente. Em um novo país, você precisa trabalhar para acertar a estrutura de referência. Os desafios se assemelham em uma empresa internacional, seja no seu próprio país ou em outro".
- "No fim das contas, pessoas são pessoas. Você não tem pessoas piores [em um lugar] do que [você teria] em qualquer outro. Existem pessoas boas em todas as partes."
- "Não estou certo de serem tão diferentes. Não consigo identificar o que difere tanto. O negócio internacional se torna doméstico quando você chega onde você está."
- "É diferente, mas cada vez se assemelha mais. Ao menos em locais de natureza semelhante – a Suécia, a Europa, a Austrália. Será essa uma pergunta relevante hoje em dia? Veja os clientes e os fornecedores – eles são todos globais."
- "O ambiente internacional é o ambiente real. Não existe prêmio algum para uma mentalidade doméstica. Tornar-se internacional envolve experiências multiculturais, multissociais, multiempresariais. Você precisa ficar o tempo suficiente em outra cultura para se imergir."

Em resumo, segundo esses experientes executivos, a diferença básica entre os cargos internacionais é a diferença do contexto, e a mudança básica de contexto é a diferença das culturas. Executivos provenientes de culturas muito diferentes experimentaram a diferença da sua própria perspectiva. O que é um trabalho global? O que é um executivo global? Estamos agora prontos a responder essas perguntas.

AS DIMENSÕES DO TRABALHO GLOBAL

O trabalho global combina duas dimensões de complexidade: a complexidade de negócio e a complexidade cultural. A complexidade de negócio deriva do número de funções, produtos, fornecedores, unidades da organização, locais (nossa lista é apenas ilustrativa), constituindo o escopo e a escala do negócio. Embora os apresentemos como um *continuum*, em realidade, os fatores empresariais podem ser acrescentados a um cargo sucessivamente ou em grupos, e alguns fatores podem ser mais complicados do que outros (as funções, se comparadas aos produtos ou locais). Mas cruzar fronteiras de negócio não é suficiente para que um trabalho seja global. Todas essas fronteiras, conquanto bem definidas e de difícil travessia, podem ser cruzadas (em princípio, ao menos) numa empresa ou num cargo doméstico. O essencial da travessia de fronteiras, a que torna um trabalho global ou internacional, é a travessia da fronteira cultural, uma fronteira definida, em seu nível mais básico, pela geografia, pelas línguas e por outras divisões relacionadas com as diferenças entre as pessoas e seus hábitos.[6] Acrescentar camadas de negócios ou de culturas, torna os cargos mais complexos, mas cruzar fronteiras culturais impõe aos executivos exigências fundamentalmente diversas quando se considera cruzar fronteiras de negócio. Atravessar uma fronteira cultural requer uma aprendizagem emocional ou autoconhecimento, em vez de simplesmente uma aprendizagem intelectual ou cognitiva.

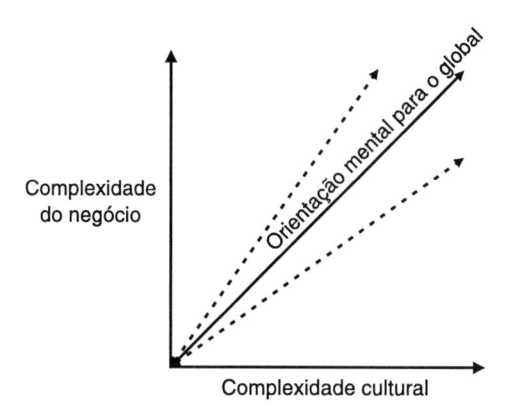

Figura 2.1 As dimensões do trabalho global.

O trabalho global envolve uma combinação dessas dimensões (Figura 2.1). Cruzar quaisquer dessas fronteiras, a de negócios ou a cultura por si só não basta; as explicações de qualquer uma dessas, tomadas em separado, erram o alvo. A teoria empresarial, embora esclarecedora, fracassa em muito do que dizer sobre negociar em uma cultura estrangeira, e os estudos entre culturas que esclarecem nossas necessidades em uma outra cultura pouco nos dizem sobre o que representa nelas negociar. O *negócio in situ* (a cultura) é de importância crítica. É no desempenho do trabalho global, como nós aqui o definimos, que uma pessoa pode desenvolver uma orientação mental para o global.

Os cargos executivos (e o trabalho) podem ser mais ou menos globais, dependendo da mistura de complexidade de negócios e de complexidade cultural. Por exemplo, o cargo de CEO em uma cultura única, relativamente homogênea como a da Finlândia, com um titular finlandês, pode incluir todos os elementos empresariais e situar-se bem alto na nossa dimensão da complexidade de negócio, mas ter pouca complexidade cultural. Conseqüentemente, esse cargo de CEO não será muito global. Da mesma forma, os cargos com escopos de negócio muito estreitos, mesmo quando operam cruzando culturas, não são muito globais, segundo a nossa definição.

Na nossa descrição está implícito que o "global" reside no trabalho, não no executivo. Essa sutil porém significativa distinção nos salva de definir o nível de globalização de um trabalho pela formação dos executivos que o desempenham.

O EXECUTIVO GLOBAL

Dito de forma simples, os executivos globais são aqueles que desempenham trabalho global. Com tantos tipos de trabalho global, dependendo da mistura de travessias de negócio e cultural, nitido que não existe apenas um tipo de executivo global. Os executivos, bem como suas ocupações, são mais ou menos globais dependendo das funções que desempenham, de suas responsabilidades, atribuições e da extensão da travessia. Não vamos distinguir os executivos internacionais dos globais; utilizamos os termos alternadamente. Ambos os termos, como descritos, tanto dos executivos como dos cargos, envolvem "mais ou menos", em vez de dados absolutos. Até a mais global das organizações, a Nações Unidas, não se estende a todos os cantos do mundo.

A orientação mental para o global

Desde a sua introdução (o primeiro uso que encontramos foi feito por Bartlett e Ghoshal, em 1992), a expressão *orientação mental para o global* tem sido usada para descrever as habilidades dos executivos que obtêm sucesso em cargos, combinando ambas as dimensões: de cultura e de negócio.[7] Como expressão, ela transformou-se no *slogan* para as competências exigidas de um executivo global. Nós também a usaremos desse modo, embora uma orientação mental para o global por si só não necessariamente forme um executivo global. Além de uma orientação mental para o global, um executivo precisa ter um cargo global.

As diferenças entre cargos domésticos e internacionais

Nossos executivos nos forneceram uma análise dos cargos com grande consistência, apesar de informal, no que tange à forma como o trabalho global difere do doméstico. Resumimos tais diferenças no Quadro 2.1. Essas diferenças servem quase como uma receita para a ambigüidade, a incerteza, o choque cultural e o enorme desafio, mesmo levando-se em conta que os executivos experimentarão essas diferenças cada um à sua própria maneira, dependendo da largura da fenda entre seu lugar de origem e onde se encontram. Dada a gama de diferenças, não surpreende o fato de o trabalho global ser, freqüentemente considerado uma "trajetória heróica", e um executivo ter sugerido ser impossível encontrar alguém com qualificações suficientes. Nem tampouco surpreende que os executivos globais, por vezes, se ressintam de que as pessoas, vivendo na sede da empresa, vejam suas vidas como uma série consecutiva de férias em lugares exóticos.

Um outro conjunto de diferenças estava algumas vezes presente nos cargos globais, dependendo da estrutura (e da estratégia) da organização na qual elas se fundavam. Freqüentemente, os cargos globais situam-se física e psicologicamente distantes da sede da empresa, juntamente com as vantagens e desvantagens decorrentes. Do lado positivo, os nossos executivos relataram os saltos quânticos na autonomia e no escopo da responsabilidade e da oportunidade de se recuperarem dos equívocos despercebidos – tudo, é claro, contribuindo para o potencial de autodesenvolvimento do cargo. Do lado negativo, os executivos arriscavam perder as suas redes de conexão, tornar-se obsoletos no âmbito organizacional e técnico, perder promoções e ter o seu trabalho mal-compreendido, subvalorizado ou ambos. Esses fatores são importantes na explicação dos motivos pelos quais as carreiras dos executivos internacionais por vezes descarrilarem, uma dinâmica que será discutida no Capítulo 7.

Os cargos globais diferem no grau de exigência do gerenciamento das relações entre a empresa, o governo e a sociedade. Lidar com autoridades do alto escalão do governo e com membros influentes da sociedade anfitriã, novamente, traz recompensas e riscos aos executivos. Um executivo descreveu sua chegada a Jacarta pela primeira vez para assumir um novo cargo, sendo conduzido pelo Ministro de Recursos até o balcão de um palácio onde lhe disseram que falasse à multidão.

Quadro 2.1 As diferenças culturais

- Leis, práticas de negócio
- Línguas, significados, ações
- Ritmo (mais rápido ou mais lento)
- Estrutura de referência, conexões
- Impulsores de mudança
- Motivações, valores
- Política, padrões sociais, protocolos
- Sobreposição social / profissional
- Condutores de negócio
- Ações, comportamentos, hábitos
- Alimentação, transportes, regras
- Processos de tomada de decisão
- Abordagens para a resolução de problemas
- Práticas de liderança
- Estilos interpessoais
- Prazos
- Títulos, autoridade

As exigências do trabalho global afetam a família do executivo, assim como ele próprio. A adaptação da família a uma nova cultura é uma questão-chave quando o executivo vive no estrangeiro. Se ele tiver responsabilidade global mas viver no país de origem, então uma adaptação da família às freqüentes viagens e longas ausências se faz necessário.

As competências globais

A procura por competências executivas globais fracassou na revelação de um conjunto universal de competências.[8] Nós afirmamos que ninguém concorda com um só conjunto de competências porque não existe somente um cargo global universal. As competências globais, assim como os cargos globais, devem ser considerados como uma mistura, dependendo do cargo. Nós não podemos, contudo, resistir à tentação de derivar o nosso próprio conjunto de competências globais baseado nas distinções que os nossos executivos fizeram entre o trabalho doméstico e o internacional, nas respectivas exigências e na literatura em desenvolvimento sobre liderança global (Quadro 2.2).

Com a nossa ênfase em cruzar fronteiras culturais para a definição do trabalho global, não será surpresa, ao definirmos as competências, enfatizarmos a dimensão cultural, em vez da dimensão empresarial dos trabalhos globais. Nós não negamos um conjunto básico de habilidades necessárias que os executivos precisam, todavia. Na verdade, os nossos executivos aconselharam os aspirantes a carreiras globais a desenvolverem essas habilidades empresariais básicas como uma prioridade.

Quadro 2.2 As competências do executivo global

A mente aberta e flexível aos pensamento e táticas: ser capaz de viver e de trabalhar em uma variedade de cenários com diferentes tipos de pessoas e estar disposto e ser capaz de escutar as outras pessoas, abordagens e idéias.

O interesse cultural e a sensibilidade: respeitar outras culturas, outras pessoas e pontos de vista; não ser arrogante ou crítico; ter curiosidade sobre as outras pessoas e sobre seu modo de vida e trabalho; interessar-se por diferenças; possuir competência social; dar-se bem com os outros; possuir empatia.

A capacidade de lidar com a complexidade: considerar as muitas variáveis na resolução de um problema; sentir-se confortável com a ambigüidade e ser paciente nas questões que evoluem; poder tomar decisões em face à incerteza; enxergar padrões e conexões; e estar disposto a se arriscar.

A elasticidade, a inventividade, o otimismo, a energia: responder a um desafio; não se desencorajar com a adversidade; ser autoconfiante e criativo; ver o lado positivo das coisas; ter um alto nível de energia física e emocional; ser capaz de lidar com o estresse.

A honestidade e a integridade: ser autêntico, consistente, ser uma pessoa que transmite confiança.

A vida pessoal estável: desenvolver e manter arranjos resistentes ao estresse, em geral familiares, que apoiam o comprometimento com o trabalho.

As habilidades acrescidas de valor técnico ou empresarial: possuir *expertise* técnica, de gestão ou outra eficiente o bastante para proporcionar credibilidade.

Exceto pelas habilidades técnicas ou empresariais que acrescem valor (que nos recordam que o propósito de um executivo é fazer negócio em uma outra cultura, e não apenas lá viver), as competências descritas no Quadro 2.2 se assemelham a outras propostas.[9] Essas competências é que permitem que as pessoas vivam e trabalhem em outras culturas.

O elo "como" e "o quê"

Vários executivos descreveram o desafio do trabalho global quase com as mesmas palavras: "As respostas às perguntas *o quê* permanecem iguais, mas às perguntas *como* são diferentes". Um belga vivendo na Alemanha, responsável por laboratórios de pesquisa alemães, assim o descreveu:

> A grande diferença é a ligação entre *o quê* e o *como*. É muito fácil ir do *o quê* para o *como* em uma organização doméstica porque seus instintos funcionam. Eu sei *como* fazer na Holanda, onde trabalhei e vivi, e esse será o meu comportamento natural. Na Alemanha, o *o quê* é igual, mas o *como* é diferente. Eu preciso pensar continuamente sobre o *como*, e isso torna-se mais complexo com as múltiplas localidades e diferentes culturas. Você não pode depender das suas respostas naturais. Será necessário ainda mais uns três anos até que eu domine esse *como*.

A descrição desse executivo se torna ainda mais interessante porque a sua formação intercultural pode ter enganosamente nos levado a pensar que ele fosse encontrar pouco desafio cultural – seus pais são um belga e uma holandesa, sua esposa é holandesa, ele trabalhou extensamente na Holanda, e ainda residia na Bélgica, a menos de 160 km de seu escritório.

Encontramos esse elo entre "como" e "o quê" nas entrevistas da Alemanha até Cingapura. Dominar esse elo, cruzando uma ou mais fronteiras de culturas e de negócios, é exatamente do que trata o desenvolvimento do executivo global.

A complexidade global

A sabedoria comum, de escrever e pesquisar tanto na área internacional, quanto as nossas entrevistas, nos diz que o trabalho global, em contraste com o doméstico, é mais complexo (e, por sua vez, mais difícil, desafiador e interessante) e impõe maiores exigências de aprendizagem e habilidades conceituais. Eis o que alguns executivos disseram:

- "[O trabalho internacional é] intelectualmente mais desafiador. Você precisa ser mais flexível, a comunicação é mais difícil, horizontes mais amplos se fazem necessários. As atribuições domésticas têm visão razoavelmente estreita – elas não enxergam além de Taiwan."
- "Uma atribuição internacional possui uma ordem mais alta de complexidade, desafio e aprendizagem. Eu conduzi toda a operação, enquanto estive na Venezuela. Era pequena, mas eu a conduzi por completo. A escala e a estrutura são aumentadas – eu estive envolvido nos assuntos do governo, da economia, nas questões sociais, etc. Você domina a dinâmica de todo o negócio em uma atribuição internacional como aquela".
- "O ambiente internacional é mais complexo – você tem de ser capaz de antecipar o impacto de várias ações. Você não pode manter uma perspectiva provinciana: você precisa enxergar as conexões."
- "Há uma ordem de magnitude mais simples no trabalho doméstico. Para vender um produto alemão a um cliente alemão, todos conhecem os

limites. Não existe espaço suficiente para ser muito criativo. Agora, vá a Arábia Saudita – aí você terá que desenvolver mais imaginação".
- "Existe uma enorme diferença na aprendizagem – em sua própria cultura, você enxerga pouca coisa de novo. O trabalho internacional é uma aprendizagem mais rica."
- "Nos [trabalhos] internacionais, você depende de vários outros fatores. Existem tantas variáveis e, com freqüência, outras empresas também estão envolvidas. Você precisa se adaptar. Em outras empresas ou outros países, as pessoas agem de forma diferente."
- "Nas atribuições domésticas, você tem um denominador comum em relação à política e ao protocolo. Você pode decifrar como as coisas funcionam. No trabalho internacional, as regras são diferentes, e você jamais conhecerá todas elas."

O argumento para uma maior complexidade é evidente por si mesmo no que poderia ser chamado de trabalhos globais com "G maiúsculo", trabalhos que se estendem bem além das dimensões da complexidade empresarial e cultural. Esses trabalhos estão no canto direito superior da Figura 2.1. Tais trabalhos operam cruzando várias fronteiras de negócio e muitas fronteiras de cultura – as 150 posições executivas corporativas da ABB logo nos vêm à mente. É intrigante, contudo, descobrir que essa experiência de complexidade global se dá com os executivos que vão viver e trabalhar em uma cultura que não é a sua, bem como aqueles que cruzam as fronteiras de mais de uma cultura. Nossa explicação para essa experiência nos leva a um paradoxo do desenvolvimento executivo global e a uma camada final de complexidade: os próprios executivos.

A CAMADA DE COMPLEXIDADE EXECUTIVA

Nós despendemos um certo tempo descrevendo as diferenças empresariais e culturais que definem um trabalho global, como se essas diferenças fossem dimensões fixas. Na verdade, é claro, as diferenças existem em função de onde a pessoa provém. Como o nosso executivo japonês tão convincentemente apontou, o Japão é muito diferente, mas não para os japoneses! O que uma pessoa julga diferente depende do seu meio de formação. Ao examinarmos o desenvolvimento executivo global, vemos que "o desenvolvimento está na diferença". As diferenças que aumentam a complexidade global são também as diferenças que tornam o trabalho um terreno tão fértil para o desenvolvimento do executivo. Lembre-se da descrição do nosso executivo sobre a diferença (para ele) entre fazer negócio na Alemanha e na Arábia Saudita. Diferentemente da situação na organização doméstica típica, seja alemã, chilena ou japonesa, nas organizações globais, as pessoas vão para uma ampla variedade de atribuições com as mais variadas formações. O indivíduo, então, torna-se um elo importante na questão de "quem é um executivo global" e nos desafios que ele confronta.

As empresas tentam de diversas maneiras capturar "de onde uma pessoa vem". *Executivo natural do país da sede, natural do local da filial, natural do estrangeiro* e *natural de um terceiro país* são algumas das expressões que ouvimos. Embora o trabalho global tenha sido definido em termos de cruzar fronteiras, *de onde uma pessoa vem* define a fronteira cultural fundamental para uma pessoa em particular. Um natural do país da sede (por exemplo, um sueco trabalhando na Ericsson em Estocolmo) pode ser natural do local da filial de uma outra empresa (por exemplo, um sueco trabalhando para a IBM em Estocolmo) ou natural de um terceiro país dessa mesma empresa (por exemplo, um sueco trabalhando para a IBM em Cingapura). Nossa amostra de 101 executivos incluiu todas essas categorias e algumas que desafiam a classificação – será uma holandesa com funções na sede da Royal Dutch/Shell tanto em Londres como em Haia, uma natural do estrangeiro quando está em Londres e uma natural do país da sede nos dias que está em Haia?

É o termo *expatriado*, contudo, que levanta o irreconciliável. Quase todos os 101 executivos eram ou haviam sido expatriados. Mas será o expatriado um executivo internacional quando exercendo um trabalho doméstico? Por exemplo, será uma expatriada malaia uma executiva global quando trabalha para a Unilever em Londres em uma função doméstica de *marketing* do Reino Unido? E se ela for uma executiva global, a sua sucessora, uma pessoa originária do Reino Unido, torna-se uma executiva doméstica em vez de uma executiva global? Não buscaremos responder a essas questões!

Cada vez mais, alguns executivos não reivindicam o país de origem e, do mesmo modo, algumas empresas são apenas identificadas de maneira tênue com um país em particular. Brian, cujo desenvolvimento descreveremos no capítulo seguinte, nasceu e foi criado na África por seus pais ingleses (que hoje vivem nos Estados Unidos). Freqüentou a escola no Reino Unido (mas lá nunca trabalhou) e se aposentou indo viver na França com a sua esposa japonesa. Quanto às empresas, a ABB, nos disseram, foi planejada mais como norte-americana do que suíça. Ademais, seu antigo CEO Percy Barnevik afirma que a ABB não possui um centro geográfico, tendo somente 150 profissionais trabalhando em sua sede em Zurique, os resultados financeiros informados em dólares americanos e o inglês como sua língua oficial de negócios.[10]

Com uma camada sobre outra camada de complexidade formando o trabalho executivo global, e essas camadas ainda mais complicadas pela formação dos executivos e das organizações, o desenvolvimento executivo global torna-se, com efeito, um processo complexo. Não é de se surpreender que o "segredo da liderança global" ainda esteja por ser descoberto.

DESTE PONTO DE VISTA

Neste capítulo, buscamos construir uma ponte entre expatriados dos tempos anteriores e a complexidade do trabalho global e internacional de hoje. Apresentamos a visão do negócio global como sendo uma atividade transnacional e examinamos em detalhes as perspectivas dos nossos executivos em relação às diferenças entre os cargos domésticos e os internacionais. O trabalho executivo global é um trabalho que atravessa simultaneamente fronteiras de negócio e de cultura, mas a travessia que o define é a cultural. Atravessar essas fronteiras torna os cargos globais de imediato mais complexos, interessantes, recompensadores, desafiadores, exaustivos e frustrantes. O global (ou o internacional) não figura um caso de tudo ou nada, mas um *continuum* de complexidade. Os executivos globais são executivos exercendo trabalho global; o caráter global reside no trabalho, não unicamente no executivo. Uma orientação mental para o global é o conjunto de competências exigidas no desempenho de um trabalho global. As dificuldades surgem no trabalho global, porque as diferenças que o definem dependem da formação individual dos executivos. Aqueles que buscam o segredo da liderança global vão, nós afirmamos, se decepcionar quando essas camadas de complexidade confundirem a sua busca.

Dada a complexidade dos cargos globais e dos talentos executivos globais, a nossa tarefa será a de identificar as lições aprendidas ao longo do caminho que prepararam os executivos para esses cargos, descobrir onde eles aprenderam essas lições e juntar tudo em um modelo que possa guiar a prática. Mas desejamos fazê-lo sem jamais perder de vista a individualidade dos executivos globais e a riqueza das experiências que os desenvolveram. No Capítulo 3, estruturamos essas experiências ao descrever o meio de formação do nosso grupo de executivos globais e relatar as histórias de três desses executivos.

Trajetórias globais: as vidas dos executivos globais

> Tive um bocado de trabalho com a educação dele, senhor;
> deixei-o correr solto pelas ruas quando pequeno e virar-se por si mesmo.
> É o único modo de torná-lo um menino esperto, senhor.[1]
>
> – Charles Dickens, *The Pickwick Papers*

Todos os anos, na primavera, os 300 executivos do alto escalão da Unilever se reúnem em uma das sedes da empresa, alternando entre Londres e Roterdã. Eles vêm de todos os cantos do mundo onde a Unilever atua, o que abrange a maioria dos continentes e muitos países. Os países de origem dos executivos são bastante diversos (por exemplo, a Índia, o Reino Unido, a Austrália, a Itália, a França, a Nova Zelândia, os Estados Unidos e o Brasil). A maior parte deles viaja em jatos, limusines os aguardam nos aeroportos e conduzem todos ao mesmo hotel ou hotéis similares, oferecendo essencialmente serviços similares. Os homens vestem ternos e gravatas de seda, as mulheres, vestidos de seda. Eles se enfronham em conversas animadas, todos falando inglês – o que pode parecer comum aos nossos leitores, mas apenas uma minoria da população do mundo fala inglês, seja como primeira ou segunda língua.[2]

Durante a estadia na sede, comerão os mesmos alimentos (embora alguns evitem a carne) em pratos de porcelana com facas e garfos de prata e beberão as mesmas bebidas (embora uns poucos evitem o álcool) em copos de cristal. Acredita-se que todos possuam a "coisa certa", aquela combinação particular de lições aprendidas tornando-os eficientes executivos globais. Todos, ou ao menos a maioria deles, passaram por experiências – *negócio global in situ* – que produzem uma orientação mental para o global. Alguém de fora não teria dificuldade em reparar que eles, de muitas maneiras, se assemelham em suas aparências e comportamentos.

A despeito de suas semelhanças, esses executivos globais, a princípio, não eram assim. Todos eles tiveram trajetórias de vida e de carreira diferentes. As semelhanças disfarçam as diferenças dos seus meios de formação, as experiências que tiveram, as lições que aprenderam e as habilidades e talentos que desenvolveram.

Sem negar a importância dos dotes genéticos, tanto nas capacidades mentais como na personalidade, afirmamos, com alguma confiança, que os executivos não *nasceram* líderes globais. Duvidamos de que qualquer um de seus pais tenha se inclinado sobre os berços deles e dito: "Aqui eu vejo um líder global". Se houvéssemos tentado prever nessa tenra idade como eles se desenvolveriam, as nossas previsões certamente não se confirmariam. Suas vidas foram tapeçarias complexas, cada uma diferente da outra, tecidas com uma certa combinação de propósito e destino. Uns poucos nesse grupo de executivos globais podem ter tomado um caminho simples em suas carreiras ou mesmo ter permanecido em seus países de origem, mas não muitos nesse nível sênior. A Unilever é uma empresa global complexa, e as carreiras de seus executivos são igualmente complexas e globais. Os executivos sabem o que é sentir a "diferença", a ambigüidade e a incerteza de atravessar culturas e assumir novos desafios de negócio. Eles já estiveram em situações nas quais aprenderam a ir contra as suas inclinações naturais em situações em que o seu aprendizado foi suave e fácil. Eles já experimentaram o tipo de sucesso que eleva uma pessoa, ou ali não estariam; eles possuem as habilidades e os talentos para trabalhar em uma importante organização global. Mas a maioria deles também experimentou, em uma ocasião ou outra, a decepção de não conquistar os resultados esperados ou o cargo com o qual sonhavam.

Os executivos que descrevemos são, é claro, particulares à Unilever, assim como o encontro anual. Na verdade, nós nunca participamos do encontro. Mesmo se quiséssemos, pessoas de fora não seriam permitidas – apenas ouvimos relatos do encontro. Tampouco desfrutamos de um conhecimento especial acerca do meio de formação e dos talentos desses executivos. Mas a Unilever não é o nosso ponto. O nosso ponto é que encontros semelhantes de executivos ocorrem nas empresas globais por todo o mundo. Em seus propósitos e datas, os encontros são únicos à empresa e aos executivos, mas o princípio dos *executivos aparentemente semelhantes com tão diversas trajetórias* é evidente entre todas as empresas e encontros existentes. O simples fato de os executivos no começo de suas carreiras não se parecerem ou de não haverem seguido o mesmo caminho até o topo tem grandes implicações para o desenvolvimento executivo global. Este capítulo toma esse princípio e essas trajetórias diversas para formar um pano de fundo para a tese essencial deste livro.

Primeiramente, examinamos de onde vieram os nossos executivos: o que disseram sobre as suas experiências iniciais e como essas experiências contribuíram para seu desenvolvimento. A seguir transcrevemos trechos mais extensos das entrevistas com três dos executivos entrevistados (nenhum deles da Unilever, acrescentaríamos). Nós usamos essas histórias mais longas para enfatizar a importância da experiência individual na compreensão do desenvolvimento executivo global como nenhuma lista de competências para executivos pode fazer. Essas histórias também ilustram a nossa metodologia – lições de vida aprendidas no cadinho das experiências – e antecipam as nossas análises detalhadas das lições e experiências relatadas nos capítulos seguintes. As histórias de Andrew, Jean, Brian e outros servirão de critério ao discutirmos o que as organizações e os indivíduos devem fazer para desenvolver o talento executivo global.

PRIMEIRAS EXPERIÊNCIAS

Enquanto planejávamos nossas entrevistas, a oportunidade de incluir uma pergunta sobre os meios de formação iniciais dos executivos era tentadora demais para dois pesquisadores do comportamento deixarem passar. Decidimo-nos por esta pergunta: "Houve algo de especial no modo como você cresceu, ou no início de sua vida, que o levou a procurar ou a ser especialmente eficiente em um contexto internacional?" Se houvesse fatores óbvios que os influenciaram, nós não queríamos deixar de registrá-los. Por outro lado, não se pretendia fazer um estudo profundo dos fatores do meio de formação, e nós não desejávamos despender muito tempo da entrevista em um só aspecto da vida deles, não importando o quão interessante pudesse ser.

Os nossos executivos não nos decepcionaram em suas respostas. No todo, a grande maioria (68%) podia identificar alguns fatores do meio de formação que os havia influenciado, seja na escolha de uma carreira internacional, seja em sua eficiência como um executivo internacional, ou nos dois itens.

Os meios de formação que levam às carreiras internacionais

Metade dos executivos identificou *influências iniciais* que julgavam ter resultado no seu ingresso no trabalho internacional. Em alguns casos, a origem e a situação familiar durante o crescimento pareciam quase assegurar que a pessoa tivesse "nascido para o mundo internacional".

Hans é um bom exemplo. Filho de uma mãe russa e um pai suíço, Hans nasceu em Beirute, onde o pai dirigia o próprio negócio. Hans descreve seu pai como um "homem estranho" que vivia e trabalhava em um país corrupto, mas nunca fora ele próprio corrupto. Ele ensinou a Hans uma lição muito importante: "Seja honesto em tudo que fizer, e você terá sucesso no final". Com problemas de disciplina na escola, Hans foi enviado à Suíça aos 13 anos para viver com um professor e freqüentar a escola. Hans descreve essa experiência como sendo de choque e entusiasmo – longe dos pais, mas sob uma enérgica disciplina. O severo controle que ele experimentou transformou-o de um péssimo aluno em um aluno excelente, propiciando o cenário para que estudasse Física, inventasse vários dispositivos e adquirisse um rápido início de carreira.

Embora Hans não houvesse se determinado a uma carreira internacional, considerando as suas primeiras experiências, a sua formação escolar e a sua inclinação para a Física e a invenção, seria difícil imaginá-lo decidindo-se por um cargo doméstico em uma empresa doméstica em um país pequeno. Em suas próprias palavras: "Eu sou um oportunista. Toda a minha carreira é um acontecimento; quando eu enxergava as oportunidades, eu as agarrava". Aos 40 anos, a carreira de Hans inclui atribuições na Indonésia, nas Filipinas, no Japão, bem como em Hong Kong, onde nós o entrevistamos. Bastante interessante é nenhum desses lugares ter como língua nativa uma das seis que ele fala: árabe, francês, inglês, alemão suíço, alemão e russo.

O meio de formação internacional de Hans pode ser mais extenso do que o de alguns dos nossos executivos, e suas primeiras influências envolveram mais transtornos que a maioria dos casos, mas executivo após executivo identificou influências no início da vida que os conduziram na direção do trabalho internacional. Aqui segue uma amostra do que eles disseram:

- "Meu pai era engenheiro e nós moramos na Austrália dos meus três aos seis anos. O mundo internacional fazia parte do cenário. Tirei o meu PhD

na Austrália... Gosto de estar em outras culturas; sempre gostei de viajar" (um inglês em Paris).
- "Meu pai era um administrador do governo, e nos mudávamos de cá para lá; nos mudamos três vezes nos meus 12 anos de escola. Isso nos expôs a partes diferentes do país, com línguas diferentes. No segundo grau, fui escolhido para um intercâmbio nos Estados Unidos por um ano. Eu voltei com um sentimento de confiança, de poder obter sucesso em qualquer lugar" (um filipino em Xangai).
- "Minha família na Finlândia era muito importante. O meu pai era um professor de Psicologia, mas ele se assegurou de que tivéssemos instrução em ciências. Ele incentivava o aprendizado de línguas e as viagens para fora da Finlândia (um finlandês em Zurique).
- "Meu pai era um físico com contatos internacionais; minha mãe havia morado em Londres e me encorajou a estudar inglês (um holandês de volta à Holanda).
- "Minha mãe era suíça e meu pai sueco, embora tivesse nascido na África do Sul. Nossa família voltava regularmente à Suíça. Eu não me sentia especial, embora o meu meio fosse admirável... nascido no Leste Africano, criado na África do Sul, o meu pai um engenheiro construtor de pontes" (um tanzaniano em Zurique).
- "Meus pais eram muito influenciados pela educação; eles acreditavam que as coisas funcionavam melhor nos países estrangeiros e valorizavam viagens ao exterior. Colocaram na minha cabeça que era uma boa idéia viajar. E os nossos gurus de negócio tinham estado no estrangeiro; portanto, eu queria fazer o mesmo. Outro fator foi o fato de meus professores terem estado fora e encorajado-nos a fazer o mesmo (um indiano em Cingapura).
- "Eu nasci em uma pequena cidade e me mudei para Estocolmo e sempre gostei de onde morava, mas minha mãe casou-se com um homem que trabalhava para a ONU e havia morado fora da Suécia durante 20 anos. Eu os visitava com freqüência. O mais importante foi eu ter sido ensinado por minha mãe, que ensina religião na universidade, a respeitar outras culturas e religiões" (um sueco em Cingapura).
- "Meu pai nasceu na Escócia, falava com um sotaque escocês e aceitava muito as outras pessoas. Éramos seis irmãos e uma irmã, e sempre tivemos uma babá de fora dos Estados Unidos para ajudar com as crianças. Íamos à igreja aos domingos com uma moça que vestia um sári... A experiência me fez uma pessoa tolerante" (um norte-americano de volta aos Estados Unidos).
- "Meus estudos tiveram importância – foram todos na Turquia. Eu freqüentei um internato a partir dos 11 anos em uma escola americana onde tudo, exceto a história e a língua turca, era ensinado em inglês. Longe de casa, [descobri] que as pessoas mais chegadas a mim eram da escola, não da minha família" (um turco na Holanda).
- "Meu pai e seus amigos me acordavam cantando em sueco; minha mãe nasceu nas Filipinas. Crescendo a pensar desse modo, adquiri uma 'aura internacional', por assim dizer" (um sueco canadense nos Estados Unidos).
- "Mudamo-nos um bocado por toda a Índia. Lá se falavam 14 línguas, e todas eram fáceis para mim. Os meus pais me expuseram à cultura internacional quando era bem pequeno. Meu pai era diplomata e mudava-se

com freqüência, e eu, igualmente, tenho me mudado com freqüência" (um indiano em Jacarta).
- "Eu vivi na China, Hong Kong, e Canadá enquanto crescia. Isso me preparou para lidar com culturas diferentes" (um sino-canadense em Hong Kong).
- "Eu tinha um tio que era uma lenda na família e que trabalhava para a empresa. Ele trabalhou fora da Suécia e me inspirou a ter uma carreira internacional" (um sueco em Jacarta).
- "A Irlanda tem uma cultura de ir embora; isso não era grande coisa. Mudar é o que você tem de fazer para sobreviver. Não se pensa nisso da mesma forma dos outros países; todo mundo tem primos em lugares estranhos e maravilhosos (um irlandês na Bélgica).
- "Crescer em duas culturas (meu pais eram franceses, mas vivíamos no Marrocos) me preparou. Não era só uma terra estrangeira, mas um país pequeno – você não consegue se confinar em um único país quando vive em um país pequeno. Eu freqüentava a escola com gente de todas as partes do mundo. Vivendo no Marrocos, eu estava sempre conhecendo tipos diferentes de pessoas" (um franco-marroquino nos Estados Unidos).

Essas respostas ilustram a abrangência dos fatores listados pelos executivos como sendo importantes: pais, tios e avós; viagens; estudos e uma cultura de imigrante ou de país de pequeno porte. Sempre acaba-se convencido de que "a história é destino", de existirem fatores do meio de formação identificáveis que determinam o interesse de um executivo pelo trabalho internacional, e esses tipos de fatores aparecem ao redor do mundo – os nossos executivos os experimentaram crescendo na África, na Austrália, na Ásia, nos Estados Unidos, na Suécia, na Inglaterra, na Irlanda, onde quer que tenham crescido. Tais ilustrações nos levam à conclusão inescapável de que as influências, nos primeiros anos de uma pessoa, bem podem representar os determinantes básicos das carreiras globais. Os determinantes básicos, isto é, para a metade dos nossos executivos. A outra metade dos nossos executivos *não conseguia* identificar uma influência no início de suas vidas os impulsionando a carreiras internacionais. Suas respostas são igualmente persuasivas; esses executivos são convincentes acerca do caráter comum de seus meios de formação, convincentes na ausência de uma predeterminação de suas carreiras internacionais. E eles também vieram de todos os cantos do mundo:

- "Nada houve de especial. O meu pai era um funcionário público, e eu não fui exposto a uma vida internacional. Eu apenas acabei nisto" (um holandês em Londres).
- "Eu seria a última pessoa que você esperaria que tivesse uma carreira internacional. Cresci em uma fazenda em Indiana. Mas eu sempre quis ver coisas diferentes" (um norte-americano em Hong Kong).
- "De fato, nada relevante. Eu tive uma formação comum, trabalhei em uma fazenda antes de ingressar na universidade. Eu não tinha idéia do que era uma empresa multinacional antes disso" (um inglês na Holanda).
- "Nada de especial. Venho de uma família de trabalhadores comuns: meu pai é um eletricista e minha mãe trabalha em um hospital; não íamos a parte alguma" (um sueco em Zurique).

- "Não, acho que veio depois. Quando eu era jovem, se alguém tivesse dito "um dia você conhecerá o mundo", eu não teria acreditado (um sueco de volta à Suécia).
- "Nada houve de especial em minha família ou infância. Eu me interessava por carros. Parti em minha primeira atribuição internacional porque a empresa assim ordenou" (um japonês nos Estados Unidos).
- "Eu sempre quis ser um administrador sênior, mas não necessariamente um administrador internacional. Fui para um cargo internacional porque era a única forma de atingir o nível que desejava, o cargo de gestor da empresa para aquele país (um australiano em Tóquio).
- "Eu cresci em Paris, Texas, onde meu avô dirigia uma loja de departamentos; nada de especial. O emprego na Ásia foi uma aposta em mim... Eles precisavam de alguém que conseguisse sobreviver" (um americano em Hong Kong).
- "Eu cresci em uma família de classe média comum no México. Nada houve de especial, exceto, talvez, por eu ter freqüentado escolas bilíngues" (um mexicano na Argentina).
- "Eu não penso assim. Venho de uma família grande: três irmãs e um irmão. Nunca deixei minha família para ir a parte alguma. Minha mãe era enfermeira em um hospital local. Não tive contato com estrangeiros, mas fui exposto às pessoas em geral (um inglês em Paris).
- "O meu pai era um policial e minha mãe, uma dona de casa. Tínhamos uma família muito rígida, com um grande respeito pela educação. Meus pais ficaram horrorizados quando fui para o Brasil... Mas acho que a minha mãe estava na verdade orgulhosa de sua filha" (uma australiana em Jacarta).
- "Nada houve de especial na minha formação. Eu era o irmão do meio de cinco irmãos e irmãs. Quando fui enviado para treinamento na Suécia, jamais tinha viajado antes" (um ítalo-brasileiro no Brasil).
- "Não, eu cresci no Leste de Sarawak. Eu apenas planejava terminar a escola secundária, mas me ofereceram uma bolsa com base em minhas notas" (um indonésio de volta à Indonésia).
- "Nada especial. O meu pai era um metalúrgico em Kansas City, Missouri. Nem um dos meus pais cursara o segundo grau, mas o meu pai insistia para que fizéssemos a faculdade, e minha mãe era uma leitora voraz. Eu aceitei o meu primeiro trabalho internacional porque representava um desafio" (um americano em Jacarta).
- "Nada houve de especial no modo como eu cresci. Cresci em um pequeno país, e isso torna você cauteloso. Instila cautela no leite de sua mãe; inibe o seu pensamento. Minha família é o oposto de mim. Meu pai e minha mãe nunca saíram da Suíça, e eu tenho dois irmãos que vivem a cerca de 50 milhas de onde nascemos (um suíço nos Estados Unidos).

Lá se vai a nossa conclusão de que as carreiras internacionais são determinadas por influências identificáveis no início da vida. As citações que apóiam essa conclusão são tão convincentes quanto aquelas que a contradizem, e vemos experiências similares (ou a ausência delas) ao redor do mundo.

Existem, é claro, problemas metodológicos com os conjuntos de respostas. O exame do nosso meio de formação em busca de causas de 20 anos de visão retrospectiva; raras vezes a vida é tão aleatória que um escrutínio cuidadoso não encontre *algumas* causas – depois do fato. Essa parcialidade da resposta, entretanto, acrescenta peso ao fato de a metade dos nossos executivos *não* conseguirem identificar causas de formação que os leve a carreiras internacionais.

Como vimos nas citações, alguns executivos procuraram ou aceitaram posições internacionais não por causa de um interesse particular pelo internacional, mas porque os cargos ofereciam recompensas não disponíveis em casa – recompensas como mais responsabilidade, melhor salário, responsabilidade aumentada em relação ao país, um degrau para uma maior responsabilidade corporativa ou para uma posição na sede da empresa. Vários dos que podem não ser capazes de identificar influências específicas no início de suas vidas nos relataram que decidiram partir para o internacional porque os seus pequenos países (a Irlanda, o Uruguai, o Canadá, a Holanda e a Suíça foram mencionados) não ofereciam oportunidades suficientes.

Outros, simplesmente, declararam que sempre tiveram características e interesses pessoais que os atraíam para carreiras internacionais. Essas características incluíam uma necessidade de variedade e mudança ("Eu sempre detestei o habitual") e interesses como viagens, países estrangeiros, outras culturas, histórias e línguas. Essas respostas, numa das quais um executivo afirmou haver sido "sempre assim" sem alguma razão aparente, levanta a antiga questão da liderança: os executivos nasceram assim ou foram levados a assim?

Existe um "gene global" que forma a base do interesse em ser um executivo internacional? Como o executivo que cresceu em uma fazenda Indiana declarou: "É mais a sua personalidade do que a sua experiência inicial". Crescentemente, os psicólogos reconhecem que as diferentes disposições que vemos nas pessoas, seja em adultos, seja em crianças, podem, com efeito, apresentar raízes genéticas. Quando os executivos dizem "eu sempre me interessei por viajar" ou "eu sempre quis ver o mundo", é difícil não acreditar que tal espírito aventureiro possa apresentar algumas raízes básicas. Mais intrigante, talvez, seja quando apenas *uma* pessoa de uma família parte. Por exemplo, o caso do executivo nos Estados Unidos cujo pai escocês e as babás internacionais fizeram a sua carreira parecer apontar tão naturalmente para o internacional que ele foi o *único* entre oito crianças a se mudar de Chicago. Foi esse um interesse que nasceu com ele ou nele incutido? Não sabemos e jamais saberemos. Mas, com efeito, sabemos que, sejam nascidos com a pessoa ou nela incutidos, os interesses e as predisposições por uma carreira internacional começam cedo.

Os meios de formação que contribuíram para uma eficácia global

Cerca de metade (52%) de nossos executivos, conseguissem ou não identificar forças do meio de formação os conduzindo às carreiras internacionais, conseguiam identificar influências de formação que os tornaram *eficazes* no trabalho internacional. Essas influências resultaram de atributos pessoais que se assemelhavam à lista de competências apresentada no Capítulo 2: ser aberto à experiência; ser flexível; sentir-se confortável com a mudança de endereço; estar aberto a outras culturas; ter um estilo honesto, direto; ter interesse por outras pessoas e ser ávido por aprender novas línguas. Essas qualidades reportam à seguinte questão: os elementos de uma orientação mental para o global de fato podem desenvolver-se sem que deixemos a nossa casa? Aqui estão algumas ilustrações retiradas das entrevistas:

- "Crescer em um vilarejo de mil pessoas na Escócia me preparou de um modo estranho para o meu trabalho no exterior, como o de Bornéu. No vilarejo, eu conhecia todo mundo, via todos os tipos de pessoas e sabia de tudo o que acontecia, e eu aprendi a me relacionar com todos os tipos de pessoas. Isso me ajudou a entender que as pessoas são diferentes e fazem toda a sorte de coisas estranhas" (um executivo escocês em Londres).
- "O caráter do meu pai foi um fator de formação. Ele era continuamente questionador e aberto ao mundo. Ele queria aprender sobre o mundo, tentava coisas novas anos antes de qualquer outra pessoa. Ele era o único, em uma família de 12 crianças, curioso e interessado, e ele foi também o mais bem-sucedido. Eu sempre adorei coisas novas. Faz parte do meu caráter básico" (um executivo escocês em Beijing).
- "Os meus pais deixaram o Marrocos quando os árabes o tomaram e não queriam mais os franceses lá. Perdemos tudo. Em conseqüência, eu tenho muita ambição. Sempre quis ter sucesso por causa da dureza da vida" (um franco-marroquino em Zurique).
- "Eu era filho único e recebi muita atenção. O meu pai fazia um esforço especial para comunicar más notícias sem demonstrar temor. Ele me ensinou a não esconder as más notícias, a estar aberto aos erros, a ser honesto e, se repreendido, seguir adiante. Ou esconder os meus erros e ir para cama sem jantar. Essa foi uma lição importante" (um equatoriano na Alemanha).
- "Crescer na Índia me preparou para uma flexibilidade para comigo mesmo e para com a minha família (um indiano em Bangcoc).
- "Pode ser que crescer em Hong Kong tenha sido importante. Sempre foi uma metrópole muito aberta, internacional, e nela nascer, ser educado e trabalhar me proporcionou uma boa exposição ao mundo à fora. Isso ajudou bastante a me adaptar às minhas atribuições internacionais" (um chinês de Hong Kong de volta a Hong Kong).
- "Quando criança, eu me mudei 11 vezes em 13 anos – o meu pai trabalhava para a AT&T. Eu estava acostumado a mudar de lá para cá e a me adaptar, de modo que ter de me mudar não representou, de forma alguma, um conceito desconhecido. Minha esposa viveu no mesmo lugar toda a vida, e ela tem experimentado dificuldades em se adaptar" (um americano em Paris).
- "Eu cresci em uma colônia francesa no Brasil. Os meus pais se divorciaram quando eu tinha 10 anos e, desde então, eu mesmo tenho cuidado de mim. Eles sempre foram diretos, abertos e claros. Eu tinha de negociar com cada um dos meus pais, tomar minhas próprias decisões. Aos 21 anos, eu era dono de mim mesmo e ganhava o meu próprio dinheiro" (um franco-brasileiro em São Paulo).
- "Meu pai dirigia um aviário e tinha oito filhos. Ele nos treinou a almejar o melhor, não importasse o quê, sempre buscando melhorar. Ele assegurou que freqüentássemos a escola em horários escalonados, de modo que as crianças pudessem ajudar a cuidar da fazenda... Todos nós aprende-

mos a combinar atividades. Ao final do dia, ele fazia a contabilidade, e eu aprendi com isso" (um filipino em Londres).
- "Eu freqüentei sete escolas diferentes e cresci em uma ambiente multicultural na África do Sul. Os meus pais eram imparciais em uma sociedade muito parcial. Eu sabia que teria de aprender a sobreviver como um forasteiro, não importa para onde eu fosse (um sul-africano irlandês em Londres).
- "Minha mulher diria que tive uma infância difícil. Os meus pais se divorciaram quando eu tinha 13 anos, e eu fui criado por minha madrasta. Ela era severa. Ela era muito severa. Minha mãe esteve em uma instituição mental quando eu era adolescente e morreu. Isso foi uma lição de dureza e de força" (um inglês de volta a Londres).
- "Eu sou flamengo e cresci em uma comunidade de fronteira; isso torna uma pessoa muito adaptável. Minha mãe é holandesa, minha esposa holandesa, meu pai belga; eu não tenho nenhum sentimento nacional" (um belga na Alemanha).
- "Minha mãe era cristã e meu pai budista; eu fui cercado por diversidade toda a vida, em casa e na religião" (um cingapuriano em Beijing).

Nessas histórias, não somente vemos quais foram as primeiras influências, mas também vislumbramos o que os executivos acreditam ser importante para o sucesso no trabalho internacional – independentemente da origem!

Então, o que dizer da formação?

A nossa análise desses dois conjuntos de respostas, um enfocando os fatores que levam os executivos *para* as carreiras globais e outro, os fatores que contribuem para o funcionamento eficaz *uma vez nelas*, produziram divisões meio a meio em cada caso – uma metade conseguia identificar os fatores, a outra metade, não. Aproximadamente um terço dos nossos executivos não conseguia identificar *nenhum* fator em suas formações. E, quando os fatores eram identificados, como as nossas citações demonstram, apenas em um nível mais geral eram compartilhados. Nós, por conseguinte, concluímos que nenhum conjunto de formação e de experiências iniciais, nenhum padrão de formação, leva à carreira global. As carreiras não se constroem sobre fundações comuns que levam a progressões lineares de acontecimentos planejados e previsíveis, mesmo dentro de uma única organização.

Nossos resultados não oferecem nenhum suporte para aqueles que pretendam projetar rígidos sistemas de seleção baseados na formação inicial ou nas características pessoais. Tal sistema acabaria deixando de fora metade dos executivos de sucesso. Por outro lado, como a nossa discussão em continuação demonstra, não podemos ignorar que é o fluxo natural da vida das pessoas que as conduz às carreiras globais. Alguns candidatos chegarão às portas das organizações com formações que lhes conferem uma vantagem no desenvolvimento de uma orientação mental para o global, mas aproximadamente o mesmo número chegará sem ela. As histórias de Andrew, Jean e Brian, nas seções seguintes, mostram que mesmo as formações que pareceriam preparar uma pessoa para as transições entre culturas podem não bastar. Poucos estão livres, nós argumentaremos, dos impactos do atravessar fronteiras de negócio e de culturas – com efeito, essa certeza é o que torna as experiências cruzando fronteiras um terreno autodesenvolvimentista tão rico.

Ao mesmo tempo, observamos semelhanças marcantes entre casos individuais ao redor do mundo. Apesar de as influências que os formaram terem sido tão únicas quanto a condição humana, surgiram *temas* comuns com a mesma probabilidade de ocorrência em Hong Kong ou em Cingapura como na Suécia e na Inglaterra. Um Cingapuriano atribuiu o seu conforto com outras culturas ao fato de ter um pai budista e uma mãe cristã e a um vizinho que o levava às aulas de catecismo nos domingos. Um americano em Chicago atribuiu o seu nível de conforto a um pai escocês e a uma babá que acompanhava a família à missa vestida em um sári. Um indiano estava acostumado a mudar-se porque sua família vivera por toda a Índia, ao passo que um americano aprendeu que viver em lugares diferentes era bom quando a sua família mudou-se 14 vezes por todo os Estados Unidos, enquanto ele crescia. A similaridade das dinâmicas subjacentes sugere que essas dinâmicas não se limitam a uma cultura ou a uma área geográfica.

TRÊS HISTÓRIAS: ANDREW, JEAN E BRIAN

Em um grau maior do que previmos quando iniciamos, o desenvolvimento executivo global é melhor compreendido por meio das histórias dos próprios executivos. Selecionamos três histórias para salientar alguns conceitos e suposições centrais, ilustrar a complexidade das carreiras globais e proporcionar exemplos da nossa metodologia.

Nossas histórias sugerem um número de perguntas, suposições e conclusões sobre o desenvolvimento executivo global. Ao ler essas histórias, considere como as experiências desses executivos podem responder às seguintes indagações:

- Os executivos globais nascem assim ou se transformam nisso? Ou ambos?
- Quais tipos de experiência são necessários para alterar as ferramentas do pensamento – os conceitos, as atitudes, os esquemas?
- Qual é a importância da seleção para os executivos globais? O desenvolvimento basta?
- Quando os executivos aprendem, nos tempos fáceis ou nos difíceis?
- Todos os executivos aprendem da mesma maneira, ou eles têm estilos próprios, alguns aprendendo com alguns tipos de situações, outros com outros tipos, e uns poucos com todos os tipos?
- A aprendizagem pode ser planejada e forçada, ou é imprevisível?
- Os executivos podem ser desenvolvidos rapidamente, ou leva algum tempo?
- Qual é a importância de atravessar as fronteiras culturais? Essa travessia é de fato necessária?
- O desenvolvimento de executivos deveria ser tão individual quanto uma carreira, ou pode ser planejado de modo bem parecido para todos?
- De quem é a culpa quando carreiras de executivos globais talentosos descarrilam? Ficamos sabendo? O que pode ser feito para impedir tal fato?
- Existe, no fim das contas, um segredo para a liderança global?

Nossas duas primeiras histórias são sobre Andrew e Jean. Eles nos chamaram a atenção por suas semelhanças superficiais: ambos tinham o mesmo nome (nem Andrew, nem Jean), tinham 40 anos, eram engenheiros com MBA, trabalhavam para grandes empresas multinacionais; falavam inglês fluentemente e – como nós – estavam usando ternos azul-marinho com camisas brancas quando entrevistados em seus escritórios. Quando os encontramos, Andrew e Jean eram expatriados com responsabilidades globais, e nem um dos dois se considerava um "ferrenho" natural do país de sua cidadania. Ambos estavam no estágio de carreira denominado de *retumbante* ou "de se tornarem donos de si mesmos". Ambos estavam prestes a dar passos críticos em suas carreiras. As coincidências eram muitas para ser ignoradas.

Com o desenrolar de suas histórias, contudo, as tapeçarias emergentes de suas vidas difeririam, nitidamente tecidas por mãos diferentes, com desenhos e fios diferentes. Aos 40 anos, Andrew e Jean dificilmente representavam produtos finais, e nós não podíamos evitar o exame dos seus desenvolvimentos, carreiras e experiências até então e imaginar o que o mundo podia ainda trazer para eles.

Tanto quanto possível, contamos essas histórias como as ouvimos, suas impressões e tudo mais. Como todas as citações utilizadas neste livro, elas foram retiradas de nossas anotações, editadas e, em alguns pontos, modificadas para proteger a confidencialidade.

Andrew

Era a nossa primeira viagem de balsa pelo porto de Kowloon, e não estávamos certos do que esperar. Aqueles que já fizeram essa viagem podem imaginar a nossa travessia de balsa e a agradável caminhada pelas abarrotadas ruas de Hong Kong até o moderno prédio de escritórios de Andrew.

Andrew é o vice-presidente de *marketing* de uma *join-venture* de 30 anos entre uma empresa baseada nos Estados Unidos e um fabricante japonês. Embora Andrew trabalhe na empresa há cinco anos, ele exerce o cargo de representante sênior há apenas um. Ninguém nunca nos disse, mas nós suspeitamos que, em Hong Kong, o tamanho de um escritório importa. Se importa, então Andrew tem um cargo importante. Ele veio da empresa dos Estados Unidos, sócia do empreendimento, e é um cidadão canadense; ele é o único não-japonês na empresa. Sua atribuição básica é a de proporcionar uma ponte entre as duas empresas *semelhantes* com executivos muito *dessemelhantes* que formam os sócios do empreendimento. Vendo sua carreira desenrolar-se, podemos perguntar: "Como uma pessoa desenvolve os talentos para proporcionar essa ponte? São inatos ou incutidos? Ou talvez os dois?

Andrew nasceu chinês em Xangai e, embora ele tenha deixado a China para terminar o segundo grau no Canadá, existe "ainda muito de chinês em mim". Depois do segundo grau, ele estudou engenharia no Canadá, obtendo bacharelado e mestrado. Ele usou esses anos para ampliar a sua experiência: "Eu passei a conhecer as pessoas de lá. Eu poderia ter escolhido ficar entre os asiáticos, mas escolhi sair e conhecer outras pessoas. Eu tinha um grupo equilibrado de amizades, embora eu me inclinasse para os chineses". Quando Andrew retornou à universidade para o seu MBA, entretanto, a situação era diferente; ele era o único chinês:

> Assim, eu tive de me relacionar mais com outras pessoas. Isso me deixou muito mais à vontade com os canadenses, e eu lidei mais com estrangeiros. Aprendi a usar o inglês como a minha primeira língua, conheci a cultura canadense como um participante em vez de um observador, e fiz amigos. Fazer amizades próximas transcende parcialidades culturais e confere sensibilidade cultural. Significa não só saber, mas usar o seu conhecimento para compreender como os outros se sentem.

A primeira tarefa internacional de Andrew, um trabalho de *marketing* com uma empresa dos Estados Unidos, resultou em uma experiência autodesenvolvimentista crucial para ele. O cargo lhe proporcionou a chance de expandir seus horizontes para além da engenharia uma orientação mais empresarial. A sua função foi viver em Hong Kong, enquanto abria o mercado da China. Embora a sua empresa fosse conhecida pela forte cultura de independência, confiança e respeito, Andrew surpreendeu-se ao ser atirado "à parte funda da piscina para nadar ou afundar". Sem conceder muita ajuda, eles lhe disseram: "Vá em frente". O trabalho provou-se um grande desafio, e uma das lições que ele aprendeu foi a da importância da confiança ao se permitir a uma pessoa fazer bom uso de suas capacidades e, por conseguinte, de desenvolver sua autoconfiança.

> Foi minha primeira negociação com a China, e eu aprendi o quão diferente essa é de Hong Kong. Tive de aprender a língua – eu sabia o mandarim, mas eles falavam cantonês. Na minha primeira viagem à China, o meu chefe me acompanhou e tudo o que tínhamos para começar eram alguns números de telefone de possíveis clientes. Quando lá chegamos, eu comecei a ligar, mas ninguém atendia. O que nem eu nem o meu chefe nos demos conta era de termos chegado durante um feriado nacional, e o país inteiro estava parado. Eu fiquei muito envergonhado; eu deveria saber. Aprendi a lição de estar sempre preparado.

Andrew também listou entre as suas lições aprendidas em Hong Kong a importância da sensibilidade cultural: "Todos nós temos parcialidades, mas eu aprendi a pôr as minhas de lado, a escutar e a manter a mente aberta. Hong Kong foi a minha primeira experiência em lidar com dez culturas diferentes".

A segunda experiência-chave para Andrew ocorreu depois de concluir seu MBA. Andrew estava de volta a Hong Kong. Desta vez, ele teve a oportunidade de trabalhar na criação de uma *joint venture*, incluindo chineses, ingleses e americanos, planejada para fornecer cobertura de TV por satélite para toda a Ásia. A criação era de alto nível e tinha grandes planos, em parte porque era um negócio "proveniente" da segunda geração de um magnata local.

Andrew somente permaneceu no empreendimento durante um ano muito difícil, mas aprendeu várias lições. Mais uma vez, ele cresceu em autoconfiança – podia lidar com pressão e se encarregar de assuntos dos quais nunca tratara. Ele aprendeu a contratar pessoas e a confiar em seu julgamento, a formar uma equipe multicultural e depois supervisioná-la. E, como ele normalmente faz quando examina o que aprendeu com uma atribuição, Andrew aprendeu uma lição mais abstrata de administração – a importância da estratégia. Ele aprendeu, de primeira mão, que o curto prazo não basta: "Sem uma visão, uma direção estratégica, as pessoas vão perguntar: por quê? Foi por isso que deixei o empreendimento".

A posição atual de Andrew, a parceria entre as empresas dos Estados Unidos e do Japão, foi a terceira experiência autodesenvolvimentista da qual ele nos falou. Novamente, representou um duro desafio – foi-lhe dada uma folha de papel em branco e dito que fosse em frente. Com apenas seis meses, ele teve de preparar uma proposta para a aprovação do conselho de administração dos Estados Unidos referente a uma expansão da *joint venture* ou uma execução por eles mesmos:

> Foi a minha primeira experiência lidando com os japoneses em um prazo apertado de execução. Eu tinha de fazer subir a curva de aprendizado rapidamente e entregar um produto em uma condição de alta visibilidade. E o projeto era controverso, com visões contundentes dos dois lados. Existiam enormes questões culturais – eu sou um chinês e trabalho para uma empresa americana. A lição mais importante nisso implicada é aprender a escutar, compreender, e reduzir minhas parcialidades, a fim de construir uma ponte entre os estilos de gestão japonês e americano. O Japão é culturalmente tão diferente quanto se pode ser, e pode ser muito difícil lidar com eles. Tive de aprender sobre os japoneses e sobre como eles operam de modo a poder desempenhar o papel de intérprete. Essa foi a minha primeira vez desempenhando uma função de elo entre culturas, e essa será uma habilidade permanente minha.

Como vimos no trabalho anterior de Andrew, ele também estava aprendendo lições empresariais mais abstratas:

> Uma lição é que qualquer organização apresenta desafios em decorrência do modo de operação. A nossa empresa é bem americana e típica do meio-oeste, e sempre estará baseada nos Estados Unidos, com talvez algumas organizações na Ásia; a empresa japonesa é bastante semelhante. Aqui tínhamos duas organizações semelhantes tentando trabalhar juntas, mas tão diferentes quanto pareciam; ambas, enquanto organizações, enfrentavam desafios semelhantes.

Andrew aprendeu outra lição que representa uma das lições-chave da gestão internacional:

> Eu aprendi que existem modos diferentes de se depelar um gato, de se atingir um objetivo. Como o que você faz em seu país pode não dar certo, então é necessário encontrar um outro modo. Os americanos são muito diretos e francos. Até certo ponto, isso é bom, mas não se a outra pessoa age de forma diferente. Esse estilo não funciona aqui – você tem de ser flexível e tentar entender a outra pessoa e como chegar a sua mente e coração.

Além do mais, Andrew aprendeu muito sobre como lidar especificamente com uma outra cultura, a japonesa:

> É muito mais sutil. Os japoneses não são diretos e se preocupam em resguardar-se. O protocolo tem muita importância; eles são mais formais. São mais polidos, mas um "sim" não significa necessariamente um "sim". Eles detestam a ambigüidade; as

complicações devem ser apresentadas de modo linear. Eles dão grande importância à dedicação e à palavra dada; respeitam a posição dos mais velhos; portanto, as diferenças de idade precisam ser administradas.

Quando Andrew nos contou sobre a carreira de um executivo que descarrilou, o tema foi a sensibilidade cultural:

> Um executivo norte-americano muitíssimo considerado veio à Ásia para exercer uma posição sênior lidando com muitas culturas. Ele era um americano típico – muito qualificado e bastante conscientcioso; se concentrava com vigor em dar conta do trabalho e não tinha segundas intenções. Parecia ser o ideal. O seu caráter concentrado deveria representar uma força, mas ele estava muito concentrado em dar conta do trabalho e apresentava uma aguda falta de sensibilidade cultural. Para se ajustar a um meio diferente, você precisa livrar-se de suas parcialidades e escutar. Ele não conseguia. Ele dizia: "Eu detesto lidar com essas pessoas", baseando-se em experiências passadas, e deixou que essas experiências o arrastassem para o fundo. "Ah, não, nós temos que nos encontrar com *eles*", ele dizia. Ele era bastante eficaz em passar a sua mensagem, e na superfície parecia estar recebendo respeito. Mas as questões em relação à sua insensibilidade chegaram ao escritório da sede. Ele fracassou de forma horrível, foi mandado de volta aos Estados Unidos e, desde então, deixou a empresa. Será que a culpa foi totalmente sua? Na verdade, não. Ele compreendia muito bem como as coisas se fazem em nossa base, e um *tour* pela Ásia não passa de um degrau. Ele havia sido muito bem-sucedido, mas obtivera sucesso em uma cultura estreita, de modo que não estava de fato preparado para o cargo.

Andrew ainda é um executivo jovem, mas quando lhe perguntamos, ele explicou como ele havia mudado a partir dessas experiências:

> Minhas qualidades básicas não se modificaram, mas caminhos diferentes se expandiram. Eu tenho a mente mais aberta, estou mais disposto a pôr questões de lado, escutar, apreciar as opiniões dos outros e tentar compreender por que estão dizendo o que dizem – possuo uma maior sensibilidade cultural. Ter morado na China, em Hong Kong e no Canadá me preparou para lidar com culturas diferentes. E a minha gama de experiências me proporcionou mais confiança em mim mesmo.

Os elementos cruciais da história de Andrew

As experiências de Andrew não só proporcionaram dados básicos para a análise estatística, mas também *insights* para o desenvolvimento de executivos individuais. Não surpreendente, um dos pontos fortes de Andrew é a sua sensibilidade quanto a modo de operar em outras culturas, baseada no fato de sua criação ter-se dado na China, no Canadá e em Hong Kong. Mas, mesmo com a sua criação multicultural, Andrew ainda teve de aprender importantes lições acerca da sensibilidade cultural.

A história de Andrew apresenta um quadro de alguém que, com freqüência, é um forasteiro – um asiático numa escola canadense, um chinês canadense falante de mandarim em Hong Kong trabalhando para uma empresa americana; o único empregado não-japonês de um empreendimento conjunto entre os Estados Unidos e o Japão com a tarefa de administrar a ponte entre os sócios. As atribuições árduas, desafiadoras que desempenhou em grande parte sozinho lhe ensinaram lições de autoconfiança. Andrew parece ser um observador perspicaz das outras pessoas, como fica evidenciado por sua disposição para escutar e por sua abertura e descrição detalhada de um executivo que perdeu o rumo. Ele é igualmente um observador perspicaz, das situações administrativas, das quais retira lições. Embora imensamente talentoso em sua função de ligar culturas, Andrew ainda não teve experiência conduzindo um negócio ou um cargo em uma operação de grande importância. Com efeito, a sua *expertise* em atravessar fronteiras culturais é tão valorizada no mundo de hoje e no de amanhã que ele se arrisca aceitar essa atribuição repetidas vezes, em vez de outras que ensinem lições empresariais e de liderança adicionais.

Sentimos falta, na história de Andrew, de qualquer menção a professores que lhe acolheram debaixo de suas asas. Quando perguntado com quem mais aprendera, ele respondeu que nenhuma pessoa se destacara. Para essa experiência, nos voltamos a Jean. É difícil descrevermos Jean sem nos referirmos a Andrew, mas, ao relatarmos a história, nós tentaremos deixar essa referências ao leitor – ao menos por enquanto.

Jean

Não precisamos olhar em volta, naquele dia frio de inverno no subúrbio de Boston, para saber que estávamos bem distantes de Hong Kong. Mas, se tamanho de escritório importa em Boston como parecia importar em Hong Kong, então estávamos prestes a entrevistar um outro executivo com um cargo importante.

O escritório de Jean fica na sede corporativa de uma grande e respeitada empresa de tecnologia de informação. Como vice-presidente de *marketing* com responsabilidades globais, o seu cargo é modelado de várias maneiras à medida que a empresa move-se de uma estrutura corporativa norte-americana para uma estrutura verdadeiramente global. Sempre tivemos dificuldade em compreender o escopo desses cargos – Jean tem 50 pessoas "em sua equipe" e 500 pessoas dedicadas em unidades empresariais. Ele divide mil vendedores e US$ 15 bilhões em receita com o vice-presidente de vendas. Os detalhes do seu cargo atual, contudo, são menos importantes para os nossos propósitos do que considerarmos como ele chegou lá.

Jean nasceu na França, mas observa que os seus pais não eram franceses – o seu pai nasceu na Tunísia e foi para a França com 20 anos; a sua mãe nasceu na França, mas de pais húngaros. Os seus pais desejavam que os filhos assimilassem a cultura "e nós assimilamos – eu me *sinto* francês – mas não há nada de francês em nossos genes". Além de falar o francês, ele acrescenta, "eu compreendo perfeitamente o espanhol; quando crianças, tivemos uma babá espanhola". O inglês de Jean é excelente, com um ligeiro sotaque francês, o que a maioria dos americanos julgaria encantador.

Depois da escola de engenharia em Paris, Jean trabalhou como engenheiro por um ano em uma firma de consultoria, enquanto cursava o seu MBA. Ele, então, uniu-se à sua empresa atual como engenheiro de vendas. Jean interpretou as nossas perguntas sobre os acontecimentos cruciais significando os marcos de sua carreira e, para a nossa entrevista, ele estava preparado para falar sobre cinco desses marcos, todos os quais, ele apontou, envolvendo trabalhar de perto com personalidades fortes. O primeiro marco de sua carreira ocorreu enquanto como engenheiro de vendas trabalhava:

> Depois de cerca de um ano, eles me designaram para um grande cliente francês. Embora fosse uma grande empresa francesa, nós nunca havíamos tido muito sucesso com eles, por isso era uma conta pequena. Logo o cliente mudou de CIO (executivo-chefe de informática), pondo no cargo um exigente e severo executivo de TI (tecnologia de informação). Em poucos meses, eu e ele havíamos construído um grande relacionamento de negócios – nossa cota do negócio cresceu enormemente.
>
> Foi muito excitante. Eu era jovem, e estava conduzindo o negócio. Esse rigoroso CIO dependia de mim, depositava muita confiança em mim – eu ajudei a obter sucesso e ele se dedicava muito à minha carreira. Ele queria que eu fosse o próximo GM (diretor-geral) na França, e estava certo de que eu seria. Nós éramos tão bem-sucedidos que, quando chegou o momento de eu me transferir, ele conseguiu que eu ficasse, substituindo o meu chefe. Trabalhei direto com ele durante quatro anos, e ainda mantemos contato.
>
> Eu aprendi muito com ele. Aprendi a importância das habilidades técnicas, de se saber do que se está falando, de um trabalho analítico denso e de uma profunda compreensão do que você diz ao cliente. Com freqüência, você diz ao cliente tanto quanto sabe, mas ele estava sempre conferindo para ter certeza de que eu sabia do que falava.

A experiência-chave seguinte de Jean foi o seu cargo de assistente executivo do diretor-geral na França. Ele descreveu vários tipos de aprendizagem, tanto vindas da *pessoa* para quem trabalhava como do lugar *onde* o trabalho se dava. O cargo proporcionava uma visão do negócio que Jean antes não enxergara: "Esse era um cargo bem diferente; me permitiu enxergar como a empresa trabalhava naquele nível". Mas a maioria das lições de Jean vieram do próprio diretor-geral:

> Ele era uma executivo incrível, muito esperto, mas com péssimas maneiras de lidar com as pessoas. Era extraordinariamente rápido, sempre muito bem-preparado, ainda assim não trabalhava noite e dia – somente das 8:30 da manhã até as 10:30 da noite, e nunca nos finais de semana. Ele podia trocar de um projeto para outro instantaneamente. Eu presenciei quais as habilidades um executivo em seu nível deveria possuir, e ele determinou para mim um padrão em muitas áreas. A quantidade de trabalho que dedicava a uma palestra ou apresentação era admirável; eu antes não tinha idéia. Eu testemunhei o trabalho por trás das cenas das apresentações. Ele me ensinou a me comunicar.
>
> O segundo ponto que aprendi com ele foi tomar uma decisão rapidamente e passar a outros assuntos. E o terceiro foi como organizar a minha vida de modo a não ter de trabalhar todo o tempo – esse se relaciona a ser capaz de trabalhar rápido e à habilidade de passar rapidamente de um assunto a outro.

O terceiro "acontecimento" de Jean foi singular entre os 332 acontecimentos que coletamos. Embora muitos executivos tenham mencionado suas mulheres como sendo de importância crítica em suas carreiras, Jean foi o único a listar a esposa como um dos acontecimentos cruciais.

> Meu terceiro acontecimento é minha mulher. Ela é única, excepcional, completamente diferente de mim, e traz uma perspectiva totalmente diferente a tudo. Eu não peço conselhos a ela, mas, em momentos críticos em minha carreira, ela tem

me dado excelentes conselhos. Ela é mais rápida do que eu, menos conservadora, sempre buscando experimentar novidades. Com ela eu aprendi que preciso ver as coisas em um contexto maior, olhar para além do que parece ser, possuir uma visão mais ampla.

Uma pequena subsidiária de *software* proporcionou a Jean sua primeira atribuição internacional, não vivendo fora de seu país, mas em um cargo que ele podia desempenhar viajando para fora de Paris. Embora ele tivesse sido aconselhado a não aceitar o cargo – de diretor-geral de uma pequena empresa francesa, uma subsidiária espalhada por 12 países – Jean decidiu aceitá-lo porque representava "uma experiência de operação verdadeira em um negócio totalmente novo, e uma oportunidade de estar no circuito internacional". Quando a subsidiária originalmente se formou, o proprietário havia comprado as 12 empresas e as deixado intactas com os seus donos no comando; esses donos não estavam ansiosos pela vinda de um "forasteiro". O cargo provou ser ainda mais excitante do que Jean imaginara e, retrospectivamente, ele o considera a sua experiência autodesenvolvimentista de maior importância:

> Foi um enorme choque cultural quando comecei – pessoas diferentes, culturas diferentes, negócios diferentes; era um negócio bem pequeno e francês, em vez de grande e americano, como minha empresa. Diferia como a noite e o dia do que eu estava acostumado. A maior surpresa foi enxergar a nossa grande empresa do lado de fora, o maior desafio foi conquistar a aceitação desses empreendedores e conseguir que trabalhassem conosco, sem renunciarem às suas próprias culturas.

Nitidamente, o sucesso de Jean se daria conseguindo que esses homens de negócio mais velhos, todos de diferentes países, com dinheiro próprio e muito senso de negócio, trabalhassem com ele e a empresa matriz. Perguntamos-lhe como conseguiu. Ao nos responder, ficou claro que Jean tinha muito respeito por esses 12 executivos – provavelmente uma boa parte do porquê de ele ter sido capaz de construir relações com eles.

> Eu adorava trabalhar com eles. Passava muito tempo com eles e prestava muita atenção no que diziam. Lutei suas batalhas para tentar manter as empresas separadas. Ainda mantenho relações e os procuro para perguntar sobre investimentos de negócio, porque sei que estão ligados ao mundo real.
>
> Esse, provavelmente, foi o acontecimento crucial mais importante. Aprendi a dirigir uma empresa, tomar decisões, contratar e despedir. Essa foi a primeira vez que tive uma responsabilidade envolvendo lucro e perda. Na empresa matriz, nada era real: eu estava fechando acordos, não conduzindo um negócio. E, na minha imaginação, isso era internacional, e eu apreciava as viagens e as pessoas. Eu me espantava com as diferenças entre as pessoas nas culturas quando não parecia existir uma razão lógica para as diferenças.
>
> Não estou certo do que me preparou para isso. Tentei não ser arrogante, tentei ouvir, fiz perguntas às pessoas. Eu não tinha especialização como a maioria dos nossos, que possuem mais técnicas empresariais. Eu tenho um bom senso de negócio – ou você o tem ou não, você o recebe de seus pais – minha mãe é muito bem-sucedida em uma grande empresa, e o meu pai já dirigiu várias empresas.

Não obstante excitante e agradável, suspeitamos que essa atribuição por pouco não fez com que Jean perdesse o rumo. Ele acabou apreciando *demais* o trabalho;

enquanto continuava a sua luta para evitar que a empresa fosse absorvida pela empresa matriz, Jean não conseguia compreender por que ninguém em Paris se interessava. Por fim, quando ele procurou seu chefe em busca de ajuda, esse lhe disse que a subsidiária não fazia parte da estratégia maior. No alto escalão, intencionavam acabar com a empresa. Embora Jean se desse conta de não ter percebido o quadro geral, ele ainda sentia-se mais parte da subsidiária do que da empresa matriz. Ele deveria ficar ou retornar para a matriz? Esse foi um daqueles momentos que o conselho de sua mulher ajudou, e Jean retornou para uma promoção na matriz. Embora tivesse obtido sucesso em sua atribuição, Jean deve ter chegado bem perto de testar a paciência da corporação.

O acontecimento autodesenvolvimentista final de Jean foi a sua mudança para Boston. Ele aceitou o cargo para ganhar experiência no exterior e na sede, tendo ambas de uma forma inesperada. Nossa impressão é que, mais uma vez, Jean quase perde o rumo. Com muitas viagens internacionais na bagagem, Jean não antecipou qualquer problema em mudar-se para Boston. Na verdade, ele antecipou tão poucos problemas que deixou o seu escritório em uma sexta-feira em Paris, mudou-se para uma casa em Newton no final de semana e saiu para o seu novo escritório nos subúrbios de Boston na segunda-feira, esperando o negócio de sempre. Não foi bem assim:

> Eu cheguei e tive um começo horrível. Não recebera conselho de ninguém, nem na França nem nos Estados Unidos, e fizemos todas as besteiras que as pessoas fazem. Não separei um tempo para ordenar a minha vida ou para me adaptar. Eu havia subestimado o impacto das mudanças – não era só mudar de uma cidade para outra. Espantei-me com todas as mudanças fora do trabalho, tipo sair às compras, encontrar escolas, falar com as pessoas sobre escolas, etc.

E as coisas não funcionaram como Jean esperava no trabalho também:

> Sentia-me muito pressionado porque essa promoção era uma grande oportunidade em uma função de destaque nos Estados Unidos. Eu estava em um novo e difícil cargo em um mundo matrizado – era o primeiro cargo na empresa sem um poder ou autoridade operadora diretos. Muitas pessoas não queriam partir para esse novo conceito, e ainda não o querem. E eu não me dei conta de como as coisas funcionavam em um escritório nos Estados Unidos – é um outro mundo e eu jamais pensara nisso. Por exemplo, as pessoas não apareciam no escritório, e eu levei um mês para descobrir que elas estavam trabalhando em casa. Eu não sabia – isso não acontece na Europa.

Sem se dar conta, Jean estava ficando doente – ele sentia-se muito mal, mas não sabia por quê. Ele descreveu um ciclo vicioso de mal-estar, obter maus resultados no trabalho, sentir-se pior, obter piores resultados. Levou um mês para que aceitasse ir a um médico, e muitos outros meses para descobrir que havia pego um vírus incomum. No final, teve de tirar dois meses de licença para livrar-se do vírus. "Essa foi uma grande experiência, e eu cresci muito com ela. Mais importante foi a perspectiva acerca do que realmente importa no mundo. Mas eu também aprendi muito sobre como ser um expatriado, e sobre os erros que eu cometera ao presumir que nada seria diferente".

Recomeçando do zero quando voltou para o escritório, Jean começou a se associar com um executivo do seu escalão, que ele hoje identifica como a pessoa com quem mais aprendeu sobre gestão internacional:

> Ele era quase 12 anos mais velho do que eu e decidiu. Começamos a viajar juntos e ele compartilhava tudo comigo. Ele me ensinou como trabalhar nos Estados Unidos; foi um tipo de patrocinador que me apresentou a muitos dos nossos parceiros de negócios que, de outro modo, eu não teria conhecido. Aprendi sobre as pessoas e os negócios. Ele tinha a habilidade de fazer críticas positivas – uma raridade nos executivos americanos, eles são sempre positivos, mas raras vezes ponderam o que dizem. Ele me ensinou a importância de levar as pessoas a falar, dialogarem excessivamente, de modo a se compreenderem. O segundo aprendizado foi o poder do trabalho de equipe – trabalhamos juntos e construímos uma forte equipe por toda a organização. Eu vi a importância das outras pessoas com qualidades fortes diferentes da nossa. Aprendi que conversando e ouvindo sempre se pode construir uma equipe. Você tem de se colocar no lugar da outra pessoa, então você pode compreendê-la e formar uma equipe.

A despeito de seu início conturbado, Jean é um forte defensor da vida de expatriado:

> Você aprende o dobro quando vai morar fora do seu país. Dou muito mais valor à minha experiência aqui como um expatriado do que à experiência que tive viajando a outros países. Fortalecem-se as suas qualidades pessoais, e você aprende que as pessoas são diferentes. Você consegue enxergar essas diferenças, mas não consegue compreendê-las se você não vive no lugar. É uma compreensão mais emocional do que intelectual a diferença entre ler sobre algo e viver esse algo. O seu livro precisa deter-se um tempo em explicar o valor crucial de se ter essa experiência.

Ao encerrarmos a entrevista, Jean começou a conversar conosco sobre os seus próximos passos:

> Logo eu terei três escolhas: ficar nos Estados Unidos, voltar para a Europa e impulsionar minha carreira lá ou ir para um outro país. O que devo fazer? Irei aprender algo além do que já aprendi? Cada executivo responderá a essa pergunta de modo diferente, mas quais são os elementos que devem guiar a decisão?

Os elementos cruciais da história de Jean

O que se destaca na carreira de Jean é a sua admirável habilidade de se relacionar e aprender com as outras pessoas. Reexaminando a sua história, constatamos que seus professores incluem um cliente, um chefe, um colega, alguns subordinados e sua esposa. É difícil pensar em uma fonte disponível da qual Jean não tenha aprendido. E examinando as lições aprendidas, ele nitidamente explorou as oportunidades de aprendizagem apresentadas. Como isso pode ser explicado? Essas oportunidades vieram até ele por acaso ou existe algo em Jean que atrai amigos mágicos nos moldes da trajetória heróica?

Apesar de sua rica experiência e aprendizagem, Jean não parece nem de longe pronto para desistir de aprender – ele já está de olho em sua próxima experiência. Talvez seja a paixão de Jean por seu trabalho, ou o seu talento em descrever suas aventuras, mas ele com freqüência parece flertar de perto com a beira do precipício. E mais, como pode alguém com uma formação tão internacional, tanto de família como de trabalho, surpreender-se assim com o choque de cruzar fronteiras culturais? Será que alguém lhe ensinou a capacidade de pensar no quadro geral que ele tanto admira em sua esposa? E alguém que apreciou conduzir um pequeno negócio pode resistir tanto à tentação de fazê-lo outra vez, mais cedo em vez de mais tarde?

Antes de discutir essas questões em detalhes, vamos examinar mais uma história. Incluímos a história de Brian, não por causa de suas semelhanças com as de Andrew e Jean, mas por suas diferenças.

Brian

Os executivos globais experientes parecem compreender o entusiasmo (e a ansiedade) de uma primeira visita à Ásia. Para nós, o entusiasmo de nossa visita à Ásia superou em muito o cansaço de uma diferença de fuso horário de 15 horas. Quatro dias de entrevistas em Tóquio tinham excedido às nossas expectativas, tanto quanto à riqueza das entrevistas como da cultura. Em seguida, prosseguimos para Pequim, nos aprofundando ainda mais no misterioso Oriente. A oferta da Shell de um carro para nos pegar no aeroporto acalmou a ansiedade em relação à chegada, permitindo-nos usar o vôo de três horas para nos concentrarmos na tarefa seguinte.

Passando os olhos no currículo de Brian, não estávamos certos do que esperar. Aos 55 anos, Brian poderia estar mais próximo do final de sua carreira do que do começo – poderia estar olhando para o passado, em vez do futuro. Suspeitávamos que ele teria aventuras para relatar. Já sabíamos que a aventura era um fator comum na faceta da exploração e da produção de petróleo. Aparentemente, além de petróleo, o negócio produzia executivos, por vezes expatriados permanentes, que se alimentavam de experiências que à maioria pareceriam intimidantes. O currículo descrevia um cidadão britânico; um diploma de mestrado do Reino Unido em engenharia de petróleo; atribuições na Holanda, na Noruega, em Brunei, Sarawak, Omã, Austrália, Nigéria (em alguns desses lugares, mais de uma vez) e, atualmente, na China. Mas nunca no Reino Unido. O título de Brian, presidente e CEO das empresas no Nordeste Asiático, não revelava muito, mas ao menos sugeria responsabilidades globais.

A Mercedes que nos aguardava no aeroporto, o China World Hotel, onde nos hospedamos, e o moderno prédio de escritórios onde a nossa entrevista teria lugar formavam um gritante contraste com as ruas apinhadas de bicicletas em que o motorista negociava sua passagem. Uma coisa intrigante acerca de entrevistas na outra metade do mundo é que quase nunca são canceladas no último momento, quase sempre ocorrem na hora marcada e o entrevistado, em geral, está preparado. A entrevista de Brian seguiu esse molde; suas experiências, não. Quando nos encontramos com Brian, tivemos duas primeiras impressões: ele parecia ter mais de 55 anos e demonstrava uma certa centralidade, ocasionalmente encontrada em pessoas muito à vontade consigo mesmas. A atitude é quase uma aura que havíamos visto pela última vez em um missionário baseado em Madagascar.

Brian nasceu e foi criado na Nigéria, onde seu pai e sua mãe ingleses dirigiam uma mina de estanho "no meio do mato". Seu pai foi, na verdade, a pessoa com quem Brian mais aprendeu sobre a gestão internacional:

> Eu o assisti lidando com tudo, as questões da comunidade, as questões do dia-a-dia. Ele apreciava enormemente o que fazia e me ensinou como administrar as pessoas. Quando eu tinha 12 anos, fiquei uma fera com ele ao voltar da escola e presenciá-lo sendo muito rude com alguém que quebrara uma regra. É claro, ele era mais sábio do que eu – ele sabia que naquela cultura eles não o respeitariam a não ser que demonstrasse a força de sua intenção. Ele me ensinou que existia um jeito fácil e um jeito difícil de conseguir que as coisas fossem feitas. E eu aprendi muito com os seus amigos, cujas minas eu visitava com freqüência.

Não surpreende o fato de Brian ter seguido os passos do pai. A primeira das experiências cruciais de autodesenvolvimento que nos relatou se deu quando ele tinha 24 anos, ele próprio então dirigindo uma mina de estanho na parte norte da Nigéria. Embora Brian tenha aprendido uma lição de negócio, a mais importante foi uma lição de coragem, lição esta que lhe foi bastante útil mais tarde. Para resumirmos em poucas palavras uma situação complexa:

> A equipe técnica em sua maioria vinha do Sul, de forma que 80% dos nossos eram sulistas. Depois do golpe político, houve grande tensão étnica, e as pessoas do Norte começaram a matar as do Sul. Durante duas ou três semanas, 30 mil pessoas foram mortas no Norte; eu e um amigo usamos um trator para abrir as covas e enterrar os corpos porque ninguém mais estava fazendo algo. Estava chocado e tentava ajudá-los. Eu era um dos poucos brancos na região, mas podia falar a língua e dirigia a mina. Houve um verdadeiro caos; eu tinha pessoas dormindo no meu telhado para salvá-las de ser assassinadas.

A lição de negócio que Brian aprendeu foi a perseverança na crise – ele tinha um mandato para manter a mina aberta e o fez, embora "somente na metade dos dias". Mas essa não foi a lição principal.

> Um dia o meu engenheiro de maquinaria, Ali, vindo do Norte, de uma parte nas redondezas da mina, apareceu vestido com sua túnica tribal em vez das bermudas e sandálias que normalmente usávamos. Perguntei a ele por que estava vestido assim. "Centenas de vadios estão vindo pegar os sulistas, e vou. Se me matarem, quando eu me encontrar com Deus, quero estar vestido assim." Naquele dia, Ali postou-se na estrada e fez com que toda a multidão voltasse. Foi de coragem e valentia extremas. Naquele dia, aprendi a respeitar as pessoas. Pessoas são pessoas – isso é fundamental. Nada mais importa; a sua raça, etc., é irrelevante. Também aprendi sobre ter coragem.

Mal sabia Brian que, cerca de 30 anos mais tarde, ele passaria por outra experiência-chave de volta à Nigéria:

> Logo após eu chegar, em janeiro de 1994, houve um problema. Estávamos produzindo metade do petróleo na Nigéria, e o nosso petróleo ficava em terra, em vez de

em alto mar. Eu havia aprendido, ao longo dos anos, a construir rápidas e boas relações com os sindicatos e comecei a fazê-lo. Algumas pessoas da minha equipe administrativa se opuseram a mim, mas eu lhes disse: "Não, eu quero conhecê-los", e, dentro de poucos meses, eu conhecia bem ambos os sindicatos.

Em junho, o presidente eleito estava na prisão, e um dos grupos étnicos estava ameaçando com o que o governo julgava ser uma secessão. Os sindicatos decidiram entrar em greve para fecharmos as portas e pressionar o governo para o presidente eleito assumir. Eles vieram a mim de antemão e me pediram que fechasse, mas eu me recusei e tentei explicar-lhes que não daria certo – apenas iria elevar o preço do petróleo. Eles entraram em greve, mas nós continuamos a produzir por algum tempo usando expatriados e operários contratados.

Os sindicatos começaram a arrombar as instalações à noite e a sabotar o equipamento. Comecei a me preocupar bastante com a segurança, não a nossa segurança, mas a da nossa equipe em greve. Eu temia que a nossa segurança atirasse ou os machucasse, e me dei conta de que isso era apenas a ponta do *iceberg*. A verdadeira questão era a secessão. O governo militar acabaria interferindo, e se houvesse derramamento de sangue, haveria uma guerra civil. Decidi fechar as operações baseadas em terra (metade da nossa produção). Eu sabia que receberia apoio do centro da Shell porque um dos nossos valores é colocar a segurança das pessoas acima da produção, então eu os informei da minha decisão.

O Chefe de Estado mandou me chamar. Eu o tinha encontrado duas vezes antes nos poucos meses desde a minha volta ao país, e havíamos estabelecido um relacionamento razoavelmente próximo, com a ajuda da minha origem do norte da Nigéria e pelo meu conhecimento de hausa, a língua do Norte. Ele queria saber por que eu interrompera a produção. "Muito simples", [eu lhe respondi]. "Você não pode controlar o que vai acontecer, e a situação vai sair de controle se você enviar o exército. Dê-me seis semanas, e negociarei um acordo com o sindicato." Ele concordou e, com a minha experiente equipe e os sindicatos, fui capaz de negociar um fim à greve, e eles voltaram ao trabalho. Depois disso, os líderes grevistas foram presos, mas consegui tirar da prisão as pessoas da Shell depois de um apelo pessoal ao Chefe de Estado.

A moral da história é que as pessoas precisam viver conforme os seus princípios. Eu podia ler claramente em nossos princípios o que eu deveria e o que eu poderia fazer. Isso me ensina uma completa confiança em minha própria realidade básica, e tudo volta a Ali, todos esses anos atrás de pé na estrada – agora era a minha vez de fazer o que ele fizera há tanto tempo.

Nem todas as experiências de autodesenvolvimento de Brian foram assim tão dramáticas. A seguinte ocorreu quando ele retornou à Malásia pela terceira vez. Ele conhecia as pessoas, de modo que podia concentrar-se no negócio:

De repente, compreendi algumas coisas cruciais sobre gestão. Tivemos o desafio de modificarmos uma velha empresa incrustada em uma sociedade antiquada. Aprendi como transformar uma empresa sem destruir as pessoas, como trabalhar com um sistema complicado. Esse foi um longo e complexo processo, não apenas um único acontecimento.

Um ponto crucial para o meu desempenho foi eu ter passado nove semanas no MIT (Massachusetts Institute of Technology), onde, entre outras coisas, aprendi a pensar em termos de sistemas. Esse aprendizado me proporcionou um conjunto de ferramentas extremamente útil. Fomos capazes de utilizar essas ferramentas na transformação. Minha esposa, que é japonesa, assistiu a uma das aulas que apresentamos e deixou-me de queixo caído quando disse: "Isso é moleza; é assim que os asiáticos pensam".

> O ponto crucial de aprendizado para mim foi que precisamos aprender e aplicar novas idéias e técnicas o tempo todo. Agora eu sempre digo às pessoas: "Continuem aprendendo todos os dias; o dia que vocês pararem, não mais serão de utilidade para mim". Eu digo ao meu filho, nos Estados Unidos, que, enquanto ele estiver se adaptando, estiver disposto a continuar aprendendo e disposto a aprender a língua, estará bem. Foi isso que ele aprendeu crescendo em tantos países e culturas.

Nossas perguntas haviam tomado todo o nosso tempo, mas uma outra característica das entrevistas em lugares remotos é que as pessoas lhe concederão mais tempo que o determinado. Brian estava disposto a falar, e nós dispostos a ouvir:

> Todas as minhas atribuições têm sido internacionais. Minha primeira foi na Noruega, mas eu sempre trabalhei em países onde sou visto como um forasteiro. Isso tem algumas vantagens: você provavelmente será tomado mais pelo que você é do que em seu país natal, e você também adquire uma maior percepção do que está se passando – os habitantes do local dirão a um estrangeiro mais do que diriam a um nativo. Na verdade, tenho muita cautela ao deixar uma pessoa local por muito tempo em uma posição como diretor-geral. Depois de um tempo, essa pessoa não mais será capaz de dizer a verdade às outras pessoas locais.

Perguntamos a Brian o que ele julga ser necessário para o sucesso como um executivo internacional.

> As atribuições variam dependendo do país, e as qualidades necessárias vão variar também. Em geral, é preciso possuir um espírito de aventura. É preciso ser questionador e querer aprender – você tem de ter isso no sangue. Você tem de ser flexível e adaptável sem ceder em seus princípios. Algumas pessoas se encaixarão na África, ou nos Estados Unidos, ou na Ásia, mas não todas. Na África, você precisa adorar a adversidade, não se incomodar com o caos; você não pode ser parcial em relação às raças e precisa ser extremamente atento emocionalmente. Precisa ser aberto e flexível quanto a inconveniências enormes e, em alguns lugares, existem sérias questões de segurança. Se você deixar esse tipo de coisa derrubar você no dia-a-dia, você não sobrevive.
> A Ásia é diferente, mas é também complicada porque a língua é muito difícil na China e no Japão. Você pode ser limitado por causa de palavras, e isso representa um enorme choque. Aqui você não pode ser arrogante. Como no conceito de *yin/yang*, você precisa estar consciente do seu lado feminino e deixar a sua sensibilidade aflorar. Eu aconselho às pessoas que aqui vêm para calar a boca e escutar.
> A América é mais diferente ainda. Lá, as coisas são enunciadas profundamente. São gritantemente mecanizadas, e eu não me sinto confortável com isso. Eu estive em Houston, e eles pareciam ter concreto por todos os lados. Muitas pessoas se sentem desconfortáveis com isso, a não ser que tenham sido criadas assim.
> Aprender a língua é muito importante. É mais importante fora da Europa, porque você é minoria se não falar a língua, e isso limita o quanto você consegue entender. Eu teria sido muito mais eficiente na Malásia ou em Brunei caso houvesse aprendido a língua – e teria aprendido se soubesse que passaria dez anos lá. Eu estudei chinês por seis semanas antes de assumir o meu cargo aqui. Temos uma casa na França para onde iremos ao me aposentar no ano que vem, em uma região onde não se fala inglês.

Acabamos não perguntando a Brian quantas línguas ele falava, mas podemos garantir que são ao menos quatro.

> A família é crucial para as pessoas que vivem fora de seus países natais. A esposa – em geral é uma esposa – precisa ser uma sócia e participar com você. Se ela estiver distante, psicológica ou fisicamente, o executivo também estará. Minha mulher e eu somos estrangeiros. Mas o truque de se adaptar é tornar onde estiver o seu lar – nós dois fazemos isso. Eu vivo onde estou, de outro modo não teria um lar. Dedico-me a um país, e um dos resultados disso é que recebo muitas concessões em reconhecimento. Se o executivo for mulher, com um marido, uma situação familiar é muito difícil nos países asiáticos. Nessas sociedades, as pessoas simplesmente não estão acostumadas a ter o marido em casa, e é muito improvável que um segundo emprego esteja disponível.

Brian especulou um pouco sobre o futuro e sobre o nosso livro:

> Uma questão é que o mundo de amanhã será bastante diferente de hoje. O crucial, um espírito aventureiro, ainda será exigido. Em um mundo caótico, você não pode tecer planos, mas pode ter certas características que ajudarão. O pior que vocês poderiam fazer seria produzir um guia de estudo do que fazer e do que não fazer. Não funciona assim. Precisamos de um conceito, não de um conjunto de regras sobre o que fazer. Não diga a alguém: "Não caia nas escadas". Diga às pessoas para terem cuidado, depois deixe que tomem esse conceito e façam as suas próprias regras. Essa é a única forma de lidar com o caos e o inesperado. E as pessoas precisam ser capazes de receber *feedback* – esse é o sinal inicial de que as coisas estão mudando e torna possível detectar as mudanças em meio às variáveis de importância. A pior coisa é ter um capitão seguindo uma bússola quando o campo magnético se modificou – é esse o tipo de mundo que temos hoje.

Os elementos cruciais da história de Brian

Uma coisa que salta aos olhos na entrevista de Brian é o peso da orientação do valor em suas experiências. Ele projeta uma clareza de valores aprendidos em um caldeirão de experiências pelas quais a maior parte dos executivos não passará. Esses valores guiam a sua perspectiva quanto ao equilíbrio entre os fatores de negócio, sociais e políticos.

Muitos executivos, mesmo aqueles enraizados em seus próprios países e culturas, podem considerar desconcertante essa "falta de um lar" de Brian, embora ele não pareça se importar com isso. Na verdade, ele parecia considerar essa condição um ponto positivo. Esses estrangeiros permanentes, que se tornam cidadãos do mundo, que se sentem em casa tanto em todos os lugares como em lugar nenhum, estenderam-se na nossa dimensão de atravessar fronteiras.

Sabemos que Brian aprendeu o básico sobre gerir pessoas ao lado de seu pai, mas onde foi que ele aprendeu todas essas outras lições da experiência internacional? Ele aprendeu as lições de técnica – no MIT, como usar uma estrutura para criar mudança transformacional – e as máximas de trabalho e de vida – "continue aprendendo todos os dias". Mas onde foi que aprendeu as lições de trabalho em empreendimentos conjuntos, negociações, relações com a sede, como administrar o escopo e a escala? E quanto às lições recebidas de chefes significativos sobre as quais outros CEOs nos falaram?

As experiências e lições de Brian são bem diferentes das de Andrew e de Jean. Bem-preparado como estava, Brian respondeu a todas as nossas perguntas (e outras mais), mas nós saímos sacudindo a cabeça pela dificuldade de transformar essas diferentes histórias em códigos e cálculos.

Estará a diferença nas pessoas? Ou nos estágios de suas carreiras? Ambos, Andrew e Jean, olham para o futuro visando a impulsionar suas experiências para posições de mais alto escalão. Brian irá impulsionar as suas aposentando-se da Shell e participando de palestras e de programas de ensino.

Será sua área de atuação? Conquistamos um saudável respeito pela importância de trabalhar com os governos quando o seu único produto é um recurso natural de outro país. Além do mais, os recursos naturais, como o petróleo oferecem um tipo de permanência que permite e mesmo até promove uma perspectiva de longo prazo que os eletrônicos e os produtos de consumo não oferecem. Quando o produto é uma importante fonte de riqueza das nações, é inevitável que os executivos enfrentem questões de valor e em relação ao papel da empresa naquela sociedade.

As principais experiências de Brian, ao menos as duas primeiras, são tão mais dramáticas do que as da maioria dos executivos entrevistados que não podemos deixar de imaginar se os acontecimentos não tiveram uma influência desproporcional em seu desenvolvimento. Será que existem efeitos tanto positivos como negativos vindos de experiências-chave tão fundamentais como essas quando ainda se é jovem?

Essas três entrevistas servem de pano de fundo para os nossos mais formais resultados. As histórias de Andrew, Jean e Brian, somente três das 101 histórias constituindo a nossa amostra, foram selecionadas por causa de suas semelhanças e diferenças específicas, mas acabam sendo surpreendentemente inclusivas. Elas incluem elementos de todas as 27 categorias de lições (Capítulo 4) e de todas as 18 categorias de experiências (Capítulos 5 e 6) derivadas da amostra maior. Suas histórias situam essas lições e experiências genéricas em perfeito relevo. As cinco principais lições, as listadas mais freqüentemente – de como conduzir um negócio; lições de autoconfiança; lições gerais de cultura; lições de estratégia empresarial e de aprender a ouvir – são todas facilmente identificáveis nessas três histórias. O mais importante acontecimento-chave de Jean lhe ensinou a conduzir um negócio. Andrew aprendeu as lições de autoconfiança, de estratégia empresarial e a importância de ouvir. Os acontecimentos relatados por Brian incluíram lições dramáticas de perseverança, de respeito aos outros (uma lição de cultura) e da importância de ouvir, bem como lições adicionais de lidar com governos e políticos.

EM RESUMO

Um tema central do nosso livro é que o excitante de uma carreira global consiste em uma certa combinação dos modos complexos, multifacetados e imprevisíveis nos quais as carreiras globais evoluem e das pessoas complexas e multifacetadas que as vivem. Este capítulo tentou um pouco dessa complexidade e incerteza, assim como um pouco dessa excitação.

Nem um único molde se ajusta aos executivos globais, seus trabalhos, suas experiências ou as lições que aprendem. Nós enfatizamos esse ponto por meio das histórias de três executivos, Andrew, Jean e Brian, todos três bem diferentes e, ainda assim, todos bem-sucedidos às suas próprias maneiras. A despeito das nossas muitas horas de entrevistas com executivos e das análises que as seguiram, o que ficou em nossa mente foram histórias e experiências como essas. As histórias, ao concederem uma face humana às nossas categorias de lições e experiências, permitem que as pessoas compreendam o desenvolvimento executivo global de um modo diferente.

O desenvolvimento executivo, mostraremos em mais detalhe nos capítulos seguintes, se dá por intermédio de experiências com as quais os executivos individualmente possam aprender, conforme precisem e estejam prontos. Desafio, mudança, oportunidade e risco são os seus sinônimos. A globalização levanta a questão do *antes*, tanto para as organizações como para os indivíduos. Ela oferece combinações e permutações de indivíduos e experiências não-disponíveis na "venda de um produto alemão a um cliente alemão". Defende processos de desenvolvimento sob medida, altamente individuais, os quais, felizmente, os sistemas de informação das empresas globais podem possibilitar. Tais processos requerem que compreendamos as dinâmicas das lições e das experiências que afloram do contexto global. São essas as preocupações dos capítulos que seguem.

Começamos destilando dos volumes de anotações das entrevistas as lições das experiências desses executivos. Apresentamos primeiramente as lições em vez das experiências, porque uma organização possui escolha. Você seleciona pessoas que já aprenderam essas lições ou você busca criar oportunidades desenvolvimentistas a fim de que possam viver as experiências que lhes permitirão desenvolver as habilidades que não possuem? Obviamente um bom plano incorporaria um pouco de ambos e em situações diferentes e, para pessoas diferentes, combinações diferentes. Porém, as lições aprendidas por esse grupo estipulam uma trilha para o desenvolvimento de executivos globais.

As lições da experiência internacional

> *Insight*, no meu entender, refere-se àquela profundidade de compreensão que vem por situarmos as experiências, as minhas e as suas, as familiares e as exóticas, as novas e as velhas, lado a lado, aprendendo ao deixá-las conversar umas com as outras.
>
> – Mary Catherine Bateson, *Peripheral Visions: Learning along the Way*

Nos capítulos iniciais, nós tentamos realizar duas coisas. No Capítulo 2, confrontamos a confusão e a complexidade inerentes ao trabalho executivo internacional. Não só existem muitos tipos de cargos globais, como eles variam também em graus de internacionalidade mutante, em um mundo onde até mesmo a natureza desses cargos está se modificando. Assim como as pessoas que entrevistamos são únicas, também os desafios que enfrentaram. A despeito da singularidade dos desafios e dos próprios executivos, existem importantes generalidades. É claro que existem diferenças significativas entre os cargos executivos que exigem a expatriação, os que acarretam responsabilidades internacionais sem a necessidade da expatriação e os básicos ou unicamente doméstico. O que é necessário em um líder varia dependendo da situação, como variam os tipos de lições aprendidas com essas experiências.

Após, no Capítulo 3, apresentamos informações e exemplos de como os nossos executivos ingressaram no trabalho internacional, e fornecemos, com algum detalhe, as histórias de três executivos da nossa amostra: Andrew, Jean e Brian. Há algo diferente em se examinar o quadro mais geral de uma carreira – algo que análise de dados codificados ou uma ou duas linhas de citações não podem proporcionar. A realidade das histórias dos nossos executivos apenas insinua-se nos números, categorias e generalizações. Cada uma dessas pessoas é única, e se nos esquecermos desse caráter único – embora existam generalidades – perdemos a mais profunda das lições desta pesquisa. Assim dizendo, este capítulo distancia-se dos casos individuais e passa a procurar as generalizações nas amostras.

Neste capítulo, vamos revisar em detalhes as lições aprendidas por esse grupo de executivos globais. Depois, iremos enriquecer a conversa comparando as lições das experiências doméstica internacional, sugerindo que essas sobrepõem-se, mas que são as diferenças que fazem a diferença. Também examinaremos como essas lições se relacionam com a pesquisa no tocante à identificação de líderes internacionais e ao que os nossos executivos disseram procurar quando escolhem executivos internacionais. Triangulando essas fontes, descreveremos o que executivos globais eficazes precisam aprender. Postulamos a existência de metacompetências, que tornam a aprendizagem possível, e de uma orientação mental para o global, que resulta das experiências entre culturas.

Algumas pessoas crêem que os líderes nascem líderes, não são feitos, e que as realizações, e por vezes as vidas coloridas das pessoas que entrevistamos, poderiam parecer apoiar esta perspectiva. Acreditar, entretanto, que os talentos dessas pessoas estavam em seus genes ou no modo como foram criadas é minimizar as realizações de suas vidas. Esses executivos *aprenderam* a liderar, e aprenderam por meio de esforço e de sacrifício. Quaisquer que sejam os seus dons naturais, não bastam. Para seguir os dons naturais, os executivos tiveram de *aprender* como operar eficazmente em um contexto internacional. O "o quê" aprendido são as lições da experiência internacional, e essas lições pintam o retrato do moderno executivo global. Não apresentamos, contudo, as lições como o conjunto definitivo que qualquer executivo global precisa experienciar. Como o Capítulo 2 mostra, todo cargo global é diferente, requer uma mistura diferente de talento e ensina lições diferentes.

LIÇÕES DA EXPERIÊNCIA INTERNACIONAL

Nas entrevistas, pedimos a cada um dos executivos que nos contasse ao menos três experiências que o transformaram em um executivo internacional e nos dissesse o que havia aprendido com as mesmas. O resultado foi aproximadamente mil lições. A nossa equipe de pesquisa, formada por quatro codificadores independentes, argumentou até concordar com dois pontos: (a) a definição de 27 categorias nas quais as lições seriam ordenadas e (b) a colocação de cada uma das 952 lições nessas categorias. O Apêndice B descreve o processo utilizado. Até o ponto que os executivos declararam ter aprendido essas lições, os executivos globais, por seu próprio entendimento, são feitos – não nascem prontos.

Seis temas amplos emergiram desta análise (veja o Quadro 4.1). A seguir, nós discutimos as lições de cada um deles.

Lição: aprendendo a lidar com questões culturais e com diferentes culturas

Aprender a lidar com questões culturais e diferentes culturas envolve três lições específicas:

1. aprender a falar uma língua estrangeira;
2. aprender sobre as culturas estrangeiras específicas e sobre os contrastes entre culturas específicas;
3. aprender lições genéricas sobre a vivência e o trabalho em culturas estrangeiras

> **Quadro 4.1** Temas e lições da experiência internacional
>
> **Aprendendo a lidar com questões culturais e com diferentes culturas**
> 1. Aprender a falar uma língua estrangeira
> 2. Aprender sobre as culturas estrangeiras específicas e sobre os contrastes entre culturas específicas
> 3. Aprender lições genéricas sobre a vivência e o trabalho em culturas estrangeiras
>
> **Aprendendo a conduzir um negócio – estratégia, estrutura, processos; o global *versus* o local; o conhecimento especializado**
> 1. Aprender estratégias empresariais
> 2. Aprender os pontos específicos da condução de um negócio
>
> **Aprendendo a liderar e a gerir outras pessoas – seleção, desenvolvimento, motivação, construção de equipes, desligamento**
> 1. Aprender como estabelecer credibilidade
> 2. Aprender a selecionar as pessoas certas
> 3. Aprender a construir e manter uma equipe eficaz
> 4. Aprender a tomar decisões difíceis sobre as pessoas
> 5. Aprender a concentrar-se – mantendo as coisas simples, estabelecendo objetivos claros
> 6. Aprender a manter as pessoas motivadas e dedicadas, o que delegar e o que não delegar
> 7. Aprender a desenvolver as pessoas e a importância de desenvolver as pessoas
>
> **Aprendendo a lidar com relacionamentos problemáticos – as sedes, os chefes, os sindicatos, os governos, a mídia, a política**
> 1. Aprender a lidar com os chefes imediatos e outros superiores
> 2. Aprender a administrar a interface com a sede e com a organização como um todo
> 3. Aprender a lidar com as aparições públicas e com a mídia
> 4. Aprender a lidar com os governos e os políticos (externos)
> 5. Aprender a lidar com as negociações sindicais e de outros tipos
> 6. Aprender sobre a política interna
>
> **Aprendendo sobre as qualidades pessoais exigidas de um líder**
> 1. Aprender a ouvir atentamente, perguntar e ver o mundo pelos olhos das outras pessoas
> 2. Aprender a ser aberto, sincero, honesto, justo; a tratar as outras pessoas com respeito; a confiar nos outros
> 3. Aprender a ser flexível, a adaptar-se a situações mutantes, a levar em conta as circunstâncias mutantes, a administrar múltiplas prioridades e relacionamentos complexos e a pensar com independência
> 4. Aprender a avaliar riscos e arriscar-se e a agir em face à incerteza
> 5. Aprender a perseverar, agir com disciplina e manter a calma em situações difíceis
> 6. Aprender a ser otimista, a acreditar em si mesmo, a confiar nos instintos, a defender o que se crê que seja certo e a aceitar a responsabilidade pelas próprias ações
>
> **Aprendendo sobre si mesmo e sobre a carreira**
> 1. Aprender sobre gostos, desgostos, forças, fraquezas e preferências
> 2. Aprender que tipo de apoio se necessita da família ou dos outros, e como administrar a família sob a pressão do trabalho estrangeiro
> 3. Aprender a administrar a própria carreira e o próprio desenvolvimento

Não é um grande exagero sugerir que a base para o sucesso internacional começa com a compreensão das culturas nas quais se trabalha. Como Craig Storti observou: "Enquanto nos espantarmos ou interpretarmos mal o comportamento das pessoas locais, e enquanto repetidamente provocarmos ou confundirmos as pessoas locais com o nosso próprio comportamento, jamais poderemos esperar nos sentir à vontade no estrangeiro ou ser completamente eficazes em nosso trabalho".[1] Compreender as culturas da perspectiva desses executivos envolve três tipos de lições. Pode-se considerar quase como uma progressão do mais específico (a fluência em um língua em particular), para uma compreensão mais profunda de uma cultura ou culturas em particular, até as lições sobre como se virar em qualquer cultura ou através de múltiplas culturas (caso em que, incidentemente, mesmo o poliglota não fala um número suficiente de idiomas para conversar em todas as línguas nativas envolvidas). Essas lições culturais são tão importantes que as examinaremos mais detalhadamente.

A necessidade de um executivo internacional falar a língua local é uma questão bastante discutida para a qual não há uma resposta óbvia. Esse fato apresenta duas facetas: uma boa e outra ruim. O lado bom para os afortunados que falam inglês é que ele tornou-se a língua universal dos negócios. Os falantes do inglês podem se virar nas situações de negócio, se nem sempre da melhor forma, em quase todos os lugares aonde vão, mesmo se não falam a língua local. O lado ruim é para os demais: os não-falantes de inglês precisam aprender a falar um inglês fluente se pretendem tornar-se executivos globais eficazes. As lições da língua são, contudo, mais complicadas que isso.

Há ocasiões em que é muito importante saber uma língua estrangeira e outras em que isso não é tão crítico, e saber a diferença é uma aprendizagem significativa – especialmente porque aqueles que não sabem falar a língua local freqüentemente não estão cientes do que estão perdendo. Um executivo nos contou, por exemplo, que "porque eles falavam inglês eu presumi saber o que queriam dizer" (não sabia). Um outro descobriu que "não falar uma língua o coloca em desvantagem", porque você não consegue entender o que os outros estão falando. Aprender a trabalhar na língua local é, evidentemente, muito importante quando os subordinados ou os clientes a falam, e nem todas as partes são igualmente fluentes em inglês, ou quando compreender os outros requer compreender as nuanças das expressões por eles usadas (é uma nítida desvantagem nas negociações, por exemplo, estar à mercê de tradutores).

O argumento a favor de se falar a língua local foi defendido por um executivo que reparou uma "mudança de grau" na comunicação com a sua equipe quando a eles se dirigia na língua que falavam. Um outro constatou que "falar a língua lhe permite integrar-se na sociedade, e as pessoas o aceitam mais. Torna-se mais fácil ser um deles, permitindo que eles levantem questões com você que de outro modo eles não articulariam". Outro veterano expatriado afirmou que "se você depende do inglês, você se cercará de pessoas que falam o inglês. Você manterá o mesmo círculo de pessoas. Isso prejudicará o processo de integração". Brian nos contou, no Capítulo 3, que a Ásia pode ser particularmente difícil se a pessoa não fala a língua "porque a língua é tão difícil,... você pode facilmente ser limitado por causa de palavras, e isso representa um enorme choque".

Quando as responsabilidades de um executivo cruzam múltiplas culturas e línguas, nem sempre é possível ser fluente em todas elas. Como disse um executivo multilíngüe quando perguntado sobre a importância de aprender a língua: "Que língua você sugeriria que eu aprendesse? Eu tenho subordinados na China, em Hong Kong, no Vietnã, na Coréia, no Japão e em Jacarta". Embora o fato de não se falar a língua local possa ser uma desvantagem, isso não necessariamente incapacita e pode, por vezes, ser utilizado para gerar vantagem. Se uma pessoa não fala a língua, mas está disposta a aprender um pouco dela, esse esforço pode angariar muito respeito das pessoas locais. Mas não falar a língua, ou não falá-la bem, também "permite que você faça perguntas tolas".

O aspecto que verdadeiramente incapacita em não se saber a língua local é fracassar em reconhecer as limitações criadas por não ser capaz de se comunicar e, portanto, de não ser capaz de diminuir os potenciais problemas. A situação piora se um executivo nem mesmo tenta aprender um pouco que seja da língua – o que é visto pelas pessoas locais como arrogância.

Isso nos foi mostrado de forma ostensiva quando um de nós subia de elevador para o escritório de um executivo a fim de conduzir uma entrevista. O executivo era um expatriado norte-americano, recentemente chegado ao país. O entrevistador, sendo acompanhado por sua secretária (que falava fluentemente inglês), tinha curiosidade sobre a pessoa a quem estava prestes a conhecer. Ele indagou casualmente à secretária como estava indo o executivo na aprendizagem da língua. A resposta dela tudo revelava; com a sua expressão tornada fria, ela disse: "Ele nem mesmo tenta". Mais tarde na entrevista, o mesmo executivo começou a explicar por que saber a língua local não era importante.

Embora falar a língua local com certeza ajude, por si só não garante que a cultura seja compreendida. Muitas lições que os executivos aprenderam foram sobre as culturas específicas nas quais eles se encontravam, e essas foram, com freqüência, lições de contraste com a cultura natal dos executivos. Algumas vezes, marcantes diferenças culturais eram esperadas, mas a realidade delas ainda assim foi um choque, por exemplo, quando europeus ocidentais trabalharam pela primeira vez em partes da África, ou quando asiáticos se vêem transplantados para a Europa Ocidental ou para os Estados Unidos. Em outras ocasiões, os executivos não esperavam os contrastes marcantes, e as diferenças surgiram como uma surpresa. A experiência de Jean de mudar-se de Paris para Boston, descrita no Capítulo 3, fornece um vívido exemplo dessa surpresa quando ele esperava – o que acabou se provando errôneo – que as coisas seriam essencialmente as mesmas, tanto em Boston como em Paris.

Ao reexaminarmos as entrevistas, tornou-se claro que a maioria dos modelos acadêmicos das diferenças culturais são demasiadamente gerais para capturarem a experiência de um executivo indo para uma cultura diferente. Tais distinções clássicas como a da "distância do poder" (a aceitação das diferenças de poder determinadas hierarquicamente) são, sem dúvida alguma, reais, mas para a pessoa na linha de frente, as diferenças experimentadas são mais demarcadas. Incluem uma longa lista de diferenças específicas de cada país ao longo de várias dimensões:

- O quão estreita e provinciana é uma cultura *versus* o quão global
- O quão direta e aberta é uma cultura em suas comunicações e no compartilhamento de suas informações *versus* o quão fechada ou sutil
- A importância de tratar as pessoas com respeito, e como a confiança se desenvolve
- O valor dado aos relacionamentos pessoais como um meio de se fazer negócio *versus* o valor dado a uma atitude mais formal (e distante)

- O que motiva as pessoas, incluindo o valor percebido do dinheiro e do respeito refletido no *status*, na posição e na hierarquia
- A ética de trabalho, o caráter empreendedor, a sensibilidade com o cliente, a orientação das ações e afins
- Os modelos mentais, as maneiras de pensar e os padrões de lógica
- As expectativas acerca de como um líder deve agir
- A situação da economia (por exemplo, a inflação, a instabilidade), a organização social e os processos políticos
- Os sustentáculos históricos das atitudes e estereótipos; por exemplo, o relacionamento entre os alemães e os franceses ou entre os japoneses e os coreanos

Assim como o saber a língua local, a necessidade de uma compreensão profunda acerca de um determinado país ou cultura depende da natureza da operação do negócio naquele país. Dirigir uma operação manufatureira em um país estrangeiro para exportar bens é bastante diferente de vender aos consumidores de um país estrangeiro. Quando um nível profundo de compreensão se torna importante, existe um perigo real de se transformar uma compreensão superficial e os estereótipos em uma cegueira cultural. Ao passo que isso pode ser fatal em qualquer nível de responsabilidade, pode ser debilitante quando as suas responsabilidades exigem uma relação íntima de trabalho com um país que seja substancialmente diferente do seu. Muitos executivos acham que, para se ter eficácia no país em que estiveram, tiveram de mudar o seu comportamento de variadas maneiras. Essas mudanças incluíram aprender a ter cuidado no que se diz, agir em conformidade com as expectativas dos outros, modificar o estilo de gestão e de comunicação para encaixar-se à nova situação e aprender a valorizar outras maneiras de pensar – todas essas mudanças exigindo um conhecimentos profundo da situação local. As suas atitudes parecem dizer que para ser eficaz em um outro país você precisa mudar a si mesmo – conclusão que se opõe diretamente ao nosso expatriado romano hipotético mencionado no Capítulo 2, cuja missão incluía converter os territórios à maneira romana!

No nível elementar da aprendizagem acerca de outras culturas, a pessoa deve dominar uma única cultura diferente da sua. A não ser que ela amplie esse conhecimento específico, estará em desvantagem em um estágio posterior, quando precisar lidar com múltiplos países e culturas. Uma pessoa pode com facilidade tornar-se parcial em relação a uma cultura, a favor ou contra, conforme ela se torne familiar e, como qualquer especialista, permitir que essa estrutura de referência influencie diretamente uma nova experiência. De modo similar, o domínio de um executivo sobre uma cultura pode levá-lo a ser rotulado pelo escritório corporativo como um "especialista sobre o país", em vez de um empresário global, o que pode resultar em atribuições limitadas ao mesmo país ou a países semelhantes. No primeiro exemplo, o executivo deixa de ser um aluno eficaz; no último, o executivo não consegue novas oportunidades de aprender. Ambas as eventualidades sublinham a importância da terceira categoria de lições culturais, que envolvem aprender os princípios de se cruzar fronteiras.

Distinguiremos essas amplas lições culturais do aprendizado sobre países específicos denominando-as *genéricas*. As lições culturais genéricas podem diferenciar-se de três modos das lições específicas. Primeiramente, as lições genéricas envolvem lidar com múltiplas culturas simultaneamente, não apenas com uma só. Um executivo asiático, após uma atribuição bem-sucedida no Canadá, se viu transferido para Hong Kong, onde ele teve de trabalhar com dez culturas diferentes. Depois de experiências como essa, os executivos passam a falar de coisas como uma "presença global" e tornar-se "um cidadão do mundo", uma perspectiva que reconhece as diferenças entre as culturas e desiste de uma aliança provinciana com outro país. Nas palavras de um executivo: "Prepare-se de forma a cortar os vínculos com o seu país – corte-os energicamente ao partir". Um outro expatriado encontrou a sua transformação na Austrália: "Eu parei de me ver como um Cingapuriano e sim como um cidadão do mundo".

Parte de tornar-se global é aprender que o nosso próprio país e a nossa própria perspectiva são estreitos quando contrapostos ao resto do mundo. Um executivo norte-americano, depois de uma atribuição no exterior, se deu conta de "como os americanos são provincianos". Um expatriado norueguês nos Estados Unidos percebeu que "nem a Noruega nem o Kansas é o centro do mundo".

Lições culturais genéricas foram, com freqüência, tão profundas quanto óbvias:

- "Não tome como garantido que o que funciona em um lugar irá funcionar em outro. Não presuma nada".
- "Eu aprendi a profundidade da desconfiança entre as nações – jamais subestime sua fundura".
- "Eu me espantei com o nacionalismo dos empresários individuais do país e de suas equipes".
- "Pessoas diferentes dão diferentes valores à vida".

Essas lições genéricas incluíram o impacto (ou sua ausência) dos valores sociais ou religiosos e das crenças quanto aos processos empresariais. Uma história reveladora envolveu um executivo europeu designado para uma conturbada operação multicultural no Sudeste Asiático. Como na maioria das situações em que há a necessidade de uma virada no negócio, o remédio exigia a redução dos custos, e uma solução era reduzir o número de empregados. Ele percebeu que o restaurante tinha cozinheiros demais para o número de refeições necessárias, então, como de costume em seu país natal, despediu quatro deles. Acabou que um dos despedidos era o único cozinheiro muçulmano e, ao dispensá-lo, ele havia eliminado o único que sabia cozinhar para os funcionários muçulmanos. O executivo inadvertidamente criara um enorme incidente entre o grande segmento muçulmano da força de trabalho. Foi uma lição memorável.

A lição genérica primordial, entretanto, foi o simples respeito e um interesse sincero por outras culturas além da própria. Não importa onde você esteja, um executivo nos disse, "você precisa respeitar os valores locais. Isso significa aceitar que o modo como as pessoas se comportam não é nem bom nem ruim comparado ao que você está acostumado. Você precisa se adaptar a isso. Você não pode mudar a estrutura social; sempre existem pontos positivos em qualquer sociedade. Encontre os pontos positivos". Como outros executivos estiveram prontos a apontar, respeitar os valores locais não significa que você não possa tomar decisões ou agir, mas sugere, na verdade, que o contexto importa.

As lições genéricas também diferem das lições de uma única cultura no que tange aprender a conciliar a cultura da *empresa* com as culturas dos múltiplos países. Essa foi nitidamente uma lição importante para muitos executivos ao tentarem equilibrar os estilos de gestão, os processos e os valores e as diretrizes do escritório corporativo com a cultura e os valores dos vários países nos quais se encontravam.

As lições genéricas, por definição, contêm conclusões ou regras gerais para se ir para *qualquer* nova cultura, em vez de uma cultura específica. Certifique-se de que entende, certifique-se de que é entendido, construa novos relacionamentos, perceba como as pessoas o vêem como chefe, seja paciente e tolerante, demonstre humildade, seja claro quanto aos seus próprios valores e ética – todas essas lições foram retiradas da experiência multicultural.

Ironicamente, muitas dessas conclusões foram alcançadas por expatriados ao assistirem aos estragos causados por outros expatriados: "Não eram as pessoas locais quem estavam causando o problema. Eu tive de me livrar de vários expatriados, todos da área técnica, porque estavam abusando das pessoas locais e, em geral, não conseguiam lidar com o novo ambiente".

No geral, as lições culturais giram em torno de decifrar o que você precisa modificar, como as culturas e as pessoas nelas inseridas diferem e qual a constante entre elas. Como muitos observaram, as pessoas são pessoas aonde quer que se vá – com a ressalva de que embora as pessoas sejam na maior parte semelhantes, o que nelas difere pode ser de importância crítica. Muitos executivos se deram conta de que os estrangeiros nem sempre são bem-vindos, ou que, mesmo quando o são, não conseguem efetivamente "tornar-se pessoas locais". Um forasteiro, um expatriado, precisa aprender a arte de usar a sua condição de estrangeiro como uma vantagem enquanto lida com as desvantagens que acarreta – e não ir tão longe em seus esforços para compreender e apreciar a cultura a ponto disso transformar-se na armadilha de aceitar desculpas culturais.

Lição: aprendendo a conduzir um negócio – estratégia, estrutura, processos; o global *versus* o local; o conhecimento especializado

Tão absorvente quanto possa ser o ajuste a uma outra cultura, não é por esse motivo que um executivo é enviado a outro país ou que lhe conferem responsabilidades internacionais. A razão básica pela qual um executivo é enviado ao exterior é conduzir um negócio. A este respeito, duas lições específicas são necessárias:

1. aprender estratégias empresariais;
2. aprender os pontos específicos da condução de um negócio.

Os executivos constataram que, no nível estratégico, a ênfase recai sobre aprender a encontrar e explorar possibilidades. "Negócio é negócio, onde quer que você esteja", mais de um executivo observou, mas as diferenças culturais podem criar desafios significativos às práticas estabelecidas. Ao passo que compreender as culturas exigiu reconhecer e apreciar diferenças, uma estratégia empresarial global exigiu encontrar um terreno comum em meio às incontáveis diferenças culturais. Os executivos aprenderam a enfocar as similaridades oferecidas pelo propósito do negócio e, quando possível, explorar as diferenças culturais para criar vantagens de negócio. Aprenderam que uma constância estratégica entre as culturas podia ser alcançada se enfocassem o cliente, impulsionassem o escopo e a escala do negócio, aproveitassem os valores de negócio compartilhados, nivelassem pelos processos mundiais e pensassem em como fazer dinheiro em uma base global (em vez de local). As perspectivas de "quadro geral" exigiram aprendizagem sobre questões, tais como a criação de um valor de acionista quando os acionistas estão em outros países, a gestão do risco na esfera global e a avaliação e o financiamento internacional. Os dilemas criados pela perspectiva estratégica incluíram ter o equilíbrio da perspectiva global da empresa com a situação local dos negócios e calcular quando era importante saber os detalhes e quando se concentrar em questões mais amplas. Notadamente, as lições da estratégia amiúde centram-se no *quando* ser estratégico e em como ser simultaneamente estratégico e apropriadamente envolvido nos detalhes do negócio.

Em contraste à aprendizagem estratégica, as lições de um ponto de vista operacional eram do tipo prático sobre como conduzir um negócio. Para tornar verdadeiro o dito "negócio é negócio onde quer que se esteja", essas lições incluíram universalismos como dominar tecnologias e funções (em especial as de vendas e de *marketing*); criar e usar vários tipos de sistemas, estruturas e processos; avaliar e depois administrar sociedades e empreendimentos comuns e compreender os fluxos de caixa, a logística, os inventários, a contabilidade de custo, as leis e assim por diante. Embora todos esses se assemelhem aos princípios básicos do fazer negócio, estendê-los ao contexto global os modifica de diversas maneiras. Particularmente difícil foi aprender como operar em uma matriz global, na qual os múltiplos interesses tiveram de ser reconciliados e na qual até o significado de lucro e perda quanto mais o de responsabilidade, sujeitava-se a múltiplas interpretações.

O maior desafio em dominar os detalhes da condução de um negócio foi evitar perdas. Assim, ser estratégico não significava ignorar os detalhes, ser operacional não significava perder de vista o propósito maior. As lições de destaque do negócio global foram as de como ficar em cima dos detalhes relevantes, enquanto simultaneamente se assume uma perspectiva estratégica global – e, em meio à essa complexidade, manter as coisas simples.

Lição: aprendendo a lidar com e gerir outras pessoas – seleção, desenvolvimento, motivação, construção de equipes, desligamento

A estratégia, a estrutura e os processos são questões importantes de liderança, mas já liderar envolve pessoas. Gerir subordinados é bastante difícil quando os líderes e os subordinados são da mesma cultura, mas aprender a liderar pessoas torna-se ainda mais difícil quando elas vêm de uma cultura diferente ou, mais desafiador ainda, de múltiplas e diferentes culturas. Contudo, os princípios básicos para a gestão de pessoas, como os princípios básicos para conduzir um negócio, são essencialmente os mesmos, seja local ou internacionalmente:

1. aprender como estabelecer credibilidade;
2. aprender a selecionar as pessoas certas;
3. aprender a construir e manter uma equipe eficaz;

4. aprender a tomar decisões difíceis sobre pessoas;
5. aprender a concentrar-se – mantendo as coisas simples, estabelecendo objetivos claros;
6. aprender a manter as pessoas motivadas e dedicadas, o que delegar e o que não delegar;
7. aprender a desenvolver as pessoas e a importância de desenvolvê-las.

As lições que os nossos executivos aprenderam são lições fundamentais, por exemplo, como selecionar as pessoas certas ou como ter credibilidade. Não há nada de novo nisso, exceto a necessidade de que seja feito em outros países onde as pessoas podem não falar a mesma língua e onde os valores religiosos, sociais e culturais podem ser dramaticamente diferentes.

É no momento de lidar face a face com as pessoas que ocorre o impacto da sobreposição cultural. As lições que esses executivos aprenderam sobre liderar pessoas, porém, não eram, de modo algum, obviamente internacionais. Pessoas são pessoas, pareciam dizer em uníssono, e as pessoas são diferentes, não importa de onde elas venham. Seja sensível em relação às pessoas e você será, por definição, também sensível em relação às culturas das quais elas vêm. Uma outra regra universal, talvez, foi essa: as lições dos executivos foram repletas de situações intangíveis como ganhar confiança, demonstrar respeito, ter fé nas pessoas, servir de modelo naquilo em que acreditam, provar não serem parciais, construir equipes, proporcionar direções claras e compreender que as pessoas são motivadas por coisas diferentes. De algum modo eles aprenderam, de maneira intangível estabelecem a credibilidade de um líder, não importa em que lugar do planeta o líder se encontre.

Lição: aprendendo a lidar com relacionamentos problemáticos – as sedes, os chefes, os sindicatos, os governos, a mídia, a política

No aprendizado em lidar com os inúmeros relacionamentos de um cargo global, os nossos executivos apontaram os seguintes desafios:

1. aprender a lidar com os chefes imediatos e outros superiores;
2. aprender a administrar a interface com a sede e com a organização como um todo;
3. aprender a lidar com as aparições públicas e com a mídia;
4. aprender a lidar com os governos e os políticos (externos);
5. aprender a lidar com os sindicatos e com outros tipos de negociações;
6. aprender sobre a política interna.

Todos os executivos precisam administrar numerosos relacionamentos, e alinhar as pessoas que não sejam subordinadas é parte do desafio de liderança. O trabalho internacional é tão complicado quanto o doméstico no que tange a esses relacionamentos, e com freqüência ainda mais. A maioria dos executivos globais têm maior diversidade de relacionamentos para administrar do que os executivos domésticos. As pessoas com as quais eles têm de trabalhar estão mais dispersas geograficamente, e é mais provável que as pessoas-chave venham de formações culturais diferentes.

Quando se tratava de lidar com os superiores, por exemplo, esses executivos defrontaram-se com uma vasta gama de possibilidades. Eles descobriram que precisavam do acordo, do apoio ou da permissão de um chefe e tiveram de aprender como o conseguir. Eles depararam com situações que exigiam desafiar um chefe ou justificar uma decisão e, por conseguinte, tiveram de aprender como discordar eficazmente de alguém mais poderoso. Por vezes, eles constataram, para os seus desapontamentos, que os seus superiores tinham defeitos ("alguns executivos seniores são duros como pedras") ou que precisavam agüentar viver com um relacionamento difícil ("não se sinta paranóico por ele não gostar de você") e tiveram de aprender a exercer suas funções, apesar disso.

Contornar essas situações a grandes distâncias de seus superiores pode ser desafiador, mas ir às sedes, onde os superiores dos expatriados residem, pode ser ainda mais difícil. Não foi incomum os executivos dizerem que detestavam trabalhar na sede ou "o ambiente da sede". Nesses casos, tiveram de aprender a lidar com a política, ou como proteger suas equipes da "burocracia e do escrutínio da sede". Alguns sentiam que as pessoas na sede não compreendiam as operações exteriores, enquanto outros ficaram agradavelmente surpresos ao descobrir que elas as compreendiam.

Se isso envolve lidar com os seus chefes, a sede, os colegas ou outros, a vida de um executivo internacional é repleta de negociações. Talvez por causa de seu freqüente isolamento do apoio do escritório corporativo, os executivos globais se pegam negociando pessoalmente nos empreendimentos conjuntos, nos relacionamentos com os clientes, nas negociações coletivas, nas intervenções governamentais e nas investigações da mídia. As lições que aprenderam corresponderam a esses grupos e a essas exigências.

Lição: aprendendo sobre as qualidades pessoais exigidas de um líder

Não é de se surpreender que, dadas todas as exigências das diferentes culturas, estratégias e relacionamentos descritos acima, os nossos executivos precisaram desenvolver uma ampla variedade de atitudes e habilidades pessoais ao pretender sobreviver às provas do trabalho internacional. As lições que declararam ter aprendido acerca do comportamento pessoal foram muitas, mas nós as resumimos em categorias gerais:

1. aprender a ouvir atentamente, perguntar e ver o mundo pelos olhos das outras pessoas;
2. aprender a ser aberto, sincero, honesto, justo; a tratar as outras pessoas com respeito; a confiar nos outros;
3. aprender a ser flexível, a adaptar-se a situações mutantes, a levar em conta as circunstâncias mutantes, a administrar múltiplas prioridades e relacionamentos complexos e a pensar com independência;
4. aprender a avaliar riscos e arriscar-se e a agir em face à incerteza;
5. aprender a perseverar, agir com disciplina e manter a calma em situações difíceis;
6. aprender a ser otimista, acreditar em si mesmo, confiar nos instintos, defender o que se crê que seja certo e a aceitar a responsabilidade pelas próprias ações.

De todas as habilidades que são úteis em um ambiente internacional, nenhuma pareceu mais importante do que aprender a ouvir. Rapidamente descobrindo que as coisas nem sempre eram como pareciam e que as soluções às quais chegaram nem sempre estavam certas, os executivos aprenderam a olhar por baixo dos problemas, fazer perguntas, cavar mais fundo, ver o mundo com os olhos das outras pessoas – sobretudo, ouvir, observar deixas sutis e, finalmente, compreender. Essa regra geral foi expressa por um executivo que a aprendera do modo difícil: "Eu aprendi a não impor o meu ponto de vista logo cedo. No começo você escuta, observa e atrai as questões. Depois você pode formular e influenciar a estratégia com esse conhecimento". Um outro executivo comentou que "ser tímido era uma vantagem – eles não se desencorajavam e me faziam escutar".

Obviamente, muitos atributos pessoais são úteis ou necessários ao trabalho global. Para muitas pessoas, ao menos algumas dessas qualidades eram dons naturais ou se desenvolveram cedo em suas vidas e, portanto, não pareciam lições a ser aprendidas de suas experiências. Para outras, contudo, a disciplina, a habilidade de ouvir, a flexibilidade e a abertura não eram dons naturais e tiveram de ser cultivadas, amiúde com grande dificuldade e debaixo de intensa pressão. Mas, sobrepondo-se a todas essas, e acumulando-se constantemente tanto com sucessos como com fracassos, estava a autoconfiança. Essa, acreditamos, representa o critério para o sucesso sob as tensões do trabalho internacional. Moderada pela humildade – igualmente uma lição abundante no trabalho internacional – a confiança possibilita lidar com a incerteza e o arriscar, ambos pré-requisitos do aprendizado.

Lição: aprendendo sobre si mesmo e sobre a carreira

As lições aprendidas na categoria final foram reflexivas e pessoais – a experiência internacional muito ensinou a esses executivos sobre eles mesmos:

1. aprender sobre gostos, desgostos, forças, fraquezas e preferências;
2. aprender que tipo de apoio se necessita da família ou dos outros, e como administrar a família sob a pressão do trabalho estrangeiro;
3. aprender a administrar a própria carreira e o próprio desenvolvimento.

Por meio da ação, os executivos descobriram em que encontravam alegria, o que estavam dispostos a sacrificar e o que não estavam, em que eram bons e em que precisavam se aprimorar.

As tensões, estresses, alegrias e triunfos das carreiras internacionais também testaram, fortaleceram ou, por vezes, destruíram famílias, enquanto esses executivos descobriam quais os tipos de apoio de que necessitavam por parte da família ou dos outros, e o que significava cuidar dos relacionamentos familiares sob as pressões de trabalhar e de viver no estrangeiro. Se não o sabiam com antecedência, as atribuições expatriadas lhes ensinaram que não é só o executivo quem viaja ao estrangeiro, mas toda a família. A experiência da família torna-se uma boa parte do sucesso ou do fracasso nas atribuições internacionais, e esse aprendizado é uma lição importante (veja o Capítulo 6).

Por fim, alguns executivos aprenderam a administrar as suas próprias carreiras e o seu próprio desenvolvimento. Nos surpreendemos com a escassez de lições que vieram desse domínio. Talvez por aprenderem a lidar com o inesperado e com a ambigüidade das atribuições internacionais, eles vieram a aceitar que uma pessoa não controla a sua carreira, mas antes aprende a ser flexível e oportunista.

SENTIDO DAS LIÇÕES APRENDIDAS

Catalogar e explicar uma longa lista de lições, ou até a mais simples e mais curta lista de temas, faz tudo parecer lógico e preciso. Na verdade, é tudo menos isso. Dizer que encontramos as 27 lições que todos os executivos internacionais precisam aprender, ou que nós criamos uma lista das competências que uma pessoa precisa ter para ser eficaz no trabalho global, é desvirtuar seriamente esta pesquisa. Embora os resultados sejam coerentes com outra pesquisa sobre executivos internacionais, e os nossos executivos sejam uma fonte confiável de lições – lições que fazem sentido, dado o que sabemos sobre os desafios e as exigências do trabalho internacional – tudo que proporcionamos até aqui foi um modo de descrever essas lições coletivas. Mas, havendo as descrito, podemos colocá-las em perspectiva?

Existem, ao menos, duas maneiras de se obter uma perspectiva mais ampla. Uma delas é de compararmos as lições dos executivos globais com as aprendidas pelos executivos domésticos. Para isso, utilizaremos um estudo sobre executivos norte-americanos que utilizou uma metodologia semelhante.[2] Esse estudo identificou 32 lições, as quais compararemos aos resultados do nosso presente estudo. Uma segunda maneira de obtermos uma perspectiva é comparando executivos globais experientes com pessoas no início de suas carreiras. Um estudo empírico examinou a identificação inicial de executivos internacionais.[3] Esses resultados, combinados com o nosso estudo sobre o que os executivos globais buscam quando escolhem administradores e executivos internacionais ajudam a identificar quais lições formam a base das carreiras internacionais.

As lições dos executivos norte-americanos *versus* as dos executivos globais

Em meados da década de 80, McCall e seus colegas entrevistaram ou pesquisaram aproximadamente 200 executivos norte-americanos sobre suas experiências formadoras e lições aprendidas com essas experiências.[4] A Tabela 4.1 mostra como essas lições se comparam a lições do nosso estudo em cada um dos nossos temas e lições individuais.

A tabela apresenta vários pontos marcantes. Primeiramente, embora não se encaixem perfeitamente, os tipos de lições aprendidas são bastante similares. Essa sobreposição é ainda mais marcante considerando-se o tempo decorrido entre os estudos (quase 15 anos) e a diferença na amostra (quase exclusivamente dos Estados Unidos *versus* verdadeiramente global).[5] Como veremos, essa semelhança superficial mascara algumas diferenças importantes, mas ainda proporciona fortes evidências de que todos os executivos eficazes, globais ou não, aprendem um conjunto comum de habilidades.

Tabela 4.1 Lições da experiência dos executivos internacionais comparadas às experiências dos executivos domésticos norte-americanos

Lições do estudo sobre os executivos internacionais (952 lições)	Lições mais aproximadas do estudo dos executivos norte-americanos[a] (1.547 lições)
Aprendendo a lidar com questões culturais e diferentes culturas (15,3% *versus* 0%)	
1. Aprender a falar uma língua estrangeira (2,6%) 2. Aprender sobre as culturas estrangeiras específicas e sobre os contrastes entre culturas específicas (5,6%) 3. Aprender lições genéricas sobre viver e trabalhar em culturas estrangeiras (7,1%)	
Aprendendo a conduzir um negócio – estratégia, estrutura, processos; o global *versus* o local; o conhecimento especializado (16,6% *versus* 15%)	
1. Aprender estratégias empresariais (6,7%) 2. Aprender os pontos específicos da condução de um negócio (9,9%)	15. Enxergar as organizações como sistemas (3%) 4. Conhecimentos técnicos específicos (6%) 5. Como o negócio funciona (4%) 25. Como construir e/ou utilizar os sistemas de estrutura e de controle (2%)
Aprendendo a lidar e gerir outras pessoas – seleção, desenvolvimento, motivação, construção de equipes, desligamento (19,2% *versus* 24,7%)	
1. Aprender como estabelecer credibilidade (2,8%) 2. Aprender a selecionar as pessoas certas (2,3%) 3. Aprender a construir e manter uma equipe eficaz (3,5%) 4. Aprender a tomar decisões difíceis sobre as pessoas (2,3%)	2. Os valores básicos de administração (7%) 32. Os usos e os abusos de poder* (0,5%) 30. Não dá conta de toda uma administração sozinho** (1%) 30. Não dá conta de toda uma administração sozinho** (1%) 16. Aprender a ser durão (3%) 19. Precisar agir quanto a um problema de desempenho de um subordinado ou confrontá-lo (2%)
5. Aprender a concentrar-se – manter as coisas simples, estabelecer objetivos claros (2,1%) 6. Aprender a manter as pessoas motivadas e dedicadas, o que delegar e o que não delegar (4,9%) 7. Aprender a desenvolver as pessoas e a importância de desenvolvê-las (1,3%)	1. Dirigir e motivar (10,2%) 26. Desenvolver o seu pessoal (1%)
Aprendendo a lidar com relacionamentos problemáticos – as sedes, os chefes, os sindicatos, os governos, a mídia, a política (9,7% *versus* 12%)	
1. Aprender a lidar com os chefes imediatos e outros superiores (2,2%) 2. Aprender a administrar a interface com a sede e com a organização como um todo (1,6%) 3. Aprender a lidar com as aparições públicas e com a mídia (0,6%) 4. Aprender a lidar com os governos e os políticos (externos) (0,9%) 5. Aprender a lidar com as negociações sindicais e de outros tipos (2,7%) 6. Aprender sobre a política interna (1,7%)	13. Como trabalhar com executivos (3%) 23. Como são os executivos (2%) 18. Estratégias e táticas de negociação (3%) 8. A política faz parte da vida organizacional (4%)

(continua)

Tabela 4.1 Lições da experiência dos executivos internacionais comparadas às experiências dos executivos domésticos norte-americanos (*continuação*)

Lições do estudo sobre os executivos internacionais (952 lições)	Lições mais aproximadas do estudo dos executivos norte-americanos[a] (1.547 lições)
Aprendendo sobre as qualidades pessoais exigidas de um líder	
1. Aprender a ouvir atentamente, perguntar e ver o mundo pelos olhos das outras pessoas (6,7%)	6. Lidar com as pessoas (4%) 24. A administração difere da técnica* (2%)
2. Aprender a ser aberto, sincero, honesto, justo; a tratar as outras pessoas com respeito; a confiar nos outros (5,5%)	11. Os valores humanos básicos* (3%)
3. Aprender a ser flexível, a adaptar-se a situações mutantes, a levar em conta as circunstâncias mutantes, a administrar múltiplas prioridades e relacionamentos complexos e a pensar com independência (3,7%)	7. O conforto na ambigüidade, no estresse e na incerteza** (4%) 17. Encontrar alternativas na resolução e estruturação dos problemas (3%)
4. Aprender a avaliar riscos e arriscar-se e a agir em face da incerteza (2,3%)	7. O conforto na ambigüidade, no estresse e na incerteza** (4%) 31. Estar pronto para aproveitar as oportunidades* (0,7%)
5. Aprender a perseverar, agir com disciplina e a manter a calma em situações difíceis (4,6%)	12. Perseverar debaixo de condições adversas; unidade de propósito (3%) 20. As estratégias para se lidar com as situações além do nosso controle (2%)
6. Aprender a ser otimista, acreditar em si mesmo, confiar nos instintos, defender o que se crê que seja certo e aceitar a responsabilidade pelas próprias ações (8,6%)	3. Autoconfiança (7%) 10. Posicionar-se sozinho (4%) 29. Lidar com o conflito* (1%)
Aprendendo sobre si mesmo e sobre a carreira	
1. Aprender sobre gostos, desgostos, forças, fraquezas e preferências (5,8%)	14. O reconhecimento dos limites e fraquezas pessoais (3%) 21. Descobrir o que você de fato quer fazer (2%)
2. Aprender de que tipo de apoio se necessita da família ou dos outros, e como administrar a família sob a pressão do trabalho estrangeiro (1,1%)	28. As perspectivas quanto à vida e ao trabalho* (1%)
3. Aprender a administrar a própria carreira e o próprio desenvolvimento (0,8%)	22. Você precisa ter controle sobre sua própria carreira (2%)

[a]Esther H. Lindsey, V. Holmes e Morgan W. McCall, Jr., *Key Events in Executives' Lives,* relatório técnico nº 32 (Greensboro, NC: Center for Creative Leadership, 1987).

*Uma correspondência imperfeita, mas aproximada.

**Encaixa-se em mais de uma lição; as porcentagens estão divididas em conformidade.

Nota: As lições do estudo dos Estados Unidos sem um correspondente aproximado: (9) Conseguir uma cooperação lateral (4%), (27) Como gerir pessoas com mais experiência que você ou que antes eram seus pares ou chefe (1%), (33) Modelos de gestão (< 1%) e (34) Fazer algo é mais importante do que pensar sobre algo – a prática comparada à teoria (< 1%).

Segundo: os dois estudos mostram diferenças claras e dramáticas nas lições sobre língua e cultura. As lições culturais são aprendidas pelos executivos globais e não pelos executivos domésticos. Essas lições formam mais de 15% das lições para os executivos globais e nem mesmo representaram uma categoria no estudo nos Estados Unidos, não obstante alguns dos acontecimentos descritos pelos executivos norte-americanos terem se dado fora dos Estados Unidos. Não encontrar lições culturais no estudo nos Estados Unidos pode parecer óbvio em retrospectiva, e talvez seja, mas esse fato representa uma maior evidência de que os executivos globais aprendem um completo domínio adicional de habilidades que as suas contrapartes domésticas não aprendem.

Parece haver diferenças na terceira lição: aprendendo a liderar e gerir outras pessoas. Os executivos dos Estados Unidos tiveram muito mais lições nesta categoria do que os executivos globais. Por outro lado, os executivos globais tiveram o dobro de lições sobre "estratégias empresariais" do que os executivos dos Estados Unidos. Ao passo que estas comparações sejam no melhor dos casos imperfeitas, elas sugerem que os executivos globais aprendem mais sobre o quadro geral da estratégia e do trabalho cruzando fronteiras culturais, enquanto os executivos norte-americanos aprendem mais sobre a gerência de subordinados e de relacionamentos específicos. Em resumo, os dados apoiam a idéia de que os executivos globais vêem o mundo de uma perspectiva mais ampla do que a dos executivos puramente domésticos. Esse fato pode auxiliar a explicar por que a repatriação – que freqüentemente relega os executivos de volta a cargos domésticos comparativamente estreitos com pares e chefes que podem não possuir experiência global – pode ser um grande problema.

Ao menos nesse temas, os executivos globais e norte-americanos aprenderam lições semelhantes sobre as qualidades pessoais exigidas de um executivo e a aprendizagem sobre si mesmos e suas carreiras. As categorias específicas das lições aparentemente demonstram algumas diferenças, como aprender a ouvir com cuidado e a importância da família no trabalho global. Certamente, qualquer executivo precisaria conquistar conhecimento nessas áreas, não importando o escopo do cargo executivo em particular. Um exame atento das entrevistas, no entanto, revela que os executivos internacionais aprendem essas mesmas lições de um modo que reflete a complexidade do contexto cultural na qual elas são aprendidas. Como resultado, as lições tendem a ser mais profundas e abrangentes do que quando aprendidas em situações menos complexas. Poder-se-ia dizer, por exemplo, que qualquer executivo precisa aprender a ser flexível e a adaptar-se a circunstâncias mutantes. No entanto, o grau de flexibilidade exigido em um cargo global, no qual tantas variáveis adicionais estão em mudança contínua e no qual o controle das circunstâncias pode ser bastante limitado, pode ser tanto maior como diferente.

A identificação precoce de altos potenciais

Um outro modo de se adquirir uma perspectiva das lições dos executivos globais é examinar um estudo independente das qualidades que distinguem os executivos de alto potencial dos executivos internacionais de sólido desempenho. O nosso argumento é o seguinte: deveria existir uma sobreposição das qualidades que as organizações utilizam para selecionar os executivos globais de alto potencial e das qualidades que os nossos executivos disseram buscar nas pessoas para exercerem trabalho global. Ademais, algumas dessas qualidades deveriam estar representadas nas lições do nosso estudo.

A Tabela 4.2 compara os atributos dos executivos de alto potencial do estudo a partir da identificação desse potencial no começo das carreiras, as lições aprendidas pelos executivos em nosso estudo global e as competências globais que os executivos do nosso estudo procuram naqueles que escolhem para o trabalho internacional. O estudo da identificação de potencial inicial em uma carreira baseou-se nas avaliações de aproximadamente 800 administradores internacionais.[6] De forma estatística, os pesquisadores derivaram as qualidades que diferenciam os executivos globais de alto potencial dos executivos globais de "desempenho sólido". A coluna intitulada "As lições do estudo global" mostra como as lições da Tabela 4.2 se assemelharam às qualidades de um alto potencial e às competências globais. As competências globais na coluna três são as respostas dos nossos executivos à pergunta: "O que você procuraria ao selecionar alguém para um trabalho global?"

A convergência entre os resultados desses estudos é marcante. Todos os três conjuntos de dados sugerem que ao escolhermos pessoas para um trabalho internacional deveríamos procurar as seguintes qualidades:

- um interesse pelas diferenças culturais e disposição de se adaptar a elas;
- conhecimento de alguns aspectos do negócio, possivelmente técnicos;
- habilidade demonstrada para trabalhar eficazmente com pessoas;
- qualidades pessoais que refletem confiança, flexibilidade, integridade e coragem;
- abertura à aprendizagem e à experiência.

O "resto", como selecionar a pessoa certa, aprender a tomar decisões difíceis, manter-se concentrado, desenvolver a capacidade de tratar com pessoas, aprender como lidar com todos os relacionamentos problemáticos – pode ser aprendido se os atributos básicos lá estão desde o início.

Embora o nosso estudo mostrasse que essas qualidades foram aprendidas também por intermédio de experiências, não sendo dons naturais, as implicações para a seleção são claras: a probabilidade de contar com executivos bem-sucedidos em uma outra cultura pode ser aumentada se a seleção é cuidadosa.

Tabela 4.2 Comparação das lições aprendidas por executivos internacionais com a identificação das variáveis no início das carreiras e com as competências que os executivos internacionais procuram quando escolhem executivos internacionais

As lições do estudo dos executivos internacionais	O estudo da identificação do potencial inicial em uma carreira	As competências globais (o que os executivos globais procuram)
I. Aprendendo a lidar com questões culturais e com diferentes culturas		
1. Aprender a falar uma língua estrangeira		
2. Aprender sobre determinadas culturas estrangeiras	Adapta-se a diferenças culturais	Interesse cultural e sensibilidade
3. Lições genéricas sobre cultura		
II. Aprendendo a conduzir um negócio – estratégia, estrutura, processos; o global *versus* o local; o conhecimento especializado		
1. Aprender estratégias empresariais	Busca um amplo conhecimento empresarial	
2. Aprender a conduzir um negócio		Habilidades técnicas/empresariais
III. Aprendendo a lidar e gerir outras pessoas – seleção, desenvolvimento, motivação, construção de equipes, desligamento		
1. Aprender a estabelecer credibilidade	Age com integridade*	Honestidade e integridade*
2. Aprender a selecionar as pessoas certas		
3. Aprender a construir e manter uma equipe eficaz	Tira o melhor nas pessoas*	
4. Aprender a tomar decisões difíceis sobre pessoas		
5. Aprender a manter-se concentrado – mantendo as coisas simples		
6. Aprender a manter as pessoas motivadas e dedicadas, o que delegar e o que não delegar	Tira o melhor nas pessoas*	
7. Aprender a desenvolver as pessoas		
IV. Aprendendo a lidar com relacionamentos problemáticos – as sedes, os chefes, os sindicatos, os governos, a mídia, a política		
1. Aprender a lidar com os chefes imediatos		
2. Aprender a administrar a interface com a matriz		
3. Aprender a lidar com a mídia		
4. Aprender a lidar com os governos e os políticos		
5. Aprender a lidar com as negociações		
6. Aprender sobre a política interna		

(*continua*)

Tabela 4.2 Comparação das lições aprendidas por executivos internacionais com a identificação das variáveis no início das carreiras e com as competências que os executivos internacionais procuram quando escolhem executivos internacionais (*continuação*)

As lições do estudo dos executivos internacionais	O estudo da identificação do potencial inicial em uma carreira	As competências globais (o que os executivos globais procuram)
V. Aprendendo sobre as qualidades pessoais exigidas de um líder		
1. Aprender a ouvir e ver o mundo pelos olhos das outras pessoas		Uma mente aberta
2. Aprender a ser aberto e a tratar as outras pessoas com respeito	Age com integridade*	O saber tratar com pessoas Honestidade e integridade*
3. Aprender a ser flexível, a adaptar-se a situações mutantes	É perceptível; enxerga as coisas de novos ângulos	Flexibilidade no pensamento e nas táticas A habilidade de lidar com a complexidade
4. Aprender a avaliar os riscos e a agir em face da incerteza	Tem a coragem de arriscar	A automotivação e a desenvoltura A habilidade de lidar com a ambigüidade A habilidade de arriscar
5. Aprender a perseverar, agir com disciplina e manter a calma em situações difíceis	Dedica-se a fazer diferença**	A capacidade de rápida recuperação e de perseverar
6. Aprender a ser otimista e a confiar nos instintos		O otimismo
VI. Aprendendo sobre si mesmo e sobre a carreira		
1. Aprender sobre gostos, desgostos, fraquezas	Busca e faz uso de *feedback* É aberto à crítica** Aprende com os erros**	A curiosidade e uma disposição aventureira**
2. Aprender qual apoio necessita da família		Uma vida pessoal estável
3. Aprender a administrar a própria carreira e o próprio desenvolvimento	Busca oportunidades para aprender**	

*Correspondiam a mais de uma lição.
**Uma correspondência imperfeita, mas próxima.

Nota: As competências globais sem um correspondente: ser enérgico e saudável; ser motivado a ajudar os outros.

CONCLUSÃO

Neste capítulo, descrevemos os seis temas e as 27 lições que os executivos globais entrevistados disseram ter aprendido com suas experiências. Buscamos dar sentido ao que, de outra forma não passaria de mais uma lista de qualidades desejáveis, contrastando o nosso atual estudo com um estudo sobre executivos dos Estados Unidos, mostrando que, embora as lições sejam parecidas, existem algumas diferenças significativas. Nós também examinamos como as lições correspondem a outro estudo sobre identificação de potencial inicial e seleção, sugerindo que algumas das lições muito se parecem com qualidades básicas que tornam a aprendizagem de outras lições mais prováveis.

Ao terminarmos o capítulo, retornamos a Andrew, Jean e Brian, do Capítulo 3, para ver como as suas histórias se encaixam nesta estrutura. Concluímos baseando-nos na idéia de metacompetências, que podem ser adjacentes ao desenvolvimento de executivos internacionais, e examinando um dos produtos finais do processo de desenvolvimento: a orientação mental para o global.

Tapeçarias complexas de talentos

O problema com as tipologias é que elas sugam o sangue vital da realidade que intencionaram representar. A lista das lições aprendidas não é exceção – nenhum executivo domina todas essas lições, e retratar o executivo global perfeito como possuindo todas essas qualidades, não importa o quão desejáveis possam ser, é o mesmo que criar um falso deus. As vidas desses executivos são tapeçarias complexas; suas lições são árduas conquistas e se tecem em uma trama singular que reflete quem são, onde estiveram e o que aprenderam. Os executivos globais são amálgamas de forças e fraquezas, e continuam sendo obras em andamento. Enquanto estiverem abertos à aprendizagem, o que não aprenderam ainda é uma possibilidade.

Como em qualquer tapeçaria, os fios não fazem muito sentido se examinados separadamente – o desenho só surge depois de tramado. Assim, seguimos Andrew no Capítulo 3 enquanto ele adquiria uma nova língua, refinava a sua sensibilidade cultural em Hong Kong, desenvolvia a sua autoconfiança em relação a uma série de acontecimentos repletos de pressões, formava uma equipe e formulava uma estratégia empresarial e aprendia a equilibrar a cultura corporativa com as culturas dos países. Sua jornada contrasta com a de Jean. Jean demonstrou talento em sua habilidade de, paulatinamente, formar relações que auxiliavam a aprender. Aprendendo as lições de uma cultura específica, ele também adquiriu tapa-olhos culturais que quase o impediram de ver a perspectiva da estratégia mundial que ele precisava desenvolver. Nem Andrew nem Jean seguiram a mesma trilha de Brian, que aprendeu a liderar e desenvolver perseverança e coragem enquanto enfrentava situações de vida ou morte na Nigéria.

Mas celebrar o caráter singular das pessoas não figura negar suas semelhanças. Não há dúvida de que o trabalho internacional imponha pesadas exigências pessoais e que os executivos globais precisam aprender maneiras eficazes de responder a essas exigências. Tão diferente quanto foram as trilhas para os executivos, cada um dos três, a seu próprio modo, confrontou todos os seis temas de aprendizagem por nós identificados: adaptar-se a diferentes culturas, conduzir um negócio internacional, liderar pessoas, lidar com relações múltiplas e multifacetadas, crescer pessoalmente para melhorar a adaptação e o desenvolvimento sob condições difíceis e desenvolver uma compreensão realista de si mesmo.

Muitas das dimensões formadoras dos temas podem ser consideradas como extensões das lições que qualquer executivo, em uma organização complexa, teria de aprender. Todos os tipos de executivos precisam lidar com outras pessoas, por exemplo – é apenas mais difícil quando essas pessoas vêm de culturas diferentes, quando você não fala a língua delas ou quando você faz parte de uma aliança multicultural sobre a qual possui pouca autoridade formal. Outras dimensões, porém, são singularmente internacionais – parecem ser lições transformacionais, em vez de extensões de lições mais modestas. As mais óbvias dessas lições são as culturais. Parece lógico que, se lidar com uma cultura é um *continuum*, então uma pessoa deveria ser capaz de aprender a respeito gradualmente. Mas muitas pessoas dizem que é *qualitativamente* diferente viver em um outro país, que representa um assalto de tal magnitude sobre os nossos modelos mentais que a mudança não ocorre aos poucos.

Questões de evolução ou de transformação à parte, é tentador empunhar esta lista de lições e anunciar: "Aqui está. Esta é a lista de competências para os executivos globais; agora, vamos encontrar alguns". Mas a importância de qualquer dessas lições é um produto da pessoa (de seus dons naturais, do que já aprendeu e é capaz de aprender), do tipo de cargo global que ele ou ela tenha exercido, da estratégia de negócio da empresa e do país ou países pelos quais o executivo é responsável. E isso só para começar. Complica-se mais ainda quando consideramos as trilhas tortuosas que as carreiras internacionais podem tomar, e como o que se aprende em uma atribuição (digamos, como conduzir um negócio como diretor da empresa em um país) pode de fato atrapalhar na seguinte (por exemplo, conduzir um negócio de âmbito mundial no qual países em particular podem ser subotimizados).

Então, com uma lista quase infindável de expectativas irrealistas sobre o que os executivos precisam saber, como atacarmos a questão do desenvolvimento? Aqui argumentamos, como anteriormente, que o ingrediente essencial é a capacidade de aprender com a experiência.[7] Apenas por qualidades que fazem de uma pessoa um aluno eficaz em um contexto global, podem as necessárias habilidades ser adquiridas (ou que as suas faltas sejam administradas), enquanto as exigências do cargo constantemente modificam-se. Sendo assim, podemos utilizar os nossos dados para melhor compreendermos o que Tim Hall e Philip Mirvis descreveram como metacompetências, a habilidade de aprender como aprender.[8]

As metacompetências

Duas importantes correntes de estudo apóiam a idéia de que os executivos globais de sucesso não só precisam de numerosas competências específicas para lidar com culturas, tarefas e relacionamentos característicos do trabalho global, como também precisam das técnicas e habilidades subjacentes que lhes permitem adquirir essas competências. Um de nós (McCall), utilizando a pesquisa de McCall, Spreitzer e Mahoney com os administradores internacionais de alto potencial e desempenho sólido, postulou que "o cerne do desenvolvimento situa-se na habilidade de aprender com um acúmulo de experiências".[9] Ele sugeriu que a habilidade de aprender se reflete em quatro dimensões ou comportamentos dos executivos-alunos:

1. Eles pagam o preço do ingresso (conseguem a atenção e o investimento organizacionais por intermédio de sua dedicação e realizações).
2. Eles possuem um senso de aventura (aceitam as oportunidades de aprender mais quando oferecidas, e as fazem, quando não oferecidas).
3. Eles aprendem mais (criando um contexto eficaz, rico em *feedback*, para a aprendizagem).
4. Eles dedicam-se a aprender (modificando-se como resultado das experiências que vivem).

Essas dimensões da habilidade de aprender soam muito parecidas às duas metacompetências propostas por Tim Hall, Gurong Zhu e Amin Yan, em sua análise dos executivos globais: a adaptabilidade e a identidade.

> Se uma pessoa possui adaptabilidade, ela é capaz de identificar para si mesma aquelas qualidades críticas ao desempenho futuro e também é capaz de efetuar as mudanças pessoais necessárias para responder a esses fins. Mas a adaptabilidade não basta. A pessoa precisa mudar a percepção de si mesma, de modo que internalize e valorize essa mudança. Portanto, a segunda metacompetência é a identidade: a habilidade da pessoa de reunir *feedback* relacionado a si própria, para formar percepções acuradas de si mesma e modificar o seu conceito sobre si mesma quando apropriado.[10]

A convergência dessas duas perspectivas é evidente, mas de que maneira o nosso estudo atual se relaciona a estes fatores subjacentes hipotéticos? Primeiramente, a adaptabilidade está contundentemente presente nas lições que os nossos executivos aprenderam. Uma rápida olhada na Tabela 4.1 revela que enxergar o mundo por intermédio dos olhos das outras pessoas, ser flexível e se adaptar a situações mutantes, agir em face a incertezas e confiar no próprio instinto – todas podendo ser consideradas partes da adaptabilidade – constituem um robusto 21% das lições aprendidas. Segundo: a autoconsciência, uma lição também identificada pelos executivos na nossa amostra, perfez quase 6% de todas as lições aprendidas (o que fez dela a sexta mais freqüente das 27 categorias).

Esses resultados levantam pelo menos duas perguntas básicas sobre o desenvolvimento de executivos globais. A primeira pergunta é: onde se aprendem as metacompetências? A segunda é: se estas são habilidades subjacentes, faz mais sentido selecioná-las, em vez de desenvolvê-las? No capítulo seguinte, veremos de onde essas habilidades subjacentes vêm e quando, de fato, elas são aprendidas, e vamos explorar o dilema da seleção *versus* desenvolvimento em maior profundidade. Antes dessa discussão, porém, vamos examinar a orientação mental para o global.

Desenvolvendo uma orientação mental para o global

Será que o acúmulo de lições como as descritas neste capítulo conduzem a algo maior do que a soma das partes? Os esforços para se identificar e categorizar os conhecimentos, técnicas e habilidades exigidas dos executivos internacionais de sucesso figuram uma legião e continuam crescendo.[11] Estaremos simplesmente contribuindo para as listas sem fim de habilidades específicas exigidas para se conduzir um negócio em uma outra cultura?

Um bom número de pessoas já argumentou que, no final das contas, um executivo global não é descrito por uma lista de atributos, em grande parte extensões dos conhecimentos, técnicas e habilidades necessários aos executivos domésticos. Com efeito, acumula-se a evidência de que, em algum ponto, uma transformação fundamental se dá para os executivos globais de sucesso – uma transformação que pode ser descrita amiúde como a aquisição de uma orientação mental para o global. Os executivos transformados "tornam-se mais cosmopolitas", eles estendem as suas perspectivas, alteram os seus "mapas cognitivos".[12] Hall, Zhu e Yan levam ainda o conceito mais adiante:

> A partir desta profunda mudança, o indivíduo desenvolve *uma nova perspectiva ou orientação mental*. Essa não representa tão-só uma visão de si mesmo (identidade), mas uma nova visão do próprio papel organizacional e profissional. Essa mudança vai bem além de uma modificação no conjunto de habilidades – representa uma modificação da *pessoa*. Sabemos que essas mudanças profundas na identidade pessoal decorrem como resultado de sermos confrontados com um nível mais alto de complexidade no ambiente,... e isso é precisamente o que acontece nas atribuições internacionais... Não só a pessoa desenvolve novas perspectivas, mas ela também *desenvolve habilidades na tomada de novas perspectivas e no desenvolvimento e manutenção de perspectivas múltiplas*. Essa habilidade de aquisição e manutenção de perspectivas múltiplas, talvez concorrentes (ou seja, a habilidade de enxergar a situação pelos olhos de uma outra pessoa), é uma qualidade de uma identidade mais "evoluída".[13]

Nós acreditamos que essa orientação mental não vem dos desafios de liderança do nosso país de origem, mas sim das experiências em outras culturas. Para atingir esse nível de compreensão, os executivos deveriam ser fluentes em ao menos uma língua além da sua, e precisariam viver *e* trabalhar em ao menos uma, e provavelmente duas outras culturas.

Uma organização possui uma escolha estratégica. Pode selecionar certas qualidades que essas lições da experiência representam, ou pode criar processos para desenvolvê-las nas pessoas que crê possuírem potencial. Obviamente qualquer organização terá de fazer os dois. Se as pessoas chegam já tendo dominado algumas das lições, então o desenvolvimento pode se dar sobre outros aspectos. Mas todas as lições discutidas neste capítulo foram, segundo estes executivos, aprendidas. Agora, descreveremos as experiências que os ensinaram.

Experiências que ensinam aos executivos globais

> Ao longo dos anos, encontrei pessoas e me envolvi com acontecimentos que tiveram enorme impacto, lapidaram-me as arestas, elevaram-me a alturas de felicidade, mergulharam-me em profundezas de tristeza e de angústia, ensinaram-me a rir, especialmente de mim mesma – em outras palavras, minhas experiências de vida, e as pessoas com quem eu as compartilhei foram os meus professores.
>
> – Jane Goodall, *Reason for Hope*

A mais poderosa ferramenta disponível às organizações que tentam desenvolver executivos globais é o controle sobre as experiências que o seu pessoal de talento viverá. Essas experiências são as salas de aula que ensinam as lições de liderança, à medida que essas lições são aprendidas. Certamente esta não é uma idéia nova – o revezamento entre cargos e as trajetórias das carreiras já existe há tempos – porém surge uma idéia de execução eficaz difícil. O uso sistemático da experiência raras vezes atingiu a sofisticação evidente nos treinamentos corporativos e nos programas estruturais educacionais, ainda que os programas formais representem uma parte relativamente pequena da educação de um executivo, em termos tanto do tempo neles despendido como das lições neles aprendidas.

Um motivo para a experiência receber menos atenção do que merece é que, na melhor das hipóteses, as organizações têm um controle limitado das experiências de uma pessoa e das lições que com elas se aprende. No entanto, as organizações exercem influência considerável sobre algumas experiências, notadamente em relação aos tipos de atribuições dadas às pessoas e ao momento em que são concedidas, ao que se faz para auxiliá-los a aprender e a quem são expostas. Utilizar a experiência com fins de desenvolvimento, por conseguinte, requer um profundo nível de compreensão sobre quais são as experiências importantes, o que as torna significativas e o que se pode aprender com elas.

Uma parte desse terreno já está arada. Como mencionado no Capítulo 4, Morgan McCall e seus colegas buscaram aprender mais sobre as experiências desenvolvimentistas entrevistando executivos de empresas dos Estados Unidos. Referindo-se àqueles dados, McCall observou que:

> Dizer que o desenvolvimento resulta da experiência deixa muito à interpretação. No sentido mais amplo, a experiência é o que acontece todos os dias. Cada manhã de

segunda-feira é uma experiência, mas nem todas manhãs de segunda são igualmente valiosas. Embora a maioria das pessoas saia inalterada da grande parte de suas experiências de qualquer modo significativo, algumas experiências exercem um impacto significativo na autocompreensão de uma pessoa, na sua visão de mundo, seu sentido de certo e errado e seu comportamento subseqüente. Nem todas as experiências são iguais.[1]

Por causa deste estudo anterior sobre as experiências que formaram os executivos domésticos norte-americanos, um estudo paralelo de executivos globais, em sua maioria não-norte-americano, prometia ser uma situação sem dúvida vencedora, não importando o que dele resultasse. Se as experiências-chave de autodesenvolvimento para uma amostragem internacional fossem as mesmas das já identificadas, então não precisaríamos reinventar a roda; o desenvolvimento de executivos globais poderia basear-se na mesma fundação. Se, entretanto, os executivos globais se formam por meio de experiências diferentes, ou se eles aprenderam lições diferentes com os mesmos tipos de experiências, então o estudo proporcionaria um novo fundamento. Em qualquer um dos casos, se aprenderia algo de valor.

A DINÂMICA DO APRENDIZADO A PARTIR DA EXPERIÊNCIA

Heráclito, cujo esforço para compreender a natureza foi mencionado no Capítulo 1, postulou que todo aprendizado vem do conflito. Como veremos neste capítulo, os tipos de experiência que formaram nossos executivos globais ainda se encaixam na observação por ele feita em 500 a.C. Mesmo quando uma experiência foi descrita em termos positivos, por exemplo, quando um bom chefe teve papel central ou quando se alcançou um grande sucesso, essa experiência quase sempre aconteceu no contexto de um desafio mais amplo. O fato reduz-se a uma simples conclusão: as experiências desafiadoras forçam as pessoas a aprender coisas novas; as experiências brandas, não. Isso que levanta a questão do que seja uma experiência desafiadora.

O que torna uma experiência significativa o bastante para um executivo a escolher dentre outras como a que representa a mais significativa de sua carreira? Parece haver princípios universais em operação. John Steinbeck assim os descreveu: "Se um animal serve para ser comido, ou se é venenoso ou perigoso, os nativos do lugar o saberão e saberão onde habita. Mas, se não apresenta nenhuma dessas qualidades – não importando sua riqueza de cores ou beleza – pode jamais ter sido visto".[2] A observação de Steinbeck, feita durante a sua expedição biológica ao Mar de Cortez, afirma o que todos nós sabemos – que para uma experiência ser memorável e afetar o nosso comportamento, primeiramente necessita angariar a nossa atenção. E, normalmente, as coisas que fixam a nossa atenção são aquelas que nos desafiam, até nos ameaçam. Para documentar esse fato atravessando as culturas e o tempo, Joseph Campbell reuniu uma "literatura mundial de testes e provas miraculosos" em seu estudo sobre o mito da trajetória do herói. Ao longo da história registrada, o verdadeiro teste do herói sempre tem sido "sobreviver a uma sucessão de provas".[3] O que vale para os heróis míticos parece valer também para os executivos contemporâneos:

A essência do desenvolvimento é que a diversidade e a adversidade vencem a repetição todas as vezes. Quanto mais dramática a mudança nas exigidas habilidades, mais severos os problemas pessoais, maior a pressão e mais sinuosos e inesperados os desvios no caminho, maior será a oportunidade de aprender. Embora pareçam pouco atraentes, os choques, pressões e problemas com outras pessoas são os melhores professores.[4]

Neste capítulo, reunimos essas experiências desafiadoras que constituem a essência do desenvolvimento. Nossos executivos globais descreveram 332 experiências autodesenvolvimentistas que classificamos em 18 categorias de experiências dentro de quatro categorias amplas, apresentadas na Tabela 5.1.

O que de imediato salta aos olhos na Tabela 5.1 é que as experiências, com uma exceção (o choque cultural), se parece muito com as experiências que poderíamos esperar para os executivos domésticos. À primeira vista, o autodesenvol-

Tabela 5.1 O autodesenvolvimento de executivos globais

Acontecimento	Número de acontecimentos	Porcentagem de acontecimentos	Porcentagem de pessoas que descrevem o acontecimento
As atribuições básicas			
As experiências iniciais de trabalho	12	4	12
A primeira responsabilidade de gestão	7	2	7
As atribuições de ponta importantes			
As viradas de negócio	35	11	30
Construir ou levar adiante um negócio	19	6	16
As *joint-ventures*, alianças, fusões, ou aquisições	13	4	11
As empresas *start-up* (iniciantes)	10	3	10
As experiências de mais curta duração			
As outras pessoas significativas	40	12	32
Os projetos especiais, as funções de consultoria e os cargos de aconselhamento de equipe	27	8	24
As experiências autodesenvolvimentistas e educacionais	29	9	23
As negociações	10	3	8
Uma breve tarefa na sede	7	2	7
As experiências que alteram a perspectiva			
O choque cultural	29	9	27
As mudanças na carreira	25	8	21
As confrontações com a realidade	21	6	18
As alterações em escopo ou em escala	21	6	17
Os equívocos e os erros de julgamento	12	4	10
Os desafios pessoais e familiares	8	2	8
As crises	7	2	7

Nota: as experiências em itálico são as cinco descritas pela maior porcentagem dos executivos.

vimento dos executivos globais não parece diferir, de modo significativo, do autodesenvolvimento dos executivos basicamente domésticos. Afinal de contas, não são as viradas nos negócios, as outras pessoas significativas e as primeiras atribuições empresariais também importantes no ambiente global? Seguindo a nossa definição de executivo global no Capítulo 2, argumentamos que o motivo convincente do desenvolvimento dos executivos globais ser diferente e, podemos acrescentar, mais difícil e imprevisível é o fator do choque cultural. Consideramos a experiência autodesenvolvimentista do choque cultural uma das experiências que modificam a perspectiva (Tabela 5.1). Acrescentar o elemento da travessia de culturas, com efeito, modifica todas as outras experiências. O contexto global adiciona o elemento do desafio que pode transformar experiências corriqueiras em professoras de desenvolvimento global. Tim Hall, Gurong Zhu e Amin Yan assim o expressam:

> Estar subitamente imerso em um contexto estrangeiro, no qual o simples desempenho das atividades banais da vida diária (ter um telefone instalado, contratar um novo empregado, pedir informação ao dirigir um carro) representa uma luta, uma transição de papel poderosa pessoal e profissional, exigindo uma comunicação que atravessa fronteiras de língua e de cultura. Existem surpresas constantes, nas quais a pessoa se vê rudemente desprovida e lhe dizem que os seus programas usuais de comportamento não mais se aplicam. Esses desafios diários e experiências de virar a cabeça, "destruidores da rotina", fornecem *feedback* pessoal convincente e forçam uma pessoa a tornar-se cônscia de novas escolhas, a explorar situações e sua própria identidade de maneira nova e ensaiar novos comportamentos.[5]

Mas estamos nos adiantando. Neste capítulo, exploraremos cada uma dessas 18 experiências com algum detalhe, descrevendo o que são e como agem no papel de professoras de lições essenciais. Foram essas experiências que formaram a nossa amostra de executivos globais. Nitidamente, não são as *únicas* experiências que ensinarão lições de liderança global; abrangente como é a nossa amostra de 101 executivos, outras empresas com outras estratégias oferecerão outras experiências autodesenvolvimentistas. Compreendê-las em profundidade, contudo, servirá como uma base para as organizações implementarem programas de desenvolvimento baseados na experiência.

Ao começarmos a descrição das 18 experiências, devemos ter em mente algumas considerações. Primeiro: as experiências são, com freqüência, bastante complexas. Apesar dos nossos esforços para classificarmos uma experiência específica em apenas uma das 18 categorias, muitas delas desafiaram obstinadamente uma categorização única e terminaram em duas. Por exemplo, muitas experiências de viradas de negócios foram acompanhadas de contundentes choques culturais. Apontaremos essas interações no apanhado que segue e tentaremos separar as implicações das experiências acumuladas ao final do capítulo.

Segundo: a natureza, composta de muitas experiências, resulta em padrões confusos nas lições ensinadas. Nem sempre foi possível separar as lições pertencentes a uma única categoria de experiência daquelas que resultam da interação de várias categorias. O resultado é a maior dificuldade predizer, em um contexto internacional, o que uma experiência em especial poderá ensinar.

Inabalados por essa complexidade, resumiremos as várias experiências e suas respectivas lições, não apenas para entender essas experiências específicas, mas também para ilustrar como pensar as relações entre qualquer experiência e o seu potencial de desenvolvimento. As Tabelas C.1 a C.4, no Apêndice C, contêm descrições detalhadas com exemplos das experiências dos executivos e das lições aprendidas.

As atribuições básicas

As atribuições básicas proporcionam experiências sobre as quais as experiências seguintes se construirão. Categorizamos dois tipos de experiências como sendo atribuições básicas. Os números entre parênteses, abaixo, representam a porcentagem de executivos que listaram um desses acontecimentos como estando entre as três principais experiências que formaram suas carreiras globais:

- as primeiras experiências de trabalho (12%);
- a primeira responsabilidade de gestão (7%).

Como regra geral no desenvolvimento executivo, as experiências recentes suplantam as anteriores na significância percebida. Isso faz sentido; as experiências que ocorrem mais tarde em uma carreira de sucesso tipicamente envolvem desafios maiores, ao passo que as mais recentes estão mais frescas na memória. Portanto, quando os executivos seniores listam uma experiência inicial entre os seus três mais poderosos acontecimentos, estão listando algo deveras significativo.

Um executivo deu um bom exemplo do impacto duradouro do trabalho inicial. Na época da entrevista, ele tinha 59 anos e estava de volta ao Reino Unido após numerosas atribuições no exterior. Ele nos impressionou demonstrando ser um "sujeito de fibra", nitidamente um vencedor na escola de "sobrevivência do mais forte" do desenvolvimento. De um meio familiar modesto e o primeiro de sua família a freqüentar a universidade, ele tornou-se engenheiro e foi forjado como líder pelas árduas viradas de negócios que comandou em algumas partes do mundo bastante difíceis. A sua total dedicação ao trabalho e as dificuldades que essa criava levaram a um rompimento em sua família – e essa experiência também formou o seu caráter. Mas a sua educação iniciou cedo e, mesmo após todos estes anos, ele recordou:

> Eu nasci em uma cidade industrial quando meus pais eram idosos, e nenhum deles recebera instrução. Eles sempre quiseram que eu fizesse mais do que eles haviam feito eu fui o primeiro membro da minha família a ir para a universidade. Escolhi a engenharia (carreira típica em nossa região) e fui patrocinado por uma empresa. Eu havia trabalhado nas férias em projetos para a empresa; portanto, eu conhecia e sua estrutura.
>
> Doze meses após a minha graduação, eu estava em uma atribuição no estrangeiro. Aos 27 anos, eu tinha estado na América do Sul, no Canadá, no Oriente Médio e na Tchecoslováquia. Desenvolvi um campo de petróleo em Abu Dhabi. Fui enviado aos Bálcãs para restabelecer a prestação de serviços depois de um terremoto, onde por seis meses eu lidei com pessoas durante uma enorme tragédia. Como você pode ver, eu estive no exterior muitas vezes quando jovem; aprendi muito cedo que trabalhar em um local de construção envolve trabalhar com pessoas, com governos, com contratados. Eu aprendi o diabo naquelas experiências iniciais.

Experiências iniciais de trabalho como essas transformaram-se na base para um desenvolvimento posterior. Em geral, foram cargos funcionais ou técnicos com um poder de autodesenvolvimento incomum, porque expunham o executivo em formação às "maneiras da organização", a diferenças culturais significativas, ou a ambas. Com efeito, as experiências iniciais de trabalho apresentaram-se tão confusas com o choque cultural que os nossos codificadores não conseguiam separar os dois componentes. Por meio dessas experiências iniciais, disseram alguns executivos, eles aprenderam o valor de ouvir e ver o mundo pelos ouvidos e olhos de outras pessoas. Visto que os cargos, com freqüência, eram desempenhados em uma outra cultura, essas pessoas foram forçadas, logo cedo, a aprender a trabalhar em outras culturas, freqüentemente em uma língua diferente da sua.

A segunda atribuição básica foi o primeiro cargo de gestão. Novamente, por causa dos acontecimentos altamente importantes que ocorreram mais tarde nas carreiras, um primeiro cargo de gestão tinha de ser extraordinário em algum aspecto, para reter a sua proeminência autodesenvolvimentista tão mais tarde – somente 7% dos nossos executivos nos contaram sobre o seu primeiro cargo de gestão. Os que o fizeram, falaram de numerosos desafios acima das provas normais da primeira supervisão. Amiúde, esses futuros executivos tiveram de navegar por difíceis relacionamentos com chefes ou tiveram de lidar com uma cultura estrangeira. Viram-se promovidos antes de empregados mais velhos ou mais experientes, tendo que supervisioná-los, ou, por algum outro motivo, estabelecer a credibilidade face a um círculo que dele duvidava. Para apimentar um pouco mais uma experiência já temperada, muitos desses primeiros cargos de gestão complicavam-se por um grande aumento no âmbito da responsabilidade.

Mas também havia boas novas. Em muitos desses cargos, uma outra pessoa (em geral um chefe) surgiu em um momento crucial para proporcionar apoio, auxílio, um instrumento de sondagem ou conselhos. Essas pessoas significativas serviram de chave à aprendizagem com a experiência, e a história toda se assemelha ao mito do herói, no qual "o primeiro encontro na trajetória do herói se dá com uma figura protetora (com freqüência uma velhinha enrugada ou um ancião) que fornece ao aventureiro os amuletos contra as forças temíveis pelas quais está prestes a passar".[6] Na assoladora maioria, as lições das experiências iniciais poderosas de gestão foram acreditar em si mesmo e aprender a responsabilizar-se pelas próprias ações. Quando em outra cultura (a maioria), as experiências acrescentaram lições sobre trabalhar eficazmente naquela cultura e, com freqüência, forçaram o encarregado a aprender a falar pela empresa por si próprio, inclusive na mídia.

Embora as atribuições básicas perfaçam relativamente poucos (apenas 6%) de todos os acontecimentos em nosso estudo, não podemos dar destaque suficiente à importância das experiências iniciais na formação dos executivos, em especial os executivos internacionais. A exposição precoce às atribuições desafiadoras, sejam técnicas ou de gestão, em outra cultura e com um chefe competente (ou conselheiro) pode ter um impacto duradouro e muito significante em um pessoa de talento. Essas atribuições proporcionam uma base para a aprendizagem de habilidades absolutamente críticas em uma carreira internacional: ouvir, ver o mundo como os outros o vêem e a confiança para agir.

As importantes atribuições de ponta

O que rotulamos de atribuições de ponta importantes envolveram os executivos em situações de negócio significativas nas quais estiveram no comando ou desempenharam papéis importantes. Os nossos executivos descreveram as seguintes experiências de ponta:

- as viradas de negócio (30%);
- construir ou levar adiante um negócio (16%);
- as *joint-ventures*, alianças, fusões ou aquisições (11%);
- as empresas *start-up* (iniciantes) (10%).

As atribuições de ponta importantes perfazem quase um quarto dos nossos acontecimentos, e as viradas de negócio formam a segunda experiência relatada com mais freqüência nas 18 categorias individuais.

De muitas maneiras, a história a seguir diz tudo: um executivo natural de um terceiro país é enviado para salvar um negócio em perigo e se vê sozinho, sem ajuda, e responsável por aspectos da operação que, no país da sede da empresa, seriam por várias equipes e grupos de apoio executados, sem mencionar a intensa vigilância da imprensa, a responsabilidade por fatores econômicos e políticos além do seu controle e a herança de um legado de desconfiança de um predecessor ainda no local. E como foi o caso de muitas viradas internacionais das quais ouvimos, não só ele a considerou "a mais árdua experiência que jamais tive", mas também acreditou que "em nossa sede, eles não se dão conta do que eu sei".

> Havia uma tremenda confusão na Venezuela. Todo mundo se dirigia à sede nos Estados Unidos para reclamar, mas eu estava na Austrália vendo a Venezuela do lado de fora. Recebi um chamado para ir ajudar – que fosse para lá para ser o presidente da operação. Com a minha experiência prévia, eu julguei estar pronto; seria um desafio. Portanto, mudei-me para lá com a minha família.
>
> Lembro-me vividamente da data exata em que cheguei. Você não pode imaginar como tudo estava. Era uma enorme bagunça. Os clientes acusavam a empresa de ser corrupta, e alguns deles eram também políticos e falavam aos jornais. O meu predecessor ainda estava lá, e, no papel, eu respondia ele.
>
> Eu estava envolvido em tentar resolver a situação quando a moeda despencou. Agora eu tinha de fato um prato cheio. O mercado desapareceu. Tínhamos perdas de um milhão de dólares ao dia. Eu fiz a reorganização, e 50% do pessoal teve de ser dispensado. Uma importante revista jornalística veio entrevistar as pessoas, e fizeram-me parecer um desalmado.
>
> Eu precisava modificar as atitudes dos clientes – eles diferem dos clientes dos outros países; expressam as suas opiniões de modos diferentes, e eu tive que esforçar-me para encontrar respostas. Tive de fazer os indivíduos compreenderem o que estávamos tentando fazer. Eu ouvia sobre o que se importavam. Disse-lhes que podíamos encontrar uma solução. Eles passaram a confiar em mim e compreender que nós estávamos do mesmo lado.
>
> Foi a mais dura experiência que jamais tive, e houve muita aprendizagem. Aprendi a ser passional, mas calmo – emocional, enquanto mantinha, ao mesmo tempo, a minha calma. Aprendi a dar uma virada em um grande negócio em um país estrangeiro, não apenas a impulsionar as vendas como antes eu fazia. Aprendi a lidar com o moral das pessoas, com dólares, distribuidores, clientes, o governo – tantas coisas ao mesmo tempo. Aprendi que não se pode esperar para reconstruir e ter esperança de que tudo se acerte; é preciso livrar-se das pessoas e dos processos errados.
>
> Orgulho-me extremamente do que fizemos. A empresa não agradece, mas eu considero isto um agradecimento suficiente: um dia eu recebi um telefonema de um CEO de uma das mais admiradas empresas do mundo e ele me entrevistou sobre o que eu havia feito. Mas, na nossa sede, eles não se dão conta do que eu sei – você possui uma profunda compreensão se teve de se virar internacionalmente.

As *viradas de negócio* foram importantes tanto pelo número de executivos que as experimentaram o quinto evento mais citado como pelo número de lições que ensinaram – foi o acontecimento que produziu mais lições em nosso estudo. As viradas de negócio também pareceram ser oportunidades de aprendizagem as mais difíceis, desafiadoras e poderosas. Quase todas elas envolveram um expatriado ou um natural do estrangeiro enviado a um outro país para consertar uma empresa com problemas. Por isso, o desafio do cargo era aumentado por um choque cultural. Assumir uma virada de negócio significou igualmente uma guinada na carreira, com o protagonista movendo-se de um papel funcional ou de gerente de produto, para uma função de diretor-geral. E, talvez por causa de todos estes fatores, o escopo das lições que puderam ser aprendidas foi um dos mais amplos de todas as experiências.

Das viradas de negócio, os executivos levaram consigo uma grande dose de autoconfiança, bem como lições acerca de como conduzir negócios, lidar com uma variedade de relacionamentos, manter-se concentrado, construir uma equipe, tomar difíceis decisões sobre as pessoas e, em última instância, como administrar as suas próprias carreiras. E, é claro, houve lições sobre a travessia de fronteiras culturais. Com efeito, as viradas de negócio ofereceram a oportunidade de os executivos aprenderem algo de cada uma das lições discutidas no Capítulo 4.

A segunda atribuição de ponta importante é *construir ou levar adiante um negócio* que já está firmado e desempenhá-lo, ao menos, adequadamente. Em muitos casos, esse acontecimento é melhor descrito como uma transformação de liderança, porque requer mudanças fundamentais na forma como o negócio se estrutura e nos processos básicos envolvidos. Como uma virada de negócio, essa experiência freqüentemente é acompanhada por uma guinada na carreira para um cargo de direção geral e uma imensa mudança de esfera de ação e de capacidade de compreensão para o administrador que nela ingressa.

As lições experienciadas ao se construir e levar se adiante um negócio, como as de outras importantes atribuições, incluem acréscimos na autoconfiança. Incluem também aprender tanto sobre a ampla estratégia do negócio como sobre os detalhes de sua condução (os processos, estruturas, etc.). As pessoas com essa experiência relatam ter aprendido como manter-se concentrado em alguns objetivos significativos e como encorajar a mudança entre as pessoas à vontade com o *status quo*. Quase todas essas atribuições se deram em outra cultura e igualmente ofereceram lições culturais.

As *joint-ventures, alianças, fusões ou aquisições*, estivesse o executivo trabalhando sozinho ou em parceria, proporcionaram a nossa terceira importante atribuição de ponta. O desafio nessas atribuições, com freqüência empresas *start-ups*, foi trabalhar com uma organização, um indivíduo ou um grupo de uma outra cultura e com objetivos ou perspectivas divergentes. É desnecessário dizer que houve conflitos substanciais e mal-entendidos a serem resolvidos.

Dadas essas características, as lições mais freqüentemente aprendidas com essas experiências envolveram aprender acerca da cultura específica em que se deram, negociar com outras partes e conduzir um negócio sob circunstâncias extenuantes. Outras lições envolvem lidar com o governo ou outros relacionamentos cruciais a fim de que o empreendimento dê certo naquele ambiente.

As *novas empresas* incluíram uma gama de situações iniciais, tais como formar um departamento, estabelecer um escritório, começar um negócio e estabelecer uma subsidiária. Algumas vezes, esses foram empreendimentos empresariais pessoais, em vez de atividades desempenhadas sob a proteção corporativa, e tipicamente deram-se em outra cultura (com os seus choques culturais inerentes). Como nos primeiros cargos administrativos (que, por vezes, foram o começo dos negócios), uma outra pessoa foi essencial para a experiência, mas nem sempre de um modo positivo.

Surpreendemo-nos com as relativamente poucas empresas novas relatadas (somente 3% dos acontecimentos experienciados por 10% dos executivos) e com a gama relativamente estreita das lições aprendidas, em geral lições sobre a cultura específica na qual o começo de negócio se deu e sobre a importância de se estar aberto aos outros e respeitá-los. Talvez os começos de negócios sejam relativamente raros como acontecimento puro porque muitos dos começos globais se fazem por meio de empreendimentos conjuntos (*joint ventures*)ou alianças, ou de fusões ou aquisições. Quando esse é o caso, o desafio da própria relação, ou da integração das organizações, parece ter mais influência na aprendizagem do executivo do que o próprio começo do negócio.

De um perspectiva autodesenvolvimentista, as atribuições de ponta importantes oferecem uma grande variedade de lições, algumas podendo também ser aprendidas em atribuições mais breves, mas algumas parecendo ser, em grande parte, o domínio destes tipos de experiências de imersão. Mais especificamente, as atribuições de ponta exigem que se aprenda a estabelecer uma direção clara (concentrar-se no que de fato é importante), construir uma organização que possa atingir esses objetivos e motivar as pessoas e equipes a realizá-los. Todas essas experiências representam grandes formadores de confiança e produzem a *verdadeira aprendizagem global*: "um cargo 'real', com uma estrutura de longo prazo, com responsabilidade pelos resultados e outras pessoas (as quais julgamos diferentes de nós) com quem se precisa interagir".[7]

As experiências de duração mais curta

Quanto às experiências descritas como de duração mais curta, não apenas são em média muito mais breves do que as atribuições de ponta importantes, mas o executivo nelas necessariamente não ocupou uma função significativa de liderança. Enquanto grupo, esta categoria incluiu mais de um terço dos acontecimentos (35%) e três das cinco principais experiências em termos do número dos executivos que as experienciaram:

- as outras pessoas significativas (32%);
- os projetos especiais, funções de consultoria e cargos de aconselhamento de equipe (24%);
- as experiências autodesenvolvimentistas e educacionais (23%);
- as negociações (8%);
- as breves tarefas na sede (7%).

A exposição a *outras pessoas significativas* foi a experiência descrita pela maior proporção dos nossos executivos (32%). Quando uma outra pessoa foi descrita como chave para a experiência autodesenvolvimentista, geralmente (mas nem sempre) era um chefe ou um superior podendo ter sido uma influência positiva ou negativa. Essas pessoas foram quase sempre encontradas como parte do trabalho em andamento, mas o relacionamento com a pessoa foi o que tornou a experiência autodesenvolvimentista, com o trabalho em si ficando em segundo plano. Quando o surgimento de uma outra pessoa significativa ocorreu em conjunção com as atribuições iniciais de trabalho, as experiências foram em geral boas. Quando outras pessoas figuraram proeminentes em confrontos com a realidade organizacional, a experiência em geral foi desagradável, embora possa ter sido uma importante professora.

A aprendizagem a partir da exposição a outras pessoas foi com mais freqüência uma melhor compreensão de si mesmo – das próprias forças, fraquezas, gostos e desgostos. Ou, por causa do encorajamento e do apoio dessas outras pessoas, pode ter ocorrido um aumento da confiança. Dos chefes *eficazes*, os executivos aprenderam o que se faz necessário para se desenvolver pessoas; dos chefes *difíceis*, os executivos puderam aprender como lidar com os seus superiores e como *não* tratar as pessoas.

Mas nos concentrarmos nas lições mais freqüentes, em particular no que tange ao que se pode aprender com outras pessoas, é perder o verdadeiro sabor desse tipo de experiência. As outras pessoas proporcionam o modelo para quase qualquer aspecto do esforço humano; portanto, as lições aprendidas trabalhando com elas ou observando-as podem abranger quase tudo. Na esfera internacional, as lições relacionam-se diretamente com lidar com as questões culturais em torno do trabalho e dos relacionamentos. Quando o contato com uma outra pessoa ocorre cedo em uma carreira, a aprendizagem é sobre os aspectos básicos de se administrar as pessoas. Tal aprendizagem, é claro, pode ser uma questão de observar em vez de agir, mas não é menos valiosa.

Existe uma grande distância entre ver o que outra pessoa faz bem ou mal e de fato incorporar as lições ao nosso próprio comportamento. Não obstante, nunca é demais enfatizar a importância das outras pessoas – a maior categoria em nosso estudo – no desenvolvimento dos executivos globais. Fizemos perguntas adicionais sobre esses tipos de relacionamento, e eles serão explorados mais a fundo no capítulo seguinte.

Os *projetos especiais, as funções de consultoria e os cargos de aconselhamento de equipe* representaram outra das nossas cinco principais experiências. Enquanto essas experiências em geral envolveram trabalhar como parte de uma equipe, dando conselhos ou efetuando um estudo em vez de assumindo responsabilidade direta, elas podem ser professoras eficazes e são normalmente menos arriscadas do que as principais atribuições de ponta. Suas tarefas bem definidas e sua natureza limitada ao tempo permitem uma considerável flexibilidade, tornando esse tipo de experiência acessível aos gerentes juniores e ao pessoal técnico, e facilitando relativamente, a inclusão de um componente que atravessa as fronteiras culturais. Quando suficientemente desafiadoras, essas experiências reforçam a crença em si mesmo; quando proporcionam uma exposição a sérias questões de negócio, podem ensinar lições acerca das estratégias empresariais e de como se conduzir um negócio. Embora se assemelhem a algumas das lições das principais atribuições de ponta, essas experiências menos dramáticas não são tão eficazes como professoras. Ainda assim, as mais amplas questões estratégicas e estruturais de uma corporação são, por vezes, mais evidentes para equipe e consultores do que para o pessoal na linha de fogo; por conseguinte, a aprendizagem pode ser bem valiosa.

Francamente, nos surpreendemos com a freqüência que as *experiências autodesenvolvimentistas e educacionais* foram mencionadas como acontecimentos-chave nas vidas desses executivos. Relativamente de curta duração e nitidamente definidas, essas experiências cobriram um amplo território, dos programas universitários em outros países e programas de MBA, até programas executivos conduzidos dentro ou fora da empresa e de programas de desenvolvimento que figuram projetos de aprendizagem de ação aos programas rotativos. A maior parte dessas experiências ganharam esse poder por se dar em uma cultura diferente – fato irônico no que toca às tendências recentes da educação local por meio do uso da Internet ou do estabelecimento de cursos de extensão universitários em países-chave. Com efeito, a mais freqüente lição recebida com essas experiências foi o aprender sobre outras culturas, fosse vivendo de fato na cultura enquanto se freqüentava o programa, fosse por uma exposição a pessoas de múltiplos países partes do programa, ou os dois. Outras lições incluíram aprender como conduzir um negócio (foi agradável notar que o conteúdo podia desempenhar um papel na educação!) e aprender a ser flexível e adaptável. A flexibilidade e a adaptabilidade presumivelmente vieram das exigências que freqüentar os programas acrescentaram a um cargo existente ou da imersão cultural criada pelo lugar onde o programa era aplicado ou de quem dele participava. Nos programas, tais como os da aprendizagem de ação que envolveram projetos de trabalho, os executivos aprenderam como montar uma equipe eficaz (lições bem semelhantes às recebidas nas negociações). Nos programas mais acadêmicos, os executivos aprenderam sobre como desenvolver as pessoas (fica-se imaginando do que isso se trata – e se a aprendizagem foi puramente teórica ou se houve algo de mais pessoal).

Uma *breve tarefa na sede*, embora um acontecimento de pouca freqüência, pode deixar impressões duradouras. Esses acontecimentos podem envolver a vinda de uma pessoa natural de um país estrangeiro à sede da corporação – usualmente intencionada como uma jogada desenvolvimentista – ou o retorno de um expatriado a seu país de origem. Em qualquer dos dois casos, a experiência foi em geral memorável, mais por seu caráter desagradável do que por suas oportunidades. Considere este exemplo:

> Aos trinta anos, após ter dirigido uma grande subsidiária em meu país natal, o Brasil, eu fui enviado à sede na Europa. Já estava na empresa há dez anos e fui enviado à sede da empresa para aprender.
>
> Esse foi um desafio muito difícil. Na sede, eles não estavam acostumados a expatriados, portanto, não estavam organizados para lidar com eles. Receberam-me como um diretor de nível baixo, embora o meu cargo, supostamente, devesse ser de um nível mais alto do que o que eu antes tivera. Foram muito arrogantes – agiam como se estivessem fazendo um favor a mim e à minha empresa por me permitirem estar lá.
>
> Quase desisti depois de uns poucos meses. Eu havia tido sucesso na América do Sul com o nosso mais importante produto, e agora me era dado um cargo inferior com um produto de baixa prioridade. Por causa da diferença da língua, eu tinha dificuldade em me expressar. O produto era uma questão política porque o presidente queria que tivesse sucesso, mas o meu chefe imediato não ligava para ele. Por que eu merecera isso?
>
> Uma vez que me dediquei a "jogar o jogo deles", aprendi uma enormidade. Eles eram muito bons no que faziam, e eu aprendi as sofisticadas ferramentas de

marketing. Aprendi que, com tantos jovens brilhantes em volta, não se pode ficar sentado calado – é preciso desafiar e discordar. Você não precisa ganhar todas as vezes, mas precisa estar preparado fazendo uma análise profunda da situação. Aprendi a ser humilde. O que importa é o que você pensa de você mesmo; nunca desista da sua ética, de seus valores centrais. Contratempos ensinam você a lidar com os tempos difíceis, dão a você uma perspectiva.

Eu forneci a evidência que o presidente precisava para justificar a entrada no mercado, e, finalmente construi um relacionamento com ele. Ele reconheceu que eu podia fazer bem mais do que o cargo exigia. No segundo ano, eles me deram o mais importante produto para administrar, com assistentes e uma secretária.

A minha situação familiar naquela época foi significativa. Tínhamos três filhos pequenos e a minha mulher não falava a língua. Eu tinha de levar as crianças à escola; na América do Sul tínhamos empregadas que faziam isso. Agora, minha mulher tinha que cozinhar, cuidar do bebê. Eu trocava fraldas, dava mamadeira. As crianças adaptaram-se em seis meses, mas, para a minha mulher, foram dois anos difíceis. Mas, por causa disso, nós nos tornamos uma família mais unida, apoiando-nos uns aos outros. Essa força nos foi útil mais adiante.

Essa história não é incomum. Um esforço bem intencionado da parte de uma empresa para desenvolver uma pessoa natural do estrangeiro quase sai pela culatra, mas termina sendo um acontecimento de aprendizagem importante. Infelizmente, nem todos os casos de aprendizagem foram positivos, mas, neste caso, acabou bem, e o executivo construiu alguns relacionamentos importantes. Nesse exemplo, "construir um relacionamento com o presidente" pode ter importância crítica para um executivo de fora da cultura de origem da empresa.

Nitidamente, interagir com os executivos do escritório corporativo proporciona lições valiosas na administração da interface com a sede. Por serem tratados de uma maneira condescendente, ou por causa de um ato de gentileza, muitos desses executivos aprenderam a importância de tratar as outras pessoas com justiça e respeito – especialmente as pessoas de outros países. Observando e fazendo parte do processo de tomada de decisão no alto escalão, eles aprenderam sobre o como e os porquês de se conduzir um negócio. Da relocação, eles aprenderam muito sobre a cultura na qual se encontravam. E finalmente, de sobreviverem a tudo, eles aprenderam a acreditar em si mesmos.

A nossa atribuição final de curta duração foi o envolvimento em *negociações*, o que as organizações globais oferecem em abundância. As negociações autodesenvolvimentistas descritas tiveram curta duração, foram específicas, formais e, em geral, envolveram um cliente, um sindicato, um governo ou um sócio. O participante de fora, geralmente de outro país, foi relutante, quando não hostil, e o objetivo da negociação era chegar a um preço, a um contrato ou a um acordo. O executivo fazia parte de uma equipe representando a empresa, e o que estava em jogo e a visibilidade podiam ser enormes. Como se pode esperar, a principal lição vinda dessas intensas experiências foi a habilidade de negociar, incluindo-se as mais genéricas, mas centrais, habilidades de ouvir atentamente o ponto de vista da outra pessoa e de perseverar em meio à adversidade e aos contratempos. Menos óbvias foram as questões aprendidas ao se formar e motivar a equipe de negociação em si.

As experiências que alteram a perspectiva

As experiências que alteram a perspectiva relatadas pelos nossos executivos incluíram o seguinte:

- o choque cultural (27%);
- as mudanças na carreira (21%);
- as confrontações com a realidade (18%);
- as alterações em escopo ou em escala (17%);
- os equívocos e os erros de julgamento (10%);
- os desafios pessoais e familiares (8%);
- as crises (7%).

Por falta de um rótulo mais adequado, nós denominamos as sete últimas experiências de experiências que alteram a perspectiva, porque foi o que fizeram. Todas as sete experiências foram ancilares na atribuição delegada ao executivo, por vir por meio da atribuição, embora, como professoras, as experiências possam ter sido muito mais importantes do que os cargos da atribuição em si. Da perspectiva de uma abordagem centrada na tarefa de desenvolver executivos, é importante notar a penetrante influência desse tipo de experiência. Essas experiências que alteram a perspectiva junto com os acontecimentos codificados, como *as outras pessoas significativas* (apenas partes de um cargo no sentido de que um chefe, em geral, vem com o território), todas, não sendo atribuições do cargo em si, responderam por metade de todos os 332 acontecimentos descritos, e figuraram um componente significativo de muitas experiências da outra metade.

O *choque cultural* ocasionou-se do impacto da pessoa estar em uma cultura dramaticamente diferente da sua. Entre as 18 experiências autodesenvolvimentistas, o choque cultural figura como a única experiência que por si só é exclusiva a do trabalho global. Teve importância não só porque esteve entre as cinco principais experiências descritas pelos executivos, mas também porque representou uma experiência *contundente*, perdendo somente para as viradas de negócio em termos do número de lições ensinadas.

Não surpreende que a aprendizagem recebida do choque cultural refere-se a compreender e lidar com uma nova cultura e com as nossas reações a ela. Todas as nossas lições culturais – lições sobre línguas estrangeiras, culturas específicas e trocas de cultura – são enfocadas nesse acontecimento. A experiência do choque cultural também ensina as importantes escoras para uma eficácia nos ambientes estrangeiros: aprender a ouvir e a fazer perguntas, a ver o mundo pelos olhos das outras pessoas, aprender o valor (como efeito da necessidade) de ser aberto e sincero, de aprender a ser flexível e adaptar-se às diferenças. Uma pessoa de fora ou um estrangeiro poderia também aprender acerca da importância de se estabelecer a credibilidade no ambiente local – de trazer algo de valor à situação. O choque cultural é uma importante experiência transformacional, e dela trataremos, com maiores detalhes, no capítulo seguinte.

Em alguns casos, assumir a uma nova atribuição exigiu que o administrador mudasse a direção de sua carreira de forma drástica, experiência que denominamos de *guinadas de carreira*. A natureza dessas guinadas variaram amplamente e incluíram algumas das seguintes experiências:

- abandonar uma carreira doméstica por uma internacional;
- mudar de função ou linha de produto;
- passar de uma orientação de equipe para uma de ponta, ou vice-versa;
- abandonar os estudos para assumir um cargo;
- deixar uma empresa para unir-se a uma outra em uma área diferente;
- deixar uma organização para iniciar o próprio negócio.

Além da mudança na carreira, a pessoa teve de lidar com um novo país, com questões de família, com mudanças no escopo ou com um empreendimento conjunto – apenas para tornar as coisas interessantes.

As lições recebidas das guinadas de carreira podem ser tão variadas quanto as próprias guinadas, mas, freqüentemente, as pessoas relataram aprender alguma coisa sobre conduzir um tipo diferente de negócio ou sobre trabalhar em uma cultura diferente, ganhando também autoconfiança por haver passado por toda a mudança. Dependendo da magnitude da mudança, uma guinada de carreira pode envolver um risco pessoal considerável, cujo caso ofereceu lições em relação a se arriscar. Algumas vezes, a guinada de carreira envolveu enormes perturbações para a família, ou para a sua segurança, oferecendo uma perspectiva quanto à importância da família e de seu apoio. Em outros casos ainda, o executivo aprendeu a reconhecer o valor da guinada no seu autodesenvolvimento e o traduziu em como desenvolver outras pessoas.

Um outro tipo de choque que resultou em lições aprendidas foi sobre as realidades da vida organizacional. Nós o chamamos de *confrontações com a realidade*. Surpresas desagradáveis foram comuns nas carreiras. Essas surpresas incluíram envolvimentos nas políticas corporativas; ser a vítima de ações arbitrárias de outros; sentir-se traído, exilado ou injustamente tratado e ter os próprios valores e ética testados pelas circunstâncias. Os acontecimentos, por vezes, envolveram chefes estrangeiros ou parcialidades culturais, mas não é necessário estar em um país estrangeiro para tropeçar no lado escuro das organizações e dos relacionamentos humanos. Quase sempre surpresas, as experiências causaram frustração e desilusão. As lições que ensinaram foram valiosas, contudo. De tais momentos sombrios, os executivos aprenderam a perseverar em meio à adversidade e, em conformidade, que podiam obter sucesso no decorrer da situação. Eles aprenderam sobre as políticas organizacionais e, às vezes, como lidar com elas. Sendo injustamente tratados, eles aprenderam a importância de tratar com justiça as pessoas e de ser aberto e sincero com os outros. E aprenderam sobre si próprios – o que gostavam e não gostavam e o que para eles era importante.

Outros acontecimentos que alteram a perspectiva foram as *mudanças em escopo ou em escala* que acompanharam uma nova atribuição. As mudanças podem ter sido desde pequenas e simples até grandes e complexas, desde domésticas até globais, ou desde táticas até estratégicas – uma variedade de possibilidades. As guinadas, porém, foram quase que uniformemente abruptas e amplas e vieram como partes das viradas de negócio ou dos começos de negócio. Ter acesso a uma outra pessoa significativa para auxiliar foi uma parte importante de uma mudança bem-sucedida em escopo. O desafio básico, neste caso, foi aprender como conduzir um negócio em uma escala muito maior; portanto, a maioria das lições foram a esse respeito. Elas incluíram a importância de ouvir as outras pessoas (de que outro modo você poderia aprender a lidar com a complexidade?) e a necessidade de construir credibilidade (outras pessoas também puderam ver a dramática guinada e se perguntaram se o executivo conseguiria levá-la a cabo). Um aumento em escala em um cenário internacional geralmente traz consigo muitos relacionamentos novos, incluindo, por vezes, a necessidade de se aprender como lidar com governos estrangeiros. E, como é o caso em quase todas as experiências que nos absorvem a atenção, e em especial as que alteraram a perspectiva, passar por elas acrescentou autoconfiança.

Embora as confrontações com a realidade refletissem na organização ou nas ações de outras pessoas, os *equívocos e erros de julgamento* foram claramente das ações do próprio administrador. Os equívocos e os erros de julgamento há muito foram reconhecidos como sendo grandes professores, e esses executivos globais tinham cometido muitos deles. Nessas experiências, as ações ou os erros de julgamento da própria pessoa levaram a um mau resultado, seja no aspecto empresarial do momento ou nos relacionamentos cruciais. A aprendizagem ocorreu quando a responsabilidade pelo engano foi aceita, tanto na época do engano como algum tempo depois. A maioria desses equívocos envolveram diferenças culturais; portanto, entre as mais freqüentes lições, estiveram as que referiam-se à compreensão da cultura na qual o administrador se encontrava. Desses equívocos, os administradores tenderam a aprender a importância de ouvir as outras pessoas e entender o seu ponto de vista, bem como a importância de ser abertos e honestos ao lidarem com outras pessoas. Quando o acontecimento envolveu um erro cometido enquanto líderes, eles também relataram ter aprendido algumas lições importantes sobre o que motiva as pessoas – em particular as pessoas dessemelhantes deles próprios. E, como na maioria das experiências que alteram a perspectiva, os executivos experimentaram um aumento na crença em si mesmos, especialmente por terem se recobrado com sucesso e superado o erro.

Como ficou documentado na pesquisa anterior, a maioria dos expatriados não vão para um novo país sozinhos; os executivos, por conseguinte, enfrentam numerosos *desafios pessoais e na família*. As questões óbvias originam-se diretamente do fato de se estar em uma cultura estrangeira, desde encontrar uma casa até encontrar um dentista. Mas algumas questões são mais sutis, por exemplo, quando uma carreira internacional exige extensivas viagens. Muitas pessoas aprenderam a ignorar as experiências de suas famílias em seu próprio detrimento. Se você esperar que uma atribuição no exterior repare um relacionamento, é bastante provável que você estará armando uma surpresa desagradável. É claro, essa foi a principal lição quando o estresse familiar tornou-se um acontecimento crucial – como administrar a família sob estresse e qual apoio você precisa dos outros para que você também sobreviva ao estresse. Os nossos executivos aprenderam muitas lições sobre as culturas específicas em que estiveram, assim como sobre a importância da perseverança, tanto para o executivo como para a família. Nós os discutiremos mais no capítulo seguinte.

As *crises* podem ocorrer em qualquer cargo, doméstico ou internacional, e manejar uma crise é lembrado como uma experiência de autodesenvolvimento. O caso de envenenamento do Tylenol,[*] por exemplo, que sacudiu a Johnson & Johnson

---

[*]N. de T. O caso, conhecido como "o susto do Tylenol", se deu na década de 80, quando várias pessoas na área de Chicago morreram após ingerir Tylenol embebido em veneno. Os executivos da Johnson & Johnson não contornaram a questão; ao contrário, emitiram um ordem imediata de confisco, devolução do dinheiro e destruição de todos tabletes, cápsulas e comprimidos existentes de Tylenol – em todo o mundo!

e tornou-se lendário pelo modo com que o CEO James Burke o tratou, teve todos os elementos de uma crise: foi inesperada e muito fora do controle dos executivos, sofreu intensa pressão da mídia, representou uma novidade, exigiu prazos para a ação e envolveu altos riscos. O susto do Tylenol, sem dúvida, foi uma crise da mais alta magnitude, ocupando a total atenção dos executivos seniores e testando os seus valores. Ninguém envolvido no caso ou assistindo o seu desenrolar em primeira mão conseguiu ser o mesmo.

Nem todas as crises que nós ouvimos foram tão dramáticas, mas lidar com terroristas ou com tentativas de sabotagem representam, nos padrões da maioria das pessoas, acontecimentos absorventes. A maioria das crises se deram em outro país, onde o executivo local teve de lidar com a situação. Em outras palavras, as lições das crises internacionais, tais como lidar com a mídia e assumir responsabilidade, são forçadas nos executivos que estiveram no local. Longe do apoio disponível no país de origem, esses executivos tiveram de cuidar das situações sozinhos e imediatamente. Um executivo europeu descreveu a sua experiência com uma crise quando era um jovem e novato diretor-geral em um país asiático. Confrontado com acusações de suborno em uma imprensa hostil durante um feriado no país de sua sede, ele finalmente conseguiu falar com um executivo sênior ao telefone, que lhe disse: "Cuida disso, Mats. Nós confiamos em você". Ao lidar com as crises, os executivos aprenderam algo sobre eles próprios e sobre o que representavam, bem como desenvolver um negócio que pudesse lidar com uma crise e suas conseqüências. Por felicidade, as crises de grande magnitude foram relativamente raras.

AS PERSPECTIVAS SOBRE A EXPERIÊNCIA INTERNACIONAL

Proporcionar descrições detalhadas de tantos tipos de experiências tem duas sérias desvantagens. Primeiro: de modo algum captura a riqueza das experiências individuais, tão evidentes nas histórias pessoais, tais como as do Capítulo 3. Segundo: analisando os detalhes de muitas experiências, corremos o risco de perder de vista a mais ampla significância de seus resultados. No capítulo seguinte, procuramos subir novamente ao observatório para examinar a paisagem mais amplamente. Nós o faremos examinando mais de perto algumas das experiências que destacam-se particularmente no contexto do desenvolvimento de executivos internacionais. Essas experiências incluem o choque cultural, o papel das outras pessoas (a experiência citada mais freqüentemente), os programas formais e o impacto na família.

Entendendo a cultura

> Tornou-se lugar comum referir-se à sensação de desconforto ao conhecermos membros de uma outra cultura como sendo um "choque cultural"... O verdadeiro choque cultural ocorre quando as diferenças são profundas e a imersão é completa, a ponto das suposições comuns serem derrubadas, quando o pânico supera a irritação. Em um choque cultural profundo, pode-se julgar estar enlouquecendo.
>
> – Mary Catherine Bateson, *Peripheral Visions: Learning along the Way*

Descrevemos as experiências que desenvolvem os executivos globais no Capítulo 5. Dos 18 tipos de experiências, 17 são superficialmente semelhantes àquelas experimentadas por qualquer executivo. Elas parecem adquirir um novo sentido, entretanto, quando acompanhadas pelo tipo de experiência remanescente: o choque cultural. Mary Catherine Bateson, uma antropóloga, descreve bem a experiência do choque cultural; como insinua, a expressão não é nenhuma novidade para ela, e para nós tampouco.[1] Com mais de 40 anos e normalmente atribuída ao artigo de 1960 do antropólogo Kalvero Oberg, a expressão *choque cultural* veio significar a surpresa e a ansiedade que experimentamos como resultado de uma perda de identidade quando somos imersos em uma cultura diferente.[2] Não só a expressão não é nova, como também o choque cultural tem sido pesquisado extensivamente pelos estudiosos das culturas.

Neste capítulo, discutiremos, em alguma extensão, o modo como o choque cultural, tal qual utilizamos a expressão, combina-se com as experiências empresariais visando ao desenvolvimento de uma orientação mental para o global. O choque cultural, de uma forma ou de outra, impulsiona a aprendizagem entre culturas. O nosso estudo apóia a conclusão de a experiência de trabalho entre culturas ser essencial para o desenvolvimento de uma orientação mental para o global.

Mas quando as pessoas aprendem acerca da cultura, não o fazem sozinhas, e nem sempre em atribuições empresariais visando a resultados. Como acaba ocorrendo, outras pessoas significativas na vida de um executivo figuram grandes colaboradores ao desenvolvimento executivo global, em um grau e de maneiras que de longe excedem o seu impacto no desenvolvimento dos executivos domésticos. O mesmo se aplica nas experiências autodesenvolvimentistas e educacionais, um tipo de experiência que nós constatamos ser, no melhor dos casos, uma eficiente professora de lições globais. Para cada uma dessas experiências autodesenvolvimentistas, proporcionamos, neste capítulo, discussões adicionais e novas descobertas.

O CHOQUE CULTURAL

O nosso uso da expressão *choque cultural* é ligeiramente diferente do uso padrão descrito anteriormente. Usamos *choque cultural* para classificar um tipo particular de acontecimento autodesenvolvimentista no qual o desenvolvimento é dirigido pelo fato de que a experiência se dá em uma cultura diferente em vez de pela experiência de negócio em si. Isso segue a nossa definição de trabalho global no Capítulo 2 como representante de um modo de atravessar as fronteiras culturais dos negócios e dos países. A pesquisa acerca da travessia de fronteiras culturais – enfocando atravessar culturas em vez de fazer negócio – apenas limitou a aplicabilidade. Na verdade, podíamos ter usado a expressão *oportunidades para aprender sobre outras culturas*, mas usamos a expressão *choque cultural* para reforçar a natureza cultural essencial da aprendizagem e a natureza transformacional dessa experiência para o executivo global. Eis exemplos que apenas tocam na superfície do que de fato pode ser um choque cultural:

> Ofereceram-me um cargo em Cingapura, e eu o aceitei, embora não estivesse familiarizado com a cultura. Comecei procurando ajuda e freqüentei um "curso básico de cultura" para expatriados, e julguei estar preparado. Como me enganei! Quando lá cheguei, descobri que os meus subordinados respondiam a mim como julgavam que eu quisesse; levou um tempo para que eu decifrasse os sinais de que algo não era verdade. Por fim, compreendi que a empresa, que parecia muito bem no papel, era, na realidade, uma ferida aberta. Eu era jovem demais para estar lá (tinha 33 anos) e por demais sueco, gerindo indianos, malaios, chineses e indonésios. Cometi muitos erros e, a 10 mil milhas da sede, tinha de me virar sozinho. Eu tinha um bom chefe que compreendia a cultura, e ele me ajudou neste aspecto. (Um sueco em Cingapura.)

> Fui enviado à Tailândia como instrutor de computação para ensinar na escola de vendas. Não estava em Bangcoc, mas em uma área rural onde as pessoas não falavam inglês – tive de aprender tailandês para poder comer! Comíamos com moscas voando por toda a parte... elas voavam para dentro da nossa boca enquanto comíamos. Foi um verdadeiro choque cultural. Eu ensinava o pessoal de vendas de todas as partes da Ásia, todos com meios de formação diferentes. Não eram todos parecidos, mas eu supusera que sim. Eram muito diferentes – os malaios odiavam os cingapurianos, por exemplo. Fiz suposições estúpidas e desagradei as pessoas com a minha insensibilidade. Hoje é diferente. Os países aceitam a presença multinacional e os expatriados são mais preparados. (Um chinês de Hong Kong na Tailândia.)

É fácil imaginar a ansiedade e o desconforto causados por essas experiências, e sem diminuirmos a importância do montante de aprendizado sobre negócios, não é difícil vermos o porquê das diferenças culturais terem ofuscado a aprendizagem empresarial. Aprender sobre negócios em um contexto cultural diferente distingue-se, fundamentalmente, de aprender sobre negócios em nossa própria cultura.

A despeito dos nossos exemplos, como diz o ditado, "um exemplo não representa um argumento". Talvez, considerando-se todas as experiências entre todas as categorias, elas não sejam de fato assim tão diferentes das que os executivos domésticos experimentam. Alguma evidência adicional demonstrará que são de fato bastante diferentes.

Como anteriormente mencionado, o nosso estudo utiliza basicamente a mesma metodologia utilizada por um estudo anterior conduzido nos Estados Unidos com executivos norte-americanos.[3] Como resultado, poderíamos comparar as experiências dos nossos executivos globais com as experiências descritas pelos executivos norte-americanos, apesar dos 15 anos que os separam. Para o leitor voltado à pesquisa, a Tabela C.5, no Apêndice C, apresenta uma comparação detalhada das experiências.

As experiências dos dois estudos mostram semelhanças espantosas. Com efeito, os tipos de experiências que os executivos, sejam os globais ou os norte-americanos, dizem tê-los formado continuam sendo as viradas de negócio, os começos de negócio, as mudanças em escopo e em escala, os projetos especiais, as outras pessoas significativas e afins. De fato, existem diferenças nos detalhes (por exemplo, uma tarefa breve na sede e os empreendimentos conjuntos são categorias separadas no estudo global) e nas porcentagens, mas ficamos surpresos inicialmente (ou talvez aliviados) com as semelhanças entre as experiências. A única experiência obviamente distinta na amostra global, o choque cultural, não representa surpresa alguma, dado que o grupo dos Estados Unidos era doméstico. Poderíamos concluir a partir desses resultados e das semelhanças entre as lições aprendidas, descritas no Capítulo 4, que, para todos os propósitos práticos, o desenvolvimento de executivos globais e domésticos são iguais.

Mas, antes de aceitarmos rapidamente essa conclusão, examinemos mais profundamente as experiências dos nossos executivos globais. Em ambas as experiências em si e nas lições com elas aprendidas, a *cultura* destaca-se como o fator diferencial. Portanto, mesmo se esta fosse a *única* diferença entre os dois estudos, ainda teríamos de lidar com as suas implicações. Mas não figura a única diferença.

Embora os tipos de experiências sejam similares, os lugares *onde* as experiências se deram não foram. Para explorar esse fato ainda mais, dividimos as 332 experiências de acordo com sua ocorrência: enquanto estavam vivendo e trabalhando em seus países de origem (experiências *domésticas*), vivendo no país natal, mas trabalhando cruzando fronteiras culturais (experiências *internacionais*) ou vivendo e trabalhando em uma outra cultura (experiências *expatriadas*). Montamos um índice, embora aproximado, do grau de desafio cultural em uma experiência, das domésticas às internacionais e até as expatriadas. Poderíamos aplicar o nosso índice às experiências dos executivos globais, perguntando quais os tipos de experiências que produzem as lições do estudo.

Os resultados são bem definidos. Para os nossos executivos globais, quaisquer que sejam os tipos das experiências autodesenvolvimentistas, as experiências tinham bem mais probabilidade de ocorrer em outras culturas, fosse nas atribuições expatriadas ou nas internacionais. Quaisquer que forem as lições da experiência internacional, as *experiências* instrutivas ocorrem de forma esmagadora quando o executivo está trabalhando em uma outra cultura. Como resultado, para os executivos globais, os acontecimentos que podem parecer semelhantes na superfície (por exemplo, uma virada de negócios) ocorrem em cenários, culturalmente mais desafiadores, mais complexos e mais difíceis.

Aplicamos a mesma análise às lições discutidas no Capítulo 4, com essencialmente o mesmo resultado, já que as lições fluem das experiências (Figura 6.1): *as lições aprendidas pelos executivos globais são aprendidas no trabalho global.*

Embora essa afirmação seja verdadeira para todas as lições tomadas como um todo, é ainda mais dramática para as lições sobre lidar com outras culturas. Aproximadamente todas as lições de cultura (95%) são aprendidas fora do cenário doméstico (Figura 6.2). Fica evidente que as lições de cultura não são aprendidas se simplesmente ficamos sentados em casa.

Para os que não se convenceram, uma pergunta permanece: as lições da experiência ensinadas ao cruzarem-se fronteiras são verdadeiramente importantes para o desenvolvimento dos executivos globais? São elas simplesmente lições de cultura, ou estão intimamente ligadas à aprendizagem empresarial? Nós exploramos essa questão examinando a extensão na qual o choque cultural se deu em conjunto com as atribuições de ponta, tais como as viradas e os começos de negócio. A nossa análise (o processo de designação de códigos duplos às experiências, como descrito no Apêndice B) mostrou que as experiências que podem ser essencialmente uma virada de negócio, por exemplo, também incluem choques culturais e também ensinaram lições culturais.

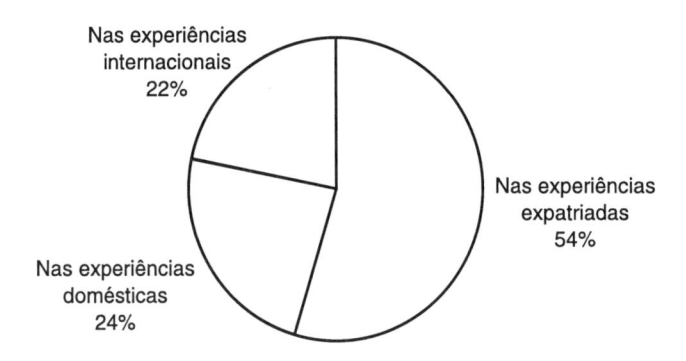

Figura 6.1 As lições dos executivos globais: onde as lições foram aprendidas.

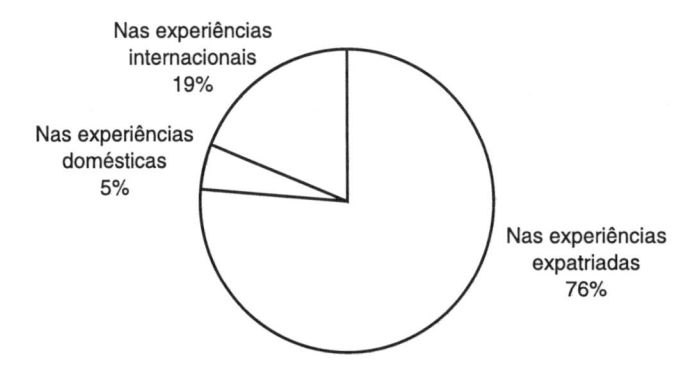

Figura 6.2 As lições dos executivos globais: onde as lições culturais foram aprendidas.

Uma observação adicional ao compararmos as duas amostras tem implicações bastante práticas para as empresas que planejam os programas visando ao desenvolvimento global: em relação ao estudo nos Estados Unidos, *as ligações entre uma experiência e as lições por ela ensinadas não foram nem de perto tão sistemáticas quanto no estudo global*. Essa observação significa que prever o que um executivo irá aprender com uma experiência específica, previsão essa no melhor dos casos incerta nos cenários domésticos, torna-se ainda menos certa na esfera global.

O que faz do choque cultural uma experiência de autodesenvolvimento?

A expressão *choque cultural* e os nossos exemplos escondem a variedade de histórias que nos foram contadas. Verdadeiramente, em seu sentido mais amplo, a experiência é adentrar uma cultura diferente da nossa. No entanto, virtualmente todos esses executivos tinham ido a outros países, sem dúvida bem diferentes, e ainda assim nem todo encontro cultural foi dramático ou mesmo memorável. Tampouco as potentes experiências culturais limitaram-se às atribuições com o estresse adicional de se estar em países despedaçados pela guerra, pobreza ou doença. As histórias de choques culturais ocorreram com a mesma freqüência nos Estados Unidos, na Inglaterra, na Noruega, na França, na Argentina, na Suécia e em outros países com condições de vida mais parecidas com o lugar de origem da maioria dos nossos executivos.

Diversos como os incidentes específicos, os choques culturais que se mostraram como experiências de autodesenvolvimento e apresentaram, em geral, as seguintes características comuns:

- Houve uma certa desconexão entre as experiências e expectativas anteriores e o que aconteceu no novo país.
- A pessoa surpreendeu-se com a desconexão.
- Foi a primeira vez em que essa desconexão foi experimentada.
- O que foi confrontado configurou-se em algo mais amplo de que as diferenças nas práticas empresariais, incluindo questões culturais mais profundas.
- O executivo experimentou uma forte sensação de ser um estrangeiro.

A surpresa tomou várias formas. Algumas vezes, foi gerada pelas suposições incorretas do executivo acerca dos valores, motivações, disposição à franqueza ou estilos de vida das outras pessoas. Como a suposição era incorreta, o executivo acabava surpreso ou chocado quando as coisas não saíam como esperava. Em outras vezes, foi gerada pelo estilo ou pelo comportamento do próprio executivo: agressivo, passivo, autoritário ou voltado para o consenso em uma cultura que valorizava o oposto e onde essas ações surtiram pouco efeito ou até saíram pela culatra.

Nos dois casos, as expectativas não foram alcançadas. Alguns dos mais freqüentes exemplos incluíram executivos ocidentais em países orientais que descobriram, pelo modo mais difícil, que *feedbacks* e debates francos nem sempre são a norma; e executivos orientais no Ocidente que descobriram que se ficassem sentados calados eram deixados de fora.

A aquisição de uma orientação mental para o global

Se aprender com a experiência difere substancialmente em um contexto intercultural, esse fato nos joga de volta ao debate permanente sobre as experiências transformacionais e sobre o desenvolvimento de uma orientação mental para o global. Como sugerido no Capítulo 4, a imersão cultural leva a uma transformação pessoal. A natureza exata da transformação é de mais difícil elucidação por conter elementos de uma perspectiva modificada sobre as outras pessoas bem como sobre nós mesmos. Joyce Osland descreveu esse fato como sendo tanto um ato de "desprendimento" como um ato de "adoção": desprender-se da "certeza cultural, da aceitação não questionada das suposições básicas, das estruturas pessoais de referência, de uma vida não inspecionada, dos papéis e *status* habituais, do conhecimento do apoio social, dos hábitos e atividades usuais e das rotinas conhecidas", e a adoção de "mudanças positivas no eu, de atitudes modificadas, técnicas e habilidades de trabalho aprimoradas, de um conhecimento aumentado e de relacionamentos familiares mais próximos".[4] Craig Storti descreveu-o como sendo positivo *ou* negativo, mas transformacional nos dois casos:

> A experiência de viver no exterior transforma profundamente todos que a experimentam, ajustando-se à cultura ou não. Tal é o impacto da experiência em tantos níveis – físico, intelectual, emocional – que não existe a possibilidade de uma reação moderada, muito menos neutra. Ou nos abrimos à experiência e por ela somos enriquecidos, ou voltamos as costas a ela e somos em muito diminuídos.[5]

Entretanto, por mais profunda que possa ser a transformação pessoal, incluindo-se mudanças psicológicas bem como mudanças de perspectivas e habilidades, o seu valor no cargo executivo ou na vida organizacional pode ser difícil de traduzir em termos concretos de negócio. Talvez apenas os componentes da transformação relacionados ao negócios – uma visão mais estreita do que constitui uma orientação mental para o global – são diretos, ou ao menos visivelmente transferíveis a outros cenários de negócio. Stewart Black e seus colegas, por exemplo, disseram que "os líderes com orientação mental para o global vêem o mundo – não só o país natal – como uma arena para a criação de valor".[6] Christopher Bartlett e Sumantra Ghoshal descreveram-se em termos puramente empresariais: "Os administradores com uma mentalidade global, em contraste, concentraram-se na criação de produtos para um mercado mundial e os fabricaram em uma escala global em umas poucas fábricas centrais altamente eficientes. Eles supuseram que os gostos e as preferências nacionais assemelhavam-se mais do que diferiam, ou que podiam ser modificados".[7] Mas nós acreditamos que desenvolver uma orientação mental empresarial desse tipo se realize de forma bem mais fácil do que os outros tipos de mudanças sugeridas pela transformação. Com efeito, a experiência internacional, não necessariamente a experiência expatriada, pode ser suficiente para criar uma orientação mental limitada. Talvez essa visão estreita do que significa ser global explique o porquê de os expatriados, com tanta frequência, sentirem-se frustrados e mal-aproveitados quando voltam para casa repletos de uma aprendizagem tanto pessoal como empresarial.

O argumento aqui é que os expatriados podem ser transformados e, de acordo com a definição de executivo global do Capítulo 2, eles podem ser os mais globais dos executivos. Mas outros podem desenvolver a orientação mental para o global, mesmo que de uma forma mais limitada. Arne Olsson, vice-presidente sênior e administrador das funções de recursos humanos do grupo ABB Ltd., descreveu a necessidade de uma orientação mental em toda a organização global:

> Um líder "local" pode ser um líder "global", algumas vezes ainda mais global do que os colegas que trabalhem ou trabalharam em um outro país... Uma organização global... não funcionará bem como uma organização global a não ser que boa parte do pessoal local nessa organização, onde quer que estejam, pensem de modo global, enxergando o quadro total além do quadro local. Pode ser uma secretária ou uma pessoa que lida com o planejamento de produto. São essas as pessoas que fazem as coisas funcionarem através das linhas de fronteira nacionais, proporcionando um "adesivo organizacional" que ajuda a unificar as partes por trás dos heróis globais que fazem pronunciamentos públicos em nome da empresa ou assinam um contrato importante com um cliente.

Como a nossa discussão indica, acabamos acreditando que aprender a trabalhar entre culturas ocorre na prática. Antes de resumirmos as implicações dos Capítulos 5 e 6, vamos examinar três experiências adicionais mais detalhadamente: as outras pessoas significativas, as experiências de autodesenvolvimento e educacionais e as mudanças pessoais e na família, todas elas com significado especial no desenvolvimento de executivos globais.

AS OUTRAS PESSOAS SIGNIFICATIVAS

A categoria "outras pessoas significativas" foi a mais freqüente das 18 experiências descritas pelos executivos globais, e ganhou uma importância ainda maior em nosso estudo do que nos estudos domésticos anteriores.

Talvez não surpreendentemente, as lições ensinadas por outras pessoas significativas são lições de liderança – como liderar e o que se faz necessário para ser um líder. A liderança é uma atividade relacional; se dá entre líderes e seguidores. Mesmo quando tentamos ensinar a liderança nos livros e nas salas de aula, os casos são sobre os líderes, não sobre conceitos abstratos. O estilo aberto, ouvinte, flexível, otimista que funciona tão bem no contexto global aparece nos dois temas da lição que envolvem a liderança (veja Capítulo 4): aprendendo sobre as qualidades pessoais de um líder e aprendendo a liderar e a gerir outras pessoas.

Por uma ampla margem, a pessoa significativa mais comum foi o chefe do executivo. Perguntados sobre com quem eles mais aprenderam, 77% dos executivos responderam que foi com os chefes e 8%, com o chefe de seus chefes. Às vezes, os nossos executivos aprenderam *observando* os seus chefes liderarem – para bons ou maus resultados, mas em geral para bons – e, às vezes, eles foram intencionalmente ensinados, e de fato aprenderam. Essa aprendizagem foi com freqüência expressa em regras ou máximas recordadas anos depois:

- "Não se trata apenas dos resultados que você consegue, mas do que você está fazendo para as pessoas crescerem."
- "Selecione as melhores pessoas do mundo."
- "Se você sabe mais sobre algo do que qualquer outro, você não precisa ficar nervoso."

- "Você pode ceder em pequenas coisas (nas negociações) que não importam em nada a você, mas importam um bocado ao outro lado."
- "Não perca a paciência com as pessoas locais."
- "Você precisa compreender os fatos."
- "Saiba como o cliente se beneficia."

Ao examinarmos os nossos dados, constatamos que, embora tivéssemos maravilhosos exemplos de outras pessoas significativas como professoras em atribuições expatriadas, na verdade era mais provável encontrar tais pessoas quando o executivo estava em uma atribuição *doméstica*. Em um sentido, a importância das outras pessoas como professoras diminuía-se quando um executivo estava em uma atribuição no estrangeiro. Nestes casos, a situação cultural e dos negócios (por exemplo, uma virada ou começo de negócio) em vez de uma pessoa significativa constituíram a maior parte do desenvolvimento de um executivo. Esse dado representa uma notícia importante para as organizações – elas podem tirar vantagem das oportunidades de proporcionar bons professores em um ambiente mais simples.

A influência de pessoas significativas, enquanto experiência, pode ensinar tantos tipos de lições quanto forem os professores, as situações e os alunos abertos às lições. Um executivo tinha aprendido uma lição de vida fundamental quando moço observando a pessoa mais impressionante que conhecia – o pai da namorada, um médico rico e famoso – perder o seu poder e a sua influência por causa de sua arrogância e orgulho. Outro se considerava com sorte por ter aprendido com um cliente que ele precisava dar uma reviravolta em seu estilo de administração se pretendesse obter sucesso naquele país. Em sua primeira viagem ao exterior, um executivo aprendeu as regras básicas dos empreendimentos de um sábio e velho homem de negócios em Cingapura. Quando um homem observou o seu chefe fracassar – a pessoa errada no cargo errado na hora errada – ele aprendeu "a pensar bastante sobre quem coloca-se em um cargo" e sobre o papel crucial que uma cultura pode desempenhar. Outra líder aprendeu com seu chefe, "um bom professor", o domínio total do negócio, das políticas e de como fazer as coisas. Ela também aprendeu a importância de proporcionar um ambiente seguro para dar *feedback* ao chefe. Por último, uma mulher nos deu um exemplo das possibilidades para se aprender com um chefe global em um cargo doméstico:

> Quando ele se tornou meu chefe, eu de súbito estava me reportando a alguém em um nível muito mais alto e lidava com pessoas em vários níveis mais altos do que o meu. Isso me deixou muito desconfortável, mas ele me apoiou em extremo, dando-me conselhos, abrindo portas para mim e conseguindo que as pessoas sentassem e conversassem comigo. Eu viajava com ele a cada trimestre, e ele me dava dicas sobre como comunicar os meus argumentos. Ele é muito diferente na administração das pessoas e possui um estilo do tipo comando-e-controle eficaz na América Latina, onde ele é "Deus", mas não nos Estados Unidos. Ele conta comigo para moderar seu estilo. Eu sei o que parecerá estranho para ele.

As experiências nos oferecem muitas pessoas como professores, quer pretendam nos ensinar ou não, e as pessoas diferem no quanto fazem uso das outras. Algumas pessoas encontram professores e aprendem com eles; outras, não. Andrew e Jean, do Capítulo 3, representam os dois extremos. Jean parecia aprender com outras pessoas significativas em cada experiência que tinha; Andrew jamais nos falou de aprender com os outros em nenhuma de suas experiências, e quando indagamos com quem mais aprendera, ele respondeu: "Não existe uma única pessoa que eu possa citar, porque a verdade é que eu não tive bons professores". Alguns executivos, como Jean, caracteristicamente buscam outras pessoas como professores; Andrew parece tentar por sua própria conta e, como vimos em sua história, inclina-se a retirar lições de estratégia das experiências que vive.

Ainda que as pessoas tenham os mesmos professores, nunca podemos ter certeza do que os alunos vão aprender. Três executivos listaram Percy Barnevik, o "mais-que-real" antigo CEO da Asea Brown Boveri (ABB), como a pessoa com quem mais aprenderam, mas as lições que tiraram diferiam. Um aprendeu "os pontos empresariais básicos: os clientes e os concorrentes estão em seu cerne. Ele me ensinou a simplicidade e que não importa só o que você é, mas o que você está fazendo para as outras pessoas crescerem". Outro aprendeu "a pensar sobre a importância de se motivar as pessoas, de fazer as pessoas gostarem/ quererem fazer o que você quer. Agora, eu tento apresentar as coisas de modo a criar esse entusiasmo". O terceiro executivo aprendeu que "em qualquer transação, você precisa compreender os fatos... [Barnevik] jamais reagir sem entender os fatos. Mas, uma vez que o fazia, e ele podia analisá-los em segundos, agia rápido, fazia tudo prontamente. Com esses simples princípios, eu posso exercer bem este cargo".

Os nossos exemplos proporcionam vários pontos em que pensar:

1. As outras pessoas são fontes muito significativas no desenvolvimento de liderança global.
2. Embora sejam inúmeras as lições que podem ser e serão aprendidas, as lições de liderança formam o currículo natural.
3. Para a grande maioria das pessoas, os chefes são os professores mais significativos.
4. Algumas pessoas têm como característica aprender com outras pessoas; outras, não.
5. O que um executivo aprende vai depender muito de quem ele é e de qual é a situação, ainda que o professor seja o mesmo.
6. Com tantas oportunidades para proporcionar pessoas significativas com quem aprender, mesmo no cenário doméstico, as organizações podem agregar dimensões globais ao trabalho doméstico utilizando chefes globais como professores.

AS EXPERIÊNCIAS AUTODESENVOLVIMENTISTAS E EDUCACIONAIS

Em nossa ênfase nas experiências de *trabalho*, por vezes esquecemos que a educação também representa uma experiência com importantes lições a serem aprendidas, provavelmente mais previsíveis do que as lições aprendidas com os outros tipos de experiências. Para os executivos do nosso estudo, a categoria "experiências autodesenvolvimentistas e educacionais" veio em terceiro lugar entre as 18 categorias de experiências em termos de ocorrência. Foi citada com mais freqüência pelos nossos executivos globais do que pelos executivos domésticos do estudo anterior.

Diferentemente das atribuições de trabalho, o propósito primordial das experiências autodesenvolvimentistas e educacionais é o desenvolvimento, em vez dos resultados imediatos de negócio. Mesmo os programas de aprendizagem de ação, que fazem da solução de um problema empresarial uma parte do programa, iniciam com um propósito de desenvolvimento. Sem um propósito empresarial direto, quer a educação tendo lugar dentro ou fora da empresa, em um cenário como a MIT ou a INSEAD, as organizações constantemente perguntam-se: "Esses programas valem o seu custo?" A resposta, claro, é: "Depende".

Das experiências que codificamos como autodesenvolvimentistas e educacionais, mais de um terço se deu no segundo grau, nas universidades, nos mestrados e durante a etapa preparatória da carreira. As lições aprendidas nessas etapas iniciais das vidas dos executivos envolveram a autoconfiança e o conhecimento de onde a pessoa se encaixa no mundo, bem como uma visão de mundo amadurecida. Um executivo de Cingapura nos contou como um programa de intercâmbio estudantil na Austrália abrira os seus olhos para um outro mundo e o levara a ver a si mesmo como um cidadão do mundo, não apenas de Cingapura. Um executivo sueco, que foi para Nova York para um trabalho de pós-doutorado, surpreendeu-se com a diferença entre a Suécia e os Estados Unidos; ele aprendeu como os norte-americanos agem, e voltou compreendendo um fato fundamental de cultura. "Existe mais de um modo de se depelar um gato", ele disse, usando a expressão americana.

Embora essas experiências iniciais representem oportunidades para a organização de "escolher a dedo" os candidatos que as tenham aproveitado, talvez as experiências educacionais sejam de maior interesse *depois* de eles começarem a trabalhar. Os programas de estágio que têm caracterizado o ingresso em grandes empresas globais proporcionaram experiências para vários dos nossos executivos e também serviram de incentivo ao recrutamento. Elas proporcionaram lições úteis em duas áreas: conhecimento básico do negócio através de um amplo espectro e um conjunto crucial de colegas que seriam úteis por toda a carreira. Um executivo da Johnson & Johnson explicou a importância da sua participação em um programa no início de sua vida. Como um indiano indo trabalhar na Índia para uma empresa americana, ele tinha muito a aprender:

> Eles me enviaram aos Estados Unidos para treinamento. Em primeiro lugar, eu julguei incrível que eles enviassem um indiano. Mas eles garantiam que todos na empresa tivessem uma experiência comum. Conhecer a Johnson & Johnson nos Estados Unidos me fez pensar sobre os *benchmarks* mundiais e me deu um novo objetivo: ser da classe mundial em vez da local. Também me ensinou o nível e o tipo de habilidades administrativas das pessoas de lá. Tinham uma abordagem de equipe, uma maneira que era nova para mim. Aprendi que as coisas podem ser feitas de forma diferente da maneira indiana tradicional. Eu também aprendi valores – a perguntar: o que é o melhor a ser feito para a empresa? Como se encaixa no Credo? E [eu aprendi] que eles confiavam em mim para tomar essas decisões.

Um executivo da ABB nos falou da importância de um programa de estágio logo após ingressar na empresa, cerca de vinte anos antes no Brasil:

> Quando ingressei na Asea, tínhamos um grande projeto e precisávamos duplicar o tamanho da empresa para levá-lo a cabo. Copiamos um programa sueco para trei-

namento rápido dos engenheiros, passando-os por todas as áreas do negócio. Fui um dos 15 engenheiros que passaram pelos departamentos para observar e dar sugestões de melhorias. Nós rapidamente conhecemos as pessoas e fizemos amizades; eles começaram a nos utilizar como ajuda e como canais com o presidente. O nosso desafio era não sermos vistos como uma ameaça. Nessa experiência de um ano, eu aprendi a analisar todos os processos... a qualidade, os contratos, a produção. Aprendi a respeitar as pessoas, a entender seu lado, a adentrar uma nova situação e a fazer novos amigos. Hoje, quando ingresso em um novo cargo, eu tiro o tempo necessário para conhecer as pessoas e aprender os processos. Depois disso, eles nos enviaram para a Suécia por um ano, de modo que todos os 15 conhecíamos quase todos da empresa.

O programa acima descrito bem podia ter-se dado na Ericsson, que tem uma longa história de uso de programas internos de treinamento com novos contratados. Aqui vai um exemplo:

Eu tinha 25 anos quando ingressei no programa de treinamento. Logo pude aprender sobre os meus colegas, sobre a empresa, o produto, etc. Aprendi sobre a experiência "Ericsson". Depois de um ano e meio, me pediram que desse início a uma fábrica de produção no Sudeste Asiático. Entendi uma lição inicial do meu curso de treinamento – a de que a cultura refere-se a administrar por meio de pessoas.

O que faz esses programas destacarem-se 20 ou mais anos depois? Os elementos são facilmente identificáveis, mesmo nestes exemplos diversos. Primeiro: eles proporcionam a oportunidade de se aprender algo útil – do que trata o negócio. Segundo: eles expõem os *trainees* à cultura da empresa – como a empresa trabalha. E por fim, os elementos os apresentam a uma rede de pessoas com quem poderiam vir a trabalhar nos anos seguintes. Especialmente para o executivo brasileiro e o indiano citados, não é exagerado imaginar que eles jamais alcançariam sucesso na gestão empresarial sem uma compreensão próxima da empresa "estrangeira" para a qual foram trabalhar.

Os programas educacionais e autodesenvolvimentistas externos para executivos proporcionam uma outra fonte de experiência crucial. Em um sentido, esses programas, tipicamente freqüentados por executivos, não por *trainees*, oferecem oportunidades opostas: ensinam sobre as empresas em geral, não sobre uma só empresa; ensinam sobre outras culturas, não sobre a cultura da empresa; tem-se a oportunidade de tecer uma rede de relações e aprender com os executivos das outras empresas, não só com a empresa para a qual trabalha-se; são um momento para a reflexão, não para a ação. Não surpreendentemente, as lições diferem:

Eu freqüentei a INSEAD. Por quê? Eu queria refletir... e partir para o internacional. Muito mais importante do que a aprendizagem dos livros foram as 30 ou 40 diferentes nacionalidades. Isso força a pessoa a agir e reagir cultural e socialmente – nos Estados Unidos tem-se uma completa falta de conhecimento do mundo exterior. Quando você trabalha e vive com esses grupos, você não pode escapar. É aprender sem estar em um aquário – você não paga pelas conseqüências como pagaria dentro da empresa. Há menos risco. Tivemos de aprender francês, alemão e inglês, e trabalhar em línguas diferentes força-nos a ver as coisas de forma diferente.

Um outro executivo, um cientista, foi para um curso de administração em Henley. Embora ele fosse do Reino Unido, era um mundo diferente daquele a que estava acostumado:

> Essa foi a minha melhor experiência de aprendizagem. Eu havia tido enorme exposição aos negócios, mas não neste grau. Éramos um grupo multicultural, bem como uma mistura de especialidades funcionais. Tudo que fazíamos, todos os casos, eram discutidos e decididos em cada equipe de projetos. Primeiramente, você estudava o problema sozinho, depois enfrentava a visão da equipe e tinha de lidar com ela. Em seguida, você tinha de adaptar a sua visão com o fluir das discussões até que nós, como uma equipe, concordássemos em uma estratégia, uma decisão, um curso de ação. Aprendi o poder do trabalho de equipe, da tecnologia, do planejamento – a importância de cantar usando o mesmo hinário, a necessidade de entender as pessoas. Isso me formou de um modo e estilo que me auxiliaram a chegar onde agora estou – a ser aberto, comunicativo, a ter um estilo participativo. Eu aprendi a viver e a trabalhar em um ambiente diferente.

As reações desses executivos não são muito diferentes das tipicamente encontradas nos que freqüentaram os programas para executivos nas universidades. O ambiente seguro, as comparações com os outros executivos de todas as linhas – em especial de outras culturas – encorajam-nos a ampliar as suas perspectivas e a aprender novos comportamentos e estilos de liderança. Novos conceitos e maneiras de pensar (por exemplo, a experiência de Brian com o pensamento de sistemas na MIT, descrita no Capítulo 3) podem valer como poderosas e úteis experiências.

Os programas de aprendizagem de ação, tipicamente desenvolvidos internamente com um grupo de executivos de alto potencial tratando de uma questão empresarial significativa, são planejados para combinar as vantagens dos programas internos, dos programas externos e das atribuições de trabalho. Embora os programas às vezes alcancem esse objetivo, as organizações vêm constatando que eles tomam muito tempo, são caros e difíceis de ser mantidos em andamento. A esses programas faltam as vantagens dos programas de treinamento/estágio que são parte do tecido da organização, ou dos programas nas universidades, que exigem pequeno esforço ou envolvimento da organização, além de pagar as contas. Mas, quando eficientemente levada a cabo, a aprendizagem de ação traz benefícios que se contrapõem a essas desvantagens. Aqui segue um exemplo contado por outro executivo:

> Esse era um programa interno sobre a liderança de mudança – aos executivos de alto potencial, agrupados em equipes, foram apresentados problemas para trabalho. Eram sérios problemas empresariais. A minha equipe incluía pessoas da Alemanha e dos Estados Unidos, e era uma equipe bastante diversa. A coisa toda era bastante intensa, envolvendo muitas viagens. Expôs-me à perspectiva da nossa empresa, em um nível bastante alto, e me ensinou a lidar com grandes empresas de todas as partes do mundo. Nós finalmente trouxemos altos executivos para reunirem-se com os nossos altos empresários, e pude ver como as outras empresas vêem as questões. Aprendi o que os indivíduos trazem para o grupo, aprendi sobre como as equipes de alto desempenho trabalham e como fazê-lo.

De um ponto de vista genérico, o que faz esses programas autodesenvolvimentistas e educacionais mais formais funcionarem? O que transforma programas de treinamento em acontecimentos cruciais para o desenvolvimento de executivos? Iniciamos com a intenção: a organização e o executivo devem levar a sério as experiências, vê-las como fontes de aprendizagem e terem altas expectativas em relação aos participantes. E os programas precisam ser globais: os participantes e o conteúdo devem refletir a natureza global da organização, entre as culturas e entre as empresas. E mais: como os outros processos de desenvolvimento da organização, os programas devem ser partes integrais da estratégia empresarial da corporação.

DESAFIOS PARA A FAMÍLIA

A importância da família no sucesso global não é nenhuma idéia nova.[8] A maioria dos debates sobre o trabalho global, em especial sobre a expatriação, ressaltam a importância da adaptação bem-sucedida da família; o fracasso em ajustar-se no âmbito familiar é citado como a razão de os executivos voltarem para casa antes do término de suas atribuições no estrangeiro. Tampouco é a adaptação da família uma questão unicamente norte-americana. Não a encontramos mencionada somente por nossa amostra, em sua maioria de executivos não-norte-americanos, mas autores de outros países também consideram a adaptação da família uma questão séria. Por exemplo, uma sueca, Monica Rabe, publicou uma série de livros que se dedicam à adaptação da família no estrangeiro escritos para um grande público (e publicados em Cingapura!).[9]

As questões da família apresentam-se de dois modos: direto e indireto. O fator direto é a adaptação da família em si; por exemplo, ouvimos falar de uma família que chegou num dia a um país particularmente difícil para já partir no seguinte, deixando o executivo para trás. Um fator mais indireto é simplesmente as exigências maiores de um trabalho global para o executivo, inclusive as viagens extensivas. Essas exigências produzem maior estresse, que por sua vez impõe maiores exigências nos recursos, tanto dos executivos como de suas famílias. Algumas dessas famílias sobreviveram, algumas não. Sem perguntar, escutamos exemplos de ambos, mas, nos dois casos, os executivos aprenderam lições sobre si mesmos e suas famílias.

Em sua maioria, a lição aprendida foi sobre a importância da família:

- "Tomava toda a minha vida – não sobrava tempo para a família, as crianças. Foi um período muito difícil, pessoalmente. Hoje, eu posso separar a vida pessoal da vida empresarial; sei desligá-las".
- "Eu passo 150 dias do ano viajando. Minha família é crucial. Eu tenho uma esposa muito corajosa e aprendi a respeitar o fato de que nem todas as esposas conseguem agüentar isso. É como um empreendimento por si próprio... Depois de um dia longo, é muito importante que ela me entenda e me apóie. Sem o seu apoio, eu estaria na Finlândia fazendo outra coisa".
- "Eu tinha deixado o meu trabalho tornar-se por demais dominante – a decisão da minha esposa de me deixar causou-me surpresa. Eu estivera envolvido e entusiasmado com o trabalho. Como resultado, aprendi a manter um certo distanciamento".

- "Por causa da minha família, decidimos viver em Estocolmo, onde havia escolas que ensinavam em inglês, em vez de vivermos a duas horas de distância dali, onde ficava a fábrica. Uma das minhas lições cruciais foi como manter em equilíbrio a vida profissional e a familiar. Eu trabalhava a semana toda, mas nos finais de semana me devotava 100% à família".
- "Nós estávamos em Londres como naturais de um terceiro país quando eu fui transferido a Paris. Minha família permaneceu em Londres, e nós tivéramos um novo bebê. Eu trouxe a família para Paris, mas aí tive de viajar por seis meses. Eu devia tê-los deixado em Londres, onde estavam estabelecidos... Teria sido muito mais fácil para eles... Eu pensaria mais no futuro".

Uma pessoa não precisa mudar-se para um outro país para descobrir que uma atribuição global produz estresse familiar, principalmente as viagens extensivas e o tempo longe da família. As atribuições regionais em um país estrangeiro com responsabilidades por toda uma região geográfica (por exemplo, o Pacífico Asiático) parecem projetadas para incluir o pior dos dois mundos – as viagens extensivas e uma família à deriva em um novo local. Aumentando a dificuldade para a família, a diferença (se ela vem de uma cultura diferente) será maior para ela do que para o executivo. O executivo irá mudar-se para um escritório com uma cultura empresarial e procedimentos por ele conhecidos e todos (ao menos em níveis seniores) falando o inglês. Como um dos nossos executivos na Ásia observou, lá o papel do cônjuge que não trabalha pode ser mais difícil no caso de um marido do que no de uma esposa, porque a maioria das sociedades asiáticas simplesmente não está acostumada com o fato de os maridos ficarem em casa. A despeito da admoestação, conhecemos casos nos quais maridos "rebocados" deram muito certo.

A solução para as questões familiares pareceria ser a colocação daqueles sem famílias nos cargos globais. Mesmo se houvesse suficientemente executivos solteiros para o preenchimento dos cargos, os nossos executivos apontaram que tal solução não deixa de acarretar os seus próprios problemas. As pessoas sem uma família têm os seus conjuntos particulares de dificuldades. Uma outra solução seria o uso de casais de executivos, mas essa solução também não exclui os seus problemas. Por mais global, que o mundo possa ser, em muitos países, os cônjuges – sejam eles maridos ou esposas – não podem empregar-se. Onde ambos podem trabalhar, o cuidado com as crianças torna-se um problema especial. Uma executiva, cujo marido também era um executivo, explicou que nem o seu cargo nem o do seu marido podiam ser executados sem extensivas viagens, e que, mesmo com empregadas fixas, ela e o marido tinham de marcar suas viagens com meses de antecedência a fim de que um deles sempre estivesse em casa.

As famílias inventam uma variedade de soluções para essas questões, que são tão diversas quanto as situações. Os nossos executivos pareceram por demais envolvidos em suas próprias experiências para enxergar o que podia ser feito, nos deixando com muitas contradições aparentes nascidas de suas experiências. A esposa de um executivo australiano no Japão passou a maior parte do seu tempo de volta à Austrália com sua família, mas um outro executivo disse que ele jamais enviaria pessoas que não estivessem com suas famílias. Um executivo disse que ele nunca mais enviaria uma pessoa solteira – eles não conseguem adaptar-se – mas outro tivera grande sucesso ao enviar uma executiva negra, fisicamente chamativa com os seus dois metros de altura, para a Itália como expatriada.

Os executivos e suas famílias viraram-se, bem ou mal. Muitos divorciaram-se – foi difícil determinar quantos; nós não perguntamos. Mas o que ficou claro foi que, ao menos aos olhos deles, as suas organizações pouco tinham feito para auxiliá-los a lidar com as questões familiares. Essa informação nos surpreendeu, visto que a maioria das organizações estava bem ciente dessas questões relacionadas com o fato de ser um executivo global e acreditava ter provido apoio extensivo.

AS EXPERIÊNCIAS DAS EXECUTIVAS

A nossa amostra de 101 executivos globais incluía nove mulheres. Embora tenhamos incluído vários dos seus comentários nas citações por todos esses capítulos, o número nove é por demais pequeno para oferecer generalizações com alguma confiança. Ainda assim, nove mulheres executivas globais é um número grande o bastante para resistirmos à tentação de ao menos oferecermos observações. Chegamos a elas tanto lendo os protocolos das nove entrevistas como comparando os acontecimentos e lições cruciais codificados.

Em termos de meio de formação, as mulheres eram tão diversas quantos os homens. Suas origens eram a África, a Austrália, a França, a Holanda, a Indonésia, o Reino Unido e os Estados Unidos. Nós as entrevistamos em seus escritórios em Nova York, New Jersey, Hong Kong, Londres, Haia, Jacarta e Paris. Suas posições incluíam a de chefe do negócio, vice-presidente de vendas e de *marketing* em âmbito mundial, diretor-geral da empresa, diretor regional de recursos humanos e diretor no país – de finanças e administração.

Espantamo-nos com a ausência de diferenças nos acontecimentos e lições cruciais aprendidos pelos executivos. Nós havíamos reexaminado todos os acontecimentos cruciais em nossa análise, mas sem qualquer identificador de gênero. Lemos novamente, desta vez agrupando-os por gênero, mas raras vezes encontramos algo que sugerisse diferenças de gênero. "Deixar uma grande empresa para dirigir uma menor empresa de *software*", "uma primeira atribuição internacional na África em um departamento que estava em uma enorme desorganização", "começar o meu próprio negócio em Cingapura", "decidir-me por abandonar um programa de doutorado em biologia e ir trabalhar para uma empresa", "tornar-me diretora de P&D no Pacífico Asiático" – todos esses acontecimentos parecem tão típicos dos homens como das mulheres. Dos 25 acontecimentos cruciais singulares dessas entrevistas, apenas dois especificamente relacionaram-se ao gênero – um, a experiência de ser a única mulher engenheira em uma fábrica química, e o outro, a experiência de ser uma de apenas duas mulheres em um programa externo de maioria masculina. De ambas experiências, uma importante lição foi retirada: a de aprender a conviver com o mundo "dos homens". Ao passo que essa lição é única às mulheres, foi comum para estas executivas internacionais serem as únicas de sua nacionalidade, função, idade ou afins. Para elas, a lição foi aprender como conviver com o mundo de uma outra pessoa.

Uma outra área na qual notamos uma diferença foi a dos fatores de formação que contribuíram para o ingresso no trabalho global ou para nele serem eficientes. Somente uma das nossas mulheres não conseguiu identificar *nenhuma* influência importante: "O meu pai era um policial, e minha mãe uma dona de casa. Eles ficaram horrorizados quando fui para o Brasil". Mais típicas foram as seguintes respostas:

- "Eu cresci em duas culturas, viajei muito, estive em escolas com pessoas de todo o mundo."
- "Mesmo quando criança eu tinha vontade de viajar."
- "Eu fui criada em um ambiente político instável (África do Sul), onde eu estava bastante consciente de ser uma exilada e de viver em um ambiente bastante multicultural."
- "A minha avó me levou por todo o mundo quando eu tinha 13 ou 14 anos e me ensinou a valorizar as outras culturas; e o meu pai era das Forças Armadas e nós viajávamos muito."
- "O meu pai era indonésio e a minha mãe chinesa. Nós vivemos em Cingapura, depois na Austrália... Eu me interessava por coisas novas e desenvolvi uma sensibilidade cultural muito cedo."

As nossas entrevistas sugerem que menos mulheres "acabam" nas carreiras internacionais e que, para ingressar no trabalho global, elas precisam estar muito interessadas e ser dedicadas. Esse resultado estaria coerente com a tendência geral das empresas de mostrar relutância em enviar mulheres para o estrangeiro.

Embora as *descrições* dos acontecimentos pelos homens e mulheres fossem tão semelhantes a ponto de ser indistinguíveis, a nossa análise estatística indicou que existe uma diferença entre homens e mulheres no *número* total de acontecimentos listados entre as categorias, mas não nas lições aprendidas. As mulheres estiveram demasiadamente representadas nas categorias dos acontecimentos que nós rotulamos de guinadas de carreira, choque cultural e experiências autodesenvolvimentistas e educacionais, e sub-representadas nos acontecimentos envolvendo viradas e começos de negócio e empreendimentos conjuntos.

Sem interpretarmos em demasia os dados do nosso pequeno grupo de mulheres executivas globais, os nossos resultados sugerem que as mulheres aprendem as mesmas lições dos mesmos tipos de experiências que os homens. Também sugerem, contudo, que as mulheres executivas não estavam experimentando com a mesma freqüência alguns dos acontecimentos cruciais que os homens julgaram mais valiosos, em especial as difíceis experiências como as viradas de negócio.

E AGORA?

Nos capítulos 5 e 6, descrevemos 18 tipos de experiências que os executivos globais disseram ter sido importantes para eles. Os dados talvez tenham levantado mais questões do que resolvido, e as nossas conclusões incluem o que alguns vão considerar más notícias. Especificamente, se o uso da experiência para o desenvolvimento de executivos *domésticos* é impreciso, então usar a experiência para desenvolver executivos *globais* é ainda mais. No mínimo, o último requer considerar simultaneamente a pessoa, a atribuição, o contexto e a cultura, o que turva as águas no tocante ao que será aprendido com uma experiência. O que fica claro, entretanto, é que não se aprende sobre outras culturas e sobre a direção de um negócio em outras culturas ficando-se em casa – mesmo que aqueles que ficam em casa pensem ter aprendido essas lições. Nas palavras de Craig Storti: "Como podemos aprender e crescer com as nossas experiências se não passamos por nenhuma?"[10]

A boa notícia é que as organizações controlam diretamente algumas das experiências autodesenvolvimentistas, ao menos em termos de conceder a pessoas específicas a oportunidade de passarem por essas experiências. Essas experiências incluem as atribuições que exigem desenvolver um negócio, começá-lo do zero, dar uma virada em uma empresa ou em parte dela, as negociações, os empreendimentos comuns, os projetos especiais e uma breve tarefa na sede. As organizações também controlam a exposição aos chefes exemplares e o acesso às oportunidades educacionais globalmente significativas. As organizações podem influenciar as experiências iniciais de trabalho e nas primeiras experiências de gestão, principalmente, se atraírem as pessoas de talento ainda no início de suas carreiras. Também possuem o controle sobre a eventualidade de uma pessoa passar por uma oportunidade de expatriação, e se passar, onde e se quando um dado cargo possui um componente internacional, se esse envolve a expatriação ou não. Mas o que na realidade acontece nessas experiências é menos receptivo ao controle organizacional, especialmente quando se agrega o impacto incerto da exposição a outras pessoas e a culturas estrangeiras.

Outros tipos de experiências situam-se, em grande parte, além do controle da organização, exceto na forma como a organização reage quando acontecem, ou o que a organização faz para preparar as pessoas. Essas incluem as experiências que os executivos trazem consigo para a organização, bem como aquelas que ocorrem imprevisivelmente (tais como as confrontações com a realidade, os equívocos e as crises) e aquelas que são altamente pessoais (tais como o choque cultural, as guinadas de carreira e os acontecimentos pessoais e familiares).

Embora uma pessoa não possa aprender mais com uma experiência do que a experiência oferece, "o que ela oferece" depende imensamente do meio de formação de uma pessoa, de sua experiência e crescimento anterior. E, como Barbara Tuchman tão eficazmente documentou em *The March of Folly,* só porque as lições da experiência estão prontamente disponíveis, não significa que qualquer um vá aprender com elas.[11] Por tais razões, as fórmulas para se utilizar a experiência para o desenvolvimento são excessivamente perigosas em um contexto global. A boa notícia é que muitas das lições críticas necessários aos executivos globais podem ser aprendidas (e não precisam ser "inatas") e que as organizações de fato têm considerável latitude para tornar as oportunidades de aprendizagem disponíveis e ajudar as pessoas a aprenderem com elas. No entanto, como as histórias de Andrew, Jean e Brian ilustraram no Capítulo 3, em última instância é o indivíduo quem precisa efetuar o aprendizado.

Algumas vezes, os indivíduos não aprendem por causa de sua própria falta de atenção, inabilidade ou má sorte. Outras vezes, não aprendem porque a organização não lhes concedeu experiências instrutivas, ou não os proveu do apoio para que eles aprendessem as lições críticas. Mas quaisquer que sejam as causas, quando os executivos não aprendem, suas carreiras descarrilam. Abordaremos essa questão no capítulo seguinte.

Quando as coisas dão errado

> Nós somos falhos, e somos criaturas do nosso tempo.
> – Carl Sagan, *The Demon-Haunted World*

O trabalho global é uma proposição arriscada. Dado um conjunto errado de circunstâncias, mesmo as carreiras das pessoas mais talentosas podem descarrilar. Considere as seguintes descrições de cinco pessoas capazes:

> Cheong possuía um forte e perspicaz entendimento das pessoas e dos processos financeiros. Ele era honesto e lutador. Era capaz de buscar oportunidades. Conhecia as políticas e o conteúdo técnico necessário. Era um bom professor.
>
> Lars era bastante agradável, inspirador, as pessoas eram calorosas e afetivas para com ele.
>
> Paul era analítico, se preocupava com as pessoas e era criativo. Ele parecia ter tudo.
>
> Jorge possuía enormes habilidades interpessoais, era um trabalhador dedicado, um grande vendedor e esforçava-se ao máximo para aprender sobre as culturas.
>
> Johanne ouvia, entendia as coisas e sabia ir direto ao ponto nas questões e tomar decisões. Ele era bem-apessoado e promovia um ambiente descontraído. Ele fazia questão da honestidade, mesmo se você não soubesse as respostas. Era um bom modelo e tomava as decisões adequadas.

Não há dúvida alguma: todos esses cinco executivos internacionais eram pessoas de talento. A maioria das empresas ficaria encantada em ter em sua equipe qualquer um deles, e não é nenhuma surpresa eles terem alcançado níveis muito altos de responsabilidade global. Eles estiveram, contudo, entre as 121 pessoas de talento, descritas para nós, que haviam perdido o rumo em atribuições internacionais.

Não importa a quem você pergunte, desenvolver executivos globais é uma proposição cara, especialmente quando as atribuições expatriadas estão envolvidas (como em geral é o caso, em um momento ou outro). Mas o custo pode ser visto como um investimento com um retorno significativo – desde que o conhecimento e a *expertise* ganhos com a experiência possam ser usados eficazmente pela corporação. Quando as coisas dão errado, não é apenas o investimento sacrificado, mas também a pessoa anteriormente julgada por pessoas inteligentes como sendo talentosa. Em outras palavras, os descarrilamentos de carreiras de executivos globais são duplamente caros. Os executivos em nosso estudo, tendo em média nove anos de experiência vivendo no exterior, estavam em uma posição singular de observar outros executivos globais irem e virem, e os cinco relatos iniciando este capítulo são reveladores. O que aconteceu a estes cinco?

> Uma enorme mudança estava ocorrendo na organização, e Cheong sustentava um ponto de vista diferente em algumas questões administrativas cruciais. Ainda que ele delegasse tarefas, envolvia-se demasiadamente nos detalhes. Ele pode ter se sobrecarregado com os detalhes, o que tira o tempo de se dedicar a uma visão estratégica. Ele falhou em ver a estratégia. É também uma pessoa muito volátil e sente dificuldade quando a sua lealdade não é recíproca.
>
> Lars era bastante inspirado e perdeu o contato com a realidade. Era tão inspirador que o seu chefe adotou a sua idéia e levou-a às outras pessoas explicando-a, mas infelizmente a história ruiu. O chefe ficou bastante aborrecido. Em decorrência, Lars foi despedido; a sua falha foi a de ser tão inspirado que podia convencer as pessoas das coisas sem se dar conta das implicações nelas contidas. Ele levou longe demais as suas grandes habilidades comunicativas.
>
> A empresa começou a mudar e tornou-se mais orientada aos resultados e voltada ao desempenho. Paul foi totalmente incapaz de se adaptar a essa nova realidade. A sua inteligência deixou de ser um ativo e tornou-se um impedimento – ele costumava encontrar motivos por que as coisas não devessem ser feitas da maneira nova. Foi afastado.
>
> Jorge prestava pouca atenção aos detalhes; ele nunca quis se alongar neles. Ocasionalmente é preciso aprofundar-se, e ele se viu uma ou duas vezes fora do rumo porque não havia prestado atenção. Quando ele se firmou um pouco mais sozinho, a sua visão não era acobertada pelas outras pessoas que podiam implementá-la.
>
> Johanne era uma pessoa relativamente quieta que não sentia-se à vontade dando palestras. Ele não apresentava uma forte imagem de liderança. Não parecia agressivo o suficiente. Viu-se pego nas mudanças, e não estava conseguindo resultados visíveis rápido o bastante. Foi substituído por uma pessoa mais dinâmica.

Esses relatos não contam a história toda, mas salientam com efeito alguns temas. O mais óbvio, é claro, é que um grande talento não impede que as fraquezas exerçam um impacto e pode até camuflar essas fraquezas quando a pessoa está longe de sua terra. Outros temas também destacam-se. O mundo modifica-se. As culturas e as pessoas em posições cruciais, as estratégias modificam-se, as corporações se reestruturam e se realinham – todas essas mudanças exigem que os executivos se adaptem. É fácil dizer que uma pessoa deve adaptar-se, mas quando se está a uma certa distância de casa, lutando com a direção de um negócio em outra cultura, você pode com a mesma facilidade perder as chances oferecidas, até mesmo não percebê-las, subestimá-las ou lidar mal com elas.

Um outro tema refere-se fazer jus às suas promessas. Especialmente se a pessoa é carismática ou se está apenas defendendo o seu território fazendo promessas tentadoras, a avaliação do país de origem pode contrapor o desempenho à uma expectativa inflada.

Ainda um outro tema, tornado especialmente comovente por toda a ênfase em ter uma perspectiva global, é que nas culturas estrangeiras as coisas podem nem sempre ser como se apresentam na superfície. Às vezes um executivo precisa saber os detalhes, cavar a superfície, para enxergar o que de fato está se passando. Muitos descarrilamentos de carreiras que foram relatados envolveram executivos pouco engajados – demasiado distanciados – com o que estava acontecendo em seus quintais.

Finalmente, fica claro que a imagem importa (ou ao menos as aparências). No trabalho internacional, um executivo precisa levar em conta muitas perspectivas, entre as quais (não de menor importância), a perspectiva da sede de onde veio. Mas existem muitos outros públicos – subordinados, colegas, clientes, sócios, governos – que podem possuir lentes culturais particulares por meio das quais interpretam as ações de um executivo.

AS DINÂMICAS DO DESCARRILAMENTO DE CARREIRA

O conceito de descarrilamento de carreira veio do estudo feito com os executivos norte-americanos nas corporações dos Estados Unidos; por conseguinte, ao fazer este estudo, nos perguntamos se o processo seria o mesmo no contexto internacional. Os descarrilamentos de carreira ocorrem quando pessoas de talento, ou previamente bem-sucedidas, fracassam em cumprir as expectativas da corporação. Um descarrilamento de carreira não necessariamente significa um fracasso em termos mais amplos; antes, significa simplesmente que o progresso da carreira "saiu dos trilhos" por alguma razão. Em um momento adiante, em um outro contexto, ou em termos de aspirações pessoais, uma pessoa cuja carreira descarrila ainda pode obter sucesso.[1]

Quatro dinâmicas descrevem o que aconteceu aos executivos norte-americanos cujas carreiras descarrilaram.[2] Em muitos casos, as forças iniciais que propeliram uma pessoa ao sucesso transformaram-se na fraqueza que acabaram com ela. Com mais freqüência, tal situação tomou a forma de uma *expertise* técnica, funcional ou de mercado que cedo conduziu a sucessos e promoções. Mais tarde, a especificidade dessa *expertise*, combinada com uma dependência das forças que serviram ao executivo anteriormente, serviram como tapa-olhos que lhe impediram de ver o quadro maior ou de adquirir novas habilidades essenciais em um cargo de nível mais alto.

Uma segunda dinâmica envolveu falhas que tinham existido há um tempo, mas que voltaram a ocorrer em uma nova situação. Alguns líderes, por exemplo, *sempre* foram abrasivos e arrogantes, mas conseguindo grandes resultados de negócio, nunca de fato se prejudicaram por suas falhas. Quando os resultados não foram tão bons quanto o esperado, ou quando a situação modificou-se de modo que os relacionamentos passaram a ser críticos para o sucesso, as falhas *repentinamente* ganharam suma importância, e a carreira do executivo descarrilou.

A terceira dinâmica envolveu as conseqüências do sucesso continuado. Alguns executivos simplesmente começaram a crer que eram tão bons quanto pareciam ser e, como os trágicos heróis gregos, sofreram um aniquilamento em resultado de seu húbris.

Por último, alguns executivos apenas pareciam não ter sorte, indo acabar no lugar errado, no momento errado ou esbarrarando na pessoa errada. Algumas vezes, as circunstâncias foram descritas como sendo situações que "podiam não ter feito outro perder o rumo". Embora a má sorte deva ser considerada, outros fatores em geral contribuíram para a queda.

Ao examinar os casos de descarrilamentos de carreiras globais, tememos estar sendo influenciados pelos estudos domésticos anteriores de McCall – tanto que nos desdobramos para não tentar encontrar padrões que suspeitávamos estar lá. Não importava o que fazíamos, no entanto; as quatro dinâmicas ainda continuavam aparentes nos descarrilamentos das carreiras internacionais. As forças iniciais ainda transformavam-se em fraquezas:

> Ele era excelente na fabricação, mas não na operação do negócio. Como diretor-geral, passava tempo demais na fabricação e confiava em outros para lidarem com as outras áreas. Fracassou.

> Ele era inteligente e tendia a complicar demais as coisas. Tinha planos que não eram executáveis. As pessoas inteligentes embrulham-se com as idéias simples. Se a sua estratégia é por demais complexa, você não consegue alinhar as variáveis, o que leva à inação. Pensar por todos os ângulos diminui a marcha das coisas.

> Ele era uma pessoa brilhante, um revolucionário, lutava como o diabo, tinha abordagens diferentes e o seu pensamento não se enquadrava. Cometeu um grande erro – julgou-se brilhante e os outros, estúpidos. Esse cara era mesmo brilhante, mas o demonstrava demais.

> Era um americano que viera trabalhar na Ásia. Era muito considerado nos Estados Unidos e tinha uma posição sênior na Ásia, lidando com muitas culturas. Ele era um americano típico, muito bem qualificado e consciencioso. No entanto, demonstrava uma aguda ausência de sensibilidade cultural. Concentrava-se em conseguir que o trabalho fosse feito, e esse era o seu ponto forte – mas também o seu ponto fraco. Não tinha segundas intenções e fracassou miseravelmente porque foi incapaz de se adaptar a modos diferentes de operação.

Falhas bem antigas ainda importavam em novas situações:

> Ele era uma estrela em ascensão, uma carreira despontando rapidamente. Era bem-apessoado e muito esperto. Parecia político, mas isso tinha importância na empresa. À medida que o fui conhecendo, tornou-se aparente para mim que não se podia confiar em nenhuma palavra que dizia. Finalmente, ele perdeu o apoio do seu pessoal. Quanto mais baixo você está em uma organização, menos você precisa do apoio das pessoas abaixo de você. Quanto mais alto você sobe, mais precisa desse apoio.

> Ele era uma pessoa muito inteligente, com muito tato para lidar no alto escalão com o CEO e o Conselho. Possuía uma boa visão de para onde a organização ia. O problema é que não era muito bom em lidar com os escalões mais baixos. Sempre mantinha uma distância entre ele e a sua equipe administrativa. Gerava medo e, com freqüência, estabelecia objetivos pouco razoáveis. As pessoas não podiam lhe dizer a verdade. Ele não era só ruim com as pessoas do trabalho, também era péssimo com os clientes. Por fim, não conseguiu os resultados que prometera. Não tinha respeito por seu pessoal, era um mau motivador e, quando não conseguiu os resultados, foi tirado do cargo.

A arrogância ainda conduzia à queda:

> Ele era decidido, um pensador estratégico, sabia prestar atenção nos detalhes, tinha o dom da facilidade com as línguas e mantinha bons relacionamentos com os clientes. Mas era arrogante e deixou de perceber os sinais à sua volta. Parou de ouvir e não percebeu os sinais de dificuldade em alguns dos que seguravam nas mãos o seu futuro, a saber, os seus colegas. Ou então reparou, mas não deu importância. Quando cometeu uns equívocos que normalmente não fariam uma pessoa perder o cargo, havia depositado tão pouco na conta corrente do banco emocional das pessoas que começou a despencar rapidamente.
>
> Ele subiu rapidamente, como uma estrela em ascensão, mas tornou-se tão obcecado com os seus próprios assuntos que começou a pensar só em si mesmo, também quanto aos negócios. Era difícil para ele ter uma visão mais abrangente. No final, transformou-se em uma pessoa que prometia além do que podia cumprir. Investiu em pessoas que estavam cansadas dele. Tudo sempre tinha de seguir os seus termos e, então, as pessoas não mais o seguiram. No fim, por conta da maneira que lidava com eles, os clientes desencorajaram-se. Foi rebaixado de cargo.
>
> Ele era inteligente, trabalhador, com tremenda energia e motivação, trabalhando das cinco da manhã às nove da noite todos os dias. Era muito franco e tinha ótimas idéias, mas pisou em muitas pessoas no seu caminho ascendente. Era demasiadamente ambicioso. Não pensava duas vezes em não se importar com as pessoas. Tinha uma alta opinião de si mesmo. Ele, repentinamente, sofreu uma dura queda. Até poderia ter sobrevivido, mas tinha inimigos demais, por isso ninguém tentou salvá-lo.
>
> Eu enviei uma pessoa que pensei ser ótima. Ela era sensível e tolerante. Não era metida a importante, e tinha o ponto de vista dos humildes. Infelizmente, ela não correspondeu ao esperado. Viu na oportunidade uma chance de ser importante, ser o patrão, e fracassou.

E houve até um pouco de má sorte:

> A empresa mudou o que premiava e valorizava, e ele foi deixado para trás.
>
> Ele se envolveu em um conflito do qual tinha fortes convicções, e ele e o seu chefe enxergavam a situação de modo divergente. Estava envolvido em um investimento que ia mal e foi usado como bode expiatório.
>
> Ele era a pessoa errada, na função errada, no país errado, no momento errado, e o negócio abriu uma cratera. Foi um desastre, embora não fosse totalmente culpa dele. Na verdade, o diretor-geral foi considerado o culpado. Puseram um novo diretor-geral e o negócio ainda não funciona.
>
> Algumas vezes, as atribuições no exterior ficam fora do tradicional. Se uma pessoa permanece por um longo tempo nesses cargos, ela não estará mais na linha de ponta e pode estar trabalhando com uma tecnologia antiga, ou a organização pode se esquecer dela.
>
> Se você está em um negócio em crescimento com o chefe certo, você segue adiante. Entretanto, quando o negócio pára de crescer, não há mais para onde ir.

Apesar de as dinâmicas básicas terem sido bem parecidas, em um contexto global também houve algumas diferenças marcantes. Considerando o número e a magnitude das forças que levaram ao sucesso antes dos descarrilamentos de suas carreiras, os executivos internacionais eram provavelmente muito mais talentosos para início de conversa do que as suas contrapartes domésticas dos Estados Unidos. Por exemplo, os executivos globais internacionais foram comumente descritos como possuindo forças múltiplas, tais como: serem brilhantes e possuirem habilidades interpessoais, serem habilidosos tecnicamente e astutos com as outras pessoas e orientados para as pessoas e resultados.

Além do mais, as suas falhas foram mais enigmáticas do que as dos executivos domésticos. Não só houve *mais* falhas descritas, mas também muitas falhas pareciam paradoxais, no sentido de que o oposto da falha poderia ser igualmente letal. Para cada "demasiadamente implacável", ouvimos um "não suficientemente duro". Os que se envolviam nos detalhes foram contrabalançados por aqueles descritos como demasiadamente visionários, mas incapazes de realizar suas visões. Aos imperiosos autocratas, impuseram-se os executivos que tudo delegavam.

Enquanto numerosas falhas foram igualmente problemáticas, sobressaindo no cenário internacional ou não (por exemplo, fracassar em adaptar-se a situações modificadas e uma "espantosa falta de habilidade em lidar com as pessoas"), muitas falhas ancoraram-se mais nos contextos. A perda de contato com o país natal foi uma das mais importantes e que, com freqüência, surgia quando chegava a época da repatriação; a construção de um império minando ou ignorando a estratégia global da empresa foi outra.

E os contextos nos quais os descarrilamentos de carreira se deram foram muito mais complexos do que os que nós usualmente víamos nos estudos domésticos nos Estados Unidos. O grau de desafio e de complexidade em alguns cargos globais fez com que nos perguntássemos se alguém teria obtido sucesso. Tome, por exemplo, o europeu que tivera sucesso em um cargo no continente asiático. Como um executivo familiarizado com a situação a descreveu: "Ele se mudou para um cargo dez vezes mais complexo na Ásia – um empreendimento conjunto com muita necessidade de iniciativa, de cortes nos custos, com produtos diferentes, etc. Dentro de um ambiente simples, ele fora claro em seus propósitos. De repente, tudo mudara. Era demais... Ele teve pouco apoio e pouco controle antes de se dar conta da situação".

Para finalizar, ficou claro que as organizações para as quais trabalhavam os executivos cujas carreiras descarrilaram cometeram numerosos erros. Onde se constatou que as organizações foram cúmplices nos estudos anteriores, elas foram por vezes culpadas na arena global. A saga de um dos executivos foi deste modo descrita: "A empresa contribuiu [para o descarrilamento da carreira] quando o levou a crer que o apoiaria não importando o quê, mas não o fez. Eles o apoiaram quando tudo ia bem, mas desertaram quando foi mal". A ausência de um *feedback* honesto foi difundida, assim como as mensagens misturadas ou as expectativas pouco claras vindas "de casa". As empresas escolheram, obviamente, as pessoas erradas, promoveram-nas rápido demais (sem que fossem "testadas") ou as mantiveram no exterior por muito tempo. Freqüentemente, os executivos expatriados não tiveram acesso aos tipos de apoio técnico ou outros aos quais os executivos domésticos podiam recorrer.

Os casos de descarrilamento de carreiras envolvem nitidamente indivíduos talentosos, mas com falhas, que apreciavam a independência das atribuições globais. Trabalhando em ambientes complexos, em geral desconhecidos (para eles) e em grande parte implacáveis, eles estavam a alguma distância das sedes e do apoio. Os seus chefes distantes freqüentemente não compreendiam a situação local; talvez, na verdade, nem se importassem com ela, e não ficavam, via de regra, em um contato próximo a não ser que surgissem problemas. Em resumo, uma combinação potencialmente letal de falhas individuais, fatores contextuais e equívocos organizacionais abastece a dinâmica dos descarrilamentos de carreiras já em andamento (Figura 7.1).

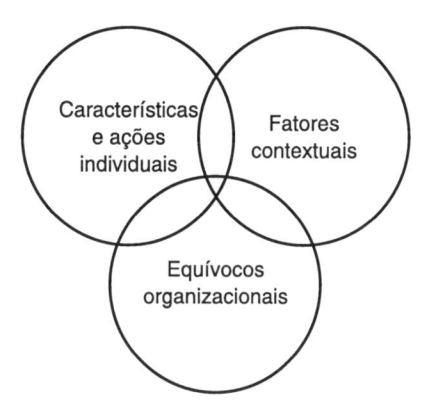

Figura 7.1 Fatores ligados aos descarrilamentos de carreiras.

AS CONTRIBUIÇÕES DOS INDIVÍDUOS: AS FALHAS FATAIS E AS NÃO TÃO FATAIS

Aproximadamente 300 falhas foram descritas para nós, dependendo de como se divide o montante. Sete categorias dessas falhas destacaram-se como claras, mesmo previsíveis, criadoras de problemas (Quadro 7.1). A primeira categoria foi o fracasso em adaptar-se à mudança. O que havia mudado variou consideravelmente – os mercados, os chefes, a estratégia empresarial, a filosofia de liderança, a tecnologia – mas ficou claro pelas histórias que os executivos em questão tinham permanecido enraizados no passado, algumas vezes até desafiando as tentativas de serem trazidos a bordo. Perguntamo-nos se todas as mudanças foram para melhor, ou se algum dos líderes, cujas carreiras descarrilaram, poderiam ter estado certos em resistir. Ainda assim, o "trem rumo ao norte" deixou-os para trás.

> **Quadro 7.1** As falhas universais fatais
>
> - A falha em aprender ou se adaptar à mudança
> - Os relacionamentos conturbados com pessoas cruciais
> - A falha na tomada de ações necessárias ou no cumprimento das promessas, e a falha na solicitação de ajuda
> - As perspectivas estreitas ou provincianas
> - A falta de habilidade no trato com as pessoas
> - A perda de contato com o resto da empresa
> - A escolha de pessoas ineficazes

Freqüentemente, a inabilidade ou a falta de vontade de mudar teve sua origem em um ponto de vista por demais estreito ou provinciano – um resultado comum de uma carreira em um "silo" ou em uma única função. Incapazes de enxergar o quadro geral ou sem vontade de aceitar o valor de outro ponto de vista, alguns executivos (inconscientes de suas falhas), ou recusaram-se a aceitar a mudança, ou não puderam concentrar suas energias nela. Ainda outros, em parte em decorrência de seus "tapa-olhos", escolheram pessoas que mais tarde fracassaram ou não proporcionaram o apoio ou a *expertise* necessários.

Outras falhas na categoria "nitidamente letal" incluem os conturbados relacionamentos com outras pessoas cruciais (tais como os clientes, os sócios, a direção sênior ou os colegas), um padrão reparado por Jack Gabarro em seu estudo de 1987 sobre os novos diretores-gerais (presumivelmente norte-americanos) que fracassaram.[3] Os estragos ocorreram juntamente com um declínio no desempenho ou algum outro erro significativo, o que o tornou ainda mais tóxico. E essa categoria se relaciona a uma outra ainda mais ampla, uma "espantosa falta de habilidade no trato com as pessoas", que, por vezes, acabou cansando as pessoas com o passar do tempo. Em um contexto global, os relacionamentos de qualidade são cruciais em alguns países e em algumas situações de negócios (tais como as negociações delicadas, os empreendimentos conjuntos e as alianças entre culturas). Então, embora uma falta de habilidade no trato com as pessoas possa ser irritante em qualquer contexto, no contexto internacional torna-se fatal.

Um outro engano evidente no trabalho global combinou o fracasso em agir ou em cumprir as promessas, com a falha em não solicitar (ou não aceitar) ajuda quando tudo ia mal. Talvez por conta do pesado investimento nesses executivos, ou porque eles inevitavelmente estão um tanto distanciados do país natal, as organizações relutam em descarrilar a carreira de um executivo sem primeiro tentar resolver a situação. O executivo com problemas, entretanto, pode tentar lidar com as questões sozinho, sem a interferência de fora. Este pode ser um erro fatal, tornado ainda mais provável sempre que, enquanto expatriado, o executivo perde o contato com o restante da empresa.

Mas nunca é tão simples

Enquanto alguns descarrilamentos de carreiras globais foram simples, e as falhas óbvias, muitos outros não o foram. De fato, os resultados da nossa primeira análise dos dados foram bem intrigantes – este teve a carreira descarrilada por conta de sua "insuportável arrogância", mas aquele outro, por ser humilde demais. "Sueco demais", sentenciou um executivo falando de seu colega cuja carreira descarrilara. Este outro estava tão atolado nos detalhes a ponto de não enxergar as possibilidades, enquanto aquele outro era demasiadamente visionário para conseguir que algo fosse feito. Um era um imperioso autocrata; o outro, delegava demais. Um era abertamente analítico, mas o seguinte não se concentrava e não era analítico o suficiente. Não mantinha promessas; não abandonava promessas que não davam certo. Não conseguia atingir um consenso, ou alcançava o consenso cercando-se de pessoas que só dizem sim. Não "puxava o saco" do seu chefe, ou o fazia, mas sua carreira descarrilou por que ele era político demais. Não conseguia liderar, ou liderava os outros, mas na direção errada.

Que o mundo está repleto de aparentes paradoxos não é uma observação nova: foram os gregos que observaram a *areté hamartia*, que pode traduzir-se por "sua excelência singular torna-se sua falha fatal". Entretanto, caso após caso, se foi uma falha fatal ou até mesmo se uma ação representou uma falha, dependeu do contexto. Essa constatação não foi diferente da alcançada pelo estudo anterior dos descarrilamentos de carreira domésticos americanos, exceto que na arena global o contexto foi ainda mais complexo. De longe, o maior número de descarrilamentos de carreira podia ser compreendido apenas examinando-se o contexto no qual ocorreram. Raramente foi suficiente dizer que as características de um indivíduo, ou suas falhas, "levaram" sua carreira a descarrilar – a maioria desses executivos eram indivíduos extraordinariamente talentosos – a não ser que se pusesse essa característica ou ação em um contexto maior.

UM CONTEXTO COMPLEXO PARA O DESCARRILAMENTO DE CARREIRAS

Um comportamento sempre tem um contexto. Para uma carreira descarrilar por causa de um relacionamento conturbado, é preciso haver um cenário no qual a qualidade dos relacionamentos é importante. Para uma carreira descarrilar por causa de uma perspectiva estreita, é necessário que haja um quadro maior, e que este implique ações diferenciadas por parte do executivo; de outra forma, uma perspectiva estreita pode ser considerada uma capacidade de "concentração". Mas, deixando para trás o óbvio, o contexto global cria toda uma nova camada de exigências e armadilhas potenciais.

Primeiramente, o contexto é significativamente enriquecido, nos cenários internacionais, pelo estresse agregado de um ambiente estrangeiro e pelas diferenças de língua, cultura e sistemas de crença, que tornam mais prováveis os comportamentos inapropriados e os mal-entendidos. As tensões aumentadas do trabalho global incluem o isolamento, as pressões familiares e as mais amplas responsabilidades do cargo, que podem envolver lidar com política, com governos, com corrupção e assim por diante, sem a ajuda que estaria disponível no país natal. Contribuindo com o estresse, configuram-se as dificuldades de se compreender e se fazer compreendido em uma ou mais línguas e as (amiúde sutis) diferenças nos valores, normas, crenças, religiões, sistemas econômicos e identidades grupais e comunitárias.

Todas as dimensões descritas e com elas relacionadas podem contribuir diretamente para as dinâmicas do descarrilamento de carreiras. Em um descarrilamento de carreira particularmente comovente, um executivo asiático que tinha dirigido operações altamente lucrativas na Ásia foi removido para a sede corporativa em um país não-asiático. Descritas como "ótimas" por seus companheiros asiáticos na sede, as suas habilidades sociais ficaram a desejar. "Ele simplesmente não se encaixava, por conta do lado difícil da suas habilidades sociais", nos disseram, mas "ele achava isso engraçado... e não se deu conta da importância do fato. Ele não agia como os diretores deviam agir". O executivo não foi promovido e aposentou-se magoado. Aparentemente, ninguém jamais lhe disse o que estava errado porque, como a história conta, "ele poderia ter mudado facilmente".

Nas organizações, a relutância natural das pessoas em serem sinceras umas com as outras pode ser ampliada pelas normas culturais, bem como pela inabilidade dos de fora em decodificarem as dicas sutis. Um executivo, muito bem-sucedido em uma série de atribuições funcionais, foi promovido a um cargo de diretor-geral fora do seu país. Ele foi bem, de início, provavelmente por causa de sua *expertise* funcional, mas "quando as coisas começaram a dar errado, ele não se deu conta; quando percebeu, não teve a habilidade ou o conhecimento empresarial para diagnosticar o problema e decifrar o que estava errado". Não se pode deixar de imaginar que, se isso houvesse ocorrido em seu país natal, ele teria percebido antes e seria capaz de se apoiar na *expertise* de outros.

O cenário empresarial pode acrescer a complexidade da situação cultural. Nele, a complexidade mais uma vez assume várias formas, incluindo-se a potencialmente letal – ou ao menos complicada – rede de relacionamentos e a potencial presença de diferentes modelos e práticas de negócio. Ao entrevistarmos os executivos, vimos como a rede dos relacionamentos pode tornar-se cada vez mais complexa: desde os subordinados de uma diferente cultura que não falam a língua natal do executivo, aos subordinados de múltiplas culturas falando múltiplas línguas em um região, até os subordinados de múltiplas culturas falando múltiplas línguas e fisicamente dispersos por todo o globo. Acrescente a isso, um chefe de um país diferente que fala uma língua diferente ou múltiplos chefes de países diferentes em uma estrutura de matriz, e assim por diante, até fornecedores, clientes, sócios, acionistas, colegas, consultores e outros. Como se isso não fosse complicado o bastante, os países diferentes podem seguir modelos de negócio diferentes, diferentes definições de comportamento ético e diferentes abordagens e sistemas administrativos.

Sistemas econômicos, religiosos, governamentais e sociais diferentes em alguns países exercem efeitos diretos em como o negócio é realizado. Um exemplo digno de nota é o do executivo europeu na Malásia descrito no Capítulo 4. O executivo despediu um cozinheiro muçulmano que, sem o executivo saber, era o único cozinheiro que sabia preparar refeições para os empregados muçulmanos da empresa.

Todas essas complexidades e outras, por demais numerosas para serem mencionadas, causam um impacto nos descarrilamentos de carreira. Quanto mais relacionamentos um executivo tiver que cultivar, e quanto mais variados forem, maiores as chances de que alguns deles dêem errado. Quanto maiores as diferenças na forma como o negócio opera nos países envolvidos, maior a probabilidade de que um executivo faça suposições errôneas ou cometa erros sem saber que os cometeu. Quanto mais diversos e culturalmente diferentes os países, maiores as probabilidades de que fatores aparentemente externos – ou que seriam fatores externos no país natal – afetem os resultados empresariais, os resultados dos acordos e das negociações e as outras atividades pelas quais o executivo é responsável. Em outras palavras, não apenas é mais provável que as ações do executivo sejam ineficazes ou mesmo contraproducentes, mas também que as circunstâncias além do controle do executivo prevaleçam e afetem mais os resultados, independentemente das ações do executivo. E por todas as razões que acima apontamos, o executivo pode não receber o *feedback* no momento devido e, assim, não perceber os sinais de que algo está errado a tempo de tomar uma atitude.

Embora as diferenças culturais e empresariais criem um contexto complexo e por vezes traiçoeiro para a ação executiva, as atribuições internacionais também oferecem seduções que podem atrair os executivos para o caminho do descarrilamento da carreira. Estando por conta própria, freqüentemente distantes de uma supervisão direta e com tremenda autoridade sobre as operações locais, os executivos globais podem vir a crer que são os todo-poderosos, que estão acima da lei. Ouvimos histórias de pecadilhos sexuais, furtos e atos ilegais no local, bem como de uma arrogância do tipo "sou melhor que você" que por vezes se apresentou. Alimentando esses auto-engrandecimentos, estiveram as regalias do serviço no estrangeiro, que podem incluir empregados, carros e motoristas, casas luxuosas, contas bancárias impressionantes, convites para cerimônias e acontecimentos governamentais e outros tratamentos especiais que, com o tempo, alguns executivos passaram a considerar direitos. Na ausência de alguma força externa (tal como a vigilância da matriz) para proteger seus ouvidos, os executivos podem achar o "canto das sereias" irresistível. Bônus acidentais à parte, a tensão da atribuição pode igualmente conduzir por uma trilha destrutiva – incluindo o álcool, as drogas, o sexo ilícito e afins.

"Fale-me apenas sobre o novo continente. Não ligo a mínima para o que você descobriu sobre você mesmo."

Mesmo se um executivo completa com sucesso uma atribuição no exterior, ele ainda enfrenta o risco final que pode causar o descarrilamento de sua carreira: a repatriação. Embora seja tentador considerar o retorno para casa como uma transição suave, acaba sendo tudo menos isso. Mais comumente examinada de uma perspectiva ocidental – um executivo norte-americano ou europeu retornando para casa depois de uma atribuição em uma nação "menos desenvolvida" –, o impacto potencialmente negativo da repatriação tem sido bem documentado.[4] Os executivos podem retornar para descobrir que perderam as suas redes de contatos de negócio e seus amigos, que o seu país natal não é mais o mesmo que era quando o deixaram e – talvez a mais dura descoberta de todas – que ninguém se importa. Suas condições de vida podem cair, sem os empregados, os motoristas, as casas luxuosas, o acesso aos acontecimentos badalados ou aos relacionamentos com altos líderes empresariais e governamentais. Podem retornar para cargos inferiores e responsabilidades reduzidas, podem se constatar fora da corrente principal e podem sentir que a organização não aproveita ou não aprecia o que aprenderam. Em tais circunstâncias, as derrapagens estão lubrificadas para os descarrilamentos de carreira.

Os nossos entrevistados também geraram histórias sobre um outro tipo de problema de repatriação: dos executivos naturais de um terceiro país voltando para casa, especialmente aqueles voltando a um país menos desenvolvido do que o país que deixaram. Tendo freqüentado escolas prestigiadas, ocupado posições importantes em renomadas empresas globais, experimentado as amenidades e a abundância desses outros países, e desfrutando de maiores liberdades civis ou riquezas, pode acontecer de retornarem para casa arrogantes ou ressentidos, ou ambos. Isso mina rapidamente os executivos junto a seus grupos locais, novamente preparando o cenário para o descarrilamento de suas carreiras. Um executivo bem-sucedido, voltando para casa, aparentemente acreditou que tivesse se elevado bem acima de seus antigos colegas e clientes, como pediu-lhes: "Não me chame mais de Juan; chame-me de John". O que ele levou um bom tempo para construir antes de partir, destruiu-se rapidamente.

OS EQUÍVOCOS ORGANIZACIONAIS

A complexidade do contexto global aumenta as chances de que a organização cometa vários equívocos que podem contribuir para o descarrilamento de uma carreira. Poucos erros dos quais ouvimos falar pareceram ser deliberados, mas a maior parte era evitável. Os nossos executivos relataram a ausência de *feedback*, o pouco monitoramento, a tolerância a falhas e uma falta de apoio. Já que a organização pode controlar esses fatores, que são particularmente importantes nos cenários globais, nós culpamos as organizações por terem sido preguiçosas ou, pior, negligentes. Embora não absolvamos os executivos de se responsabilizarem por suas ações e pelo impacto que essas têm, certamente os lapsos das organizações aumentam a probabilidade de que falhas ou comportamentos inapropriados ou ineficientes passem despercebidos.

Os nossos casos de descarrilamento de carreiras globais também resultaram de uma fraca decisão de seleção. As organizações, por vezes, escolhem pessoas que obviamente não se encaixariam no ambiente, falham em prepará-las apropriadamente para os desafios adiante e/ou falham em comunicar as expectativas ou *mudanças* nas expectativas. Em outros casos ainda, as organizações tomaram decisões que afetaram diretamente a operação do executivo sem considerar a situação "em terra". Em algumas vezes, uma organização planejou estratégias ou mudanças sem consultar, ou mesmo informar, o executivo no local.

Como anteriormente mencionado, o risco de descarrilamento de uma carreira é também alto para os executivos naturais do estrangeiro vindo para as sedes (por exemplo, a vinda de Jean, de Paris para Boston, descrita no Capítulo 3) e para os outros executivos voltando para casa. As organizações parecem constantemente estragar os dois acontecimentos, contribuindo para uma situação já difícil.

Finalmente, contavam-nos descarrilamentos nos quais a carreira do executivo foi explorada para um ganho de curto prazo. Nessas circunstâncias, a organização sabia que a situação não era viável – o executivo foi designado para um trabalho impossível, ou que iria, quase certamente, criar uma conseqüência intolerável para ele.

Essa combinação de forças pessoais, contextuais e organizacionais torna os descarrilamentos de carreiras internacionais muito mais difíceis de codificar do que as suas contrapartes domésticas mais simples, e torna muito mais difícil a identificação de uma única causa. Já que a maioria dos executivos cujas carreiras descarrilaram era bastante talentosa para começar, o custo desses descarrilamentos também é desproporcional.

A IMPORTÂNCIA DE COMPREENDER OS DESCARRILAMENTOS DE CARREIRA

Acontecimentos tão complexos como os descarrilamentos de carreira não serão evitados por uma única intervenção ou por programas superficiais de recursos humanos dirigidos aos executivos internacionais. Assim como o desenvolvimento de executivos globais em si, impedir o descarrilamento de uma carreira requer uma abordagem integrada que conecta intenção estratégica com sistemas e práticas que afetam a seleção, o desenvolvimento e o movimento dos executivos globais.

Para começar, as soluções devem tratar todos os culpados nos descarrilamentos das carreiras: as forças e as fraquezas dos executivos, o contexto global no qual os executivos estão inseridos e as práticas organizacionais que cercam todo o processo. Os três dependem de questões estratégicas fundamentais que confrontam um negócio global: que tipo de empresa global é essa e de que tipos de líderes necessita? Apenas a estratégia pode determinar quantos e que tipos de cargos executivos globais são necessários, e quantos e que tipos de executivos são necessários para preenchê-los. Somente a estratégia pode determinar quantos executivos de fato globais são necessários (se algum), quantos executivos naturais do estrangeiro são necessários, como os cargos internacionais serão estruturados e posicionados, a extensão e a natureza das alianças, como os negócios serão conduzidos internacionalmente, e assim por diante.

As implicações dessas decisões estratégicas serão exploradas mais amplamente no Capítulo 8, mas devemos apontar que existem importantes diferenças no desenvolvimento dos executivos naturais do local, naturais dos países hospedeiros e naturais de um terceiro país. Ademais, os cargos executivos globais, qualquer que seja o país natal do executivo, são repletos de perigos. Não menos importante, a crescente probabilidade de um descarrilamento de carreira pode associar-se ao franco planejamento e a uma gestão das atribuições pouco eficaz. Visto que o descarrilamento de uma carreira envolve tantos fatores além do controle do executivo, os esforços para o desenvolvimento visando exclusivamente aos executivos globais ou internacionais em si não irão resolver os problemas dos descarrilamentos. As estratégias organizacionais que lidam com o descarrilamento de carreiras precisam incluir a força de trabalho doméstica (tanto no sentido do país sede como no sentido dos executivos naturais do local), bem como aqueles destinados às atribuições no exterior ou às responsabilidades globais. Quanto mais amplo o entendimento das exigências e dos desafios da cena internacional, melhores as chances de as pessoas e organizações evitarem cometer os equívocos contextuais e organizacionais que tornam os descarrilamentos de carreira tão traiçoeiros.

Desenvolvimento de executivos globais: o papel da organização

> Quando Lineu buscou classificar toda a vida em 1758, ele chamou o seu grande estudo de *Systema Natura*, o "Sistema da Natureza". Os biólogos de todas as gerações subseqüentes inundaram a literatura científica com sistemas alternativos, mas igualmente abrangentes. O conteúdo modifica-se, mas a paixão pela construção de sistemas permanece. A nossa ânsia por dar sentido à complexidade que nos cerca, de *tudo* reunir, sobrecarrega a nossa cautela natural frente a tão desanimadora tarefa.
>
> – Stephen Jay Gould, *Hen's Teeth and Horse's Toes*

É uma mensagem contínua neste livro o fato de o desenvolvimento envolver tanto o aluno individual como o contexto com o qual o indivíduo pode aprender. Esse contexto pode ser tanto positivo como negativo: positivo quando proporciona uma oportunidade de aprender importantes coisas novas; negativo quando contribui para o descarrilamento da carreira. Alguns aspectos do contexto, por exemplo, o que a cultura local proporciona, não estão sob o controle de uma organização. Outros aspectos, tais como os equívocos organizacionais que levam aos descarrilamentos das carreiras ou os *feedbacks* oportunos que levam à aprendizagem estão dentro da esfera de ação da organização.

Neste capítulo, vamos estruturar as descobertas do nosso estudo para compreender as questões do desenvolvimento. Vamos capturar as implicações para o desenvolvimento que delas seguem e, a partir daí, sugerir ações que as organizações podem tomar se realmente desejam desenvolver executivos globais.

UMA ESTRUTURA PARA O DESENVOLVIMENTO DE EXECUTIVOS GLOBAIS

No Capítulo 1, revisamos um modelo geral de desenvolvimento executivo, o modelo *high-flyer*, que já foi descrito em detalhe anteriormente.[1] A mensagem desse modelo é que, se você pode identificar pessoas de talento, dar-lhes experiências apropriadas e proporcionar o apoio necessário, elas podem aprender as lições adequadas para realizar a estratégia empresarial. Estes elementos estão retratados na Figura 8.1. De acordo com o modelo, a "estratégia empresarial" produz os desafios de liderança que, a tempo, determinam quais "experiências" se fazem necessárias para desenvolver o talento executivo. Essas experiências potencialmente rendem lições relevantes (chamadas de "a coisa certa" na figura). Questões organizacionais cruciais giram em torno da identificação das pessoas com potencial ("talento"), dos "mecanismos" (ou processos) utilizados para conduzir as pessoas talentosas às experiências necessárias e proporcionar "catalisadores" para facilitar a aprendizagem a partir das experiências. Como mostramos em capítulos anteriores, o "contexto" (em geral relacionado à cultura) desempenha um papel importante na formação da experiência; portanto, é indicado pelo círculo ao redor do item "experiência" na figura.

Uma das conclusões que se caracteriza como provinda de "boas novas" em nosso estudo é a de que esse processo básico de desenvolvimento é o mesmo para todos os executivos, independentemente dos países de onde vêm, ou se o desenvolvimento visa ao trabalho global, no exterior ou local. Todos os exemplos das entrevistas, das lições, das experiências e dos descarrilamentos de carreiras apóiam a conclusão de que o modelo na Figura 8.1 é tão relevante para o desenvolvimento do executivo global quanto do executivo doméstico. Porém, enquanto os elementos básicos identificados no modelo são úteis como um princípio organizador, os pontos específicos aplicados no desenvolvimento dos executivos globais diferem de maneira bastante significativa.

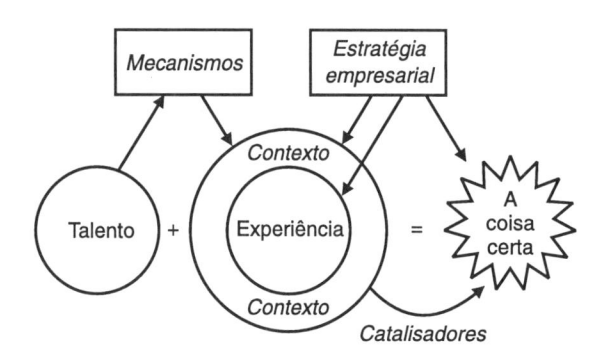

Fonte: adaptado de Morgan W. McCall Jr., *High Flyers: Developing the Next Generation of Leaders* (Boston: Harvard Business School Press, 1998).

Figura 8.1 Um modelo geral para o desenvolvimento dos executivos globais.

O desenvolvimento executivo global é muito mais complexo e imprevisível e requer maior foco, esforço e recursos concentrados ao longo de um período maior. Em uma outra extensão, as "lições da coisa certa" são contingentes da estratégia empresarial global que determina uma gama mais ampla de difíceis experiências que desenvolvem executivos mais talentosos. O ambiente global no qual tudo isso se desenrola (o "contexto" na Figura 8.1) acrescenta camadas de complexidade ao processo. As interações de uma estratégia empresarial complexa, das múltiplas culturas e dos meios de formação bastante variados dos executivos causam impacto em todo o processo. Os mecanismos para se fazer com que o desenvolvimento aconteça e para se maximizar as oportunidades de desenvolvimento refletem a maior complexidade – eles são bem mais complicados em si, mais difíceis de se administrar e mais caros de se manter. Os executivos globais *podem* ser desenvolvidos – eles aprendem as lições da experiência tanto como os executivos domésticos o fazem – mas o processo requer muito mais compromisso, foco e recursos do que um processo de desenvolvimento similar de executivos domésticos.

Claramente, uma organização não pode fazer ninguém se desenvolver. A responsabilidade final pelo desenvolvimento reside, inequivocamente, no indivíduo. De fato, desenvolver executivos levanta a questão do direito de uma organização de manipular as experiências autodesenvolvimentistas, mesmo se o faz no melhor interesse da pessoa. Não obstante, a organização é uma importante parceira do executivo no empreendimento comum do desenvolvimento e desempenha uma função crítica na criação de um contexto que sustente ou iniba esse desenvolvimento. Quando indagados qual ajuda receberam de suas empresas, os executivos que entrevistamos freqüentemente declararam não ter recebido nenhuma. "Afundar ou nadar" foi o paradigma dominante; uns poucos até disseram: "Bom, é assim que deve ser". Jogá-los na água e ver quem bóia pode ter sido uma boa estratégia de desenvolvimento no passado, mas com o custo dos executivos e do desenvolvimento atual, duvidamos que muitas organizações possam arcar com o endosso desse método agora. Embora os executivos freqüentemente desenvolvam-se com ou sem alguém que intencione por eles, uma parceria intencional da parte da organização pode fazer uma diferença significativa no processo. As organizações são fontes importantes do desenvolvimento por acaso, mas esse representa um modo ineficiente e dispendioso de operação.

Preferimos pensar sobre as implicações desta pesquisa para uma organização em termos de uma parceria, na qual a organização capacita a ocorrência do desenvolvimento. A questão, então, é: como uma organização pode criar um contexto no qual a possibilidade de desenvolvimento seja maximizada, enquanto, ao mesmo tempo, respeita a responsabilidade dos indivíduos de participarem na administração de suas próprias carreiras? Com essa perspectiva, discutiremos cada um dos elementos do nosso modelo de desenvolvimento de executivos globais, com base na Figura 8.1, salientando o papel que cada um desempenha. Acreditamos que tudo isso inicia com uma clareza sobre a estratégia empresarial.

Estratégia empresarial: o imperativo estratégico

As principais diferenças entre o desenvolvimento dos executivos globais e domésticos se determinam pelas estratégias empresarial e estrutural de uma corporação global. Esses dois fatores afetam diretamente o número e os tipos de cargos internacionais que vão existir; quantos executivos, de que tipo e de que mistura de nacionalidades vão ser necessários; quais lições esses executivos vão precisar aprender e quais experiências estão disponíveis para ensinar essas lições. Os mecanismos para garantir que os executivos de talento tenham essas experiências seguirão, e os fatores que auxiliam na aprendizagem tomarão forma, dependendo da estratégia e da estrutura.

A estratégia global há muito preocupa os estudiosos, e não falta literatura sugerindo que esta é fundamental à eficácia e mais difícil do que as estratégias domésticas um dia foram.[2] As discussões sobre a estratégia global normalmente terminam em questões de planejamento de uma organização global, o que novamente enfatiza a aumentada complexidade de tais planejamentos e das alianças e *joint-ventures* que acompanham a expansão global.[3] As implicações dessas escolhas de estratégia e planejamento para o desenvolvimento executivo são trilhas menos freqüentemente desbravadas.

Christopher Bartlett e Sumantra Ghoshal, por exemplo, descrevem quatro tipos de organizações que fazem negócio em uma base mundial: a multinacional (de forte presença local), a global (de operações centralizadas em escala global), a internacional (com o conhecimento da empresa matriz difundido mundialmente) e a transnacional (dispersa, interdependente e especializada). Cada uma dessas formas, argumentam os autores, requer um conjunto diferente de habilidades administrativas.[4] Lynn Isabella e Robert Spekman examinam diferentes tipos de alianças e identificam as habilidades singulares de liderança exigidas para um desempenho eficaz nesses arranjos organizacionais.[5] Eles levam o argumento a um passo adiante, sugerindo que os líderes eficazes de alianças possuem as habilidades necessárias para liderar as organizações globais do futuro. Tanto Laree Kiely como Alison Eyring exploram, em alguma profundidade, as implicações de se administrar cruzando o tempo e o espaço, apontando as habilidades diferentes exigidas para liderar quando as pessoas estão situadas a grandes distâncias, largamente dispersas e em fusos horários diferentes.[6]

O nosso argumento não é o de ter de criar algum tipo enorme de matriz que dite as implicações do desenvolvimento executivo de todas as possíveis formas globais. Antes, é o da intenção estratégica e do planejamento organizacional críticos na determinação das bases de um processo de desenvolvimento executivo. Esses fatores ditam quantos executivos globais de um tipo ou de outro são necessários e que papéis eles desempenham (por exemplo, diretores em um país *versus* diretores de empresas globais *versus* diretores de uma função *versus* diretores de alianças), quais tipos de atribuições estão disponíveis para o desenvolvimento, onde elas se localizam e quais culturas precisam ser compreendidas. Uma organização que está confusa quanto à sua estratégia empresarial global terá dificuldade em planejar uma estratégia coerente para o desenvolvimento de seus executivos. Mesmo aquelas que estão certas quanto à sua estratégia enfrentam terríveis desafios, em parte por causa de problemas inerentes à integração ao redor do mundo e, em parte, porque a estratégia e a estrutura precisam permanecer flexíveis e mudar conforme as cambiantes necessidades empresariais. A Figura 8.2 mostra algumas das formas em que a estratégia empresarial afeta as experiências necessárias e as lições relevantes a aprender no desenvolvimento de executivos globais.

Uma das maiores mudanças no desenvolvimento que confronta uma organização é evitar uma especialização estreita de seus líderes de talento. Em um contexto doméstico, nos preocupamos com os "silos" – sejam esses segmentos técnicos, de produto, funcionais ou empresariais. No contexto global, essas ainda representam questões preocupantes, mas os problemas são enormemente aumentados pela nacionalidade, pela geografia, pela distância e pela língua, para mencionarmos apenas algumas dessas questões. É mais fácil imaginarmos o desenvolvimento de pessoas para exercerem a função de diretores em um país, diretores de alianças ou diretores de funcionamento em escala mundial do que imaginarmos o desenvolvimento de executivos que se movem de um desses domínios a outro. Contudo, para desenvolver executivos globais, uma organiza-

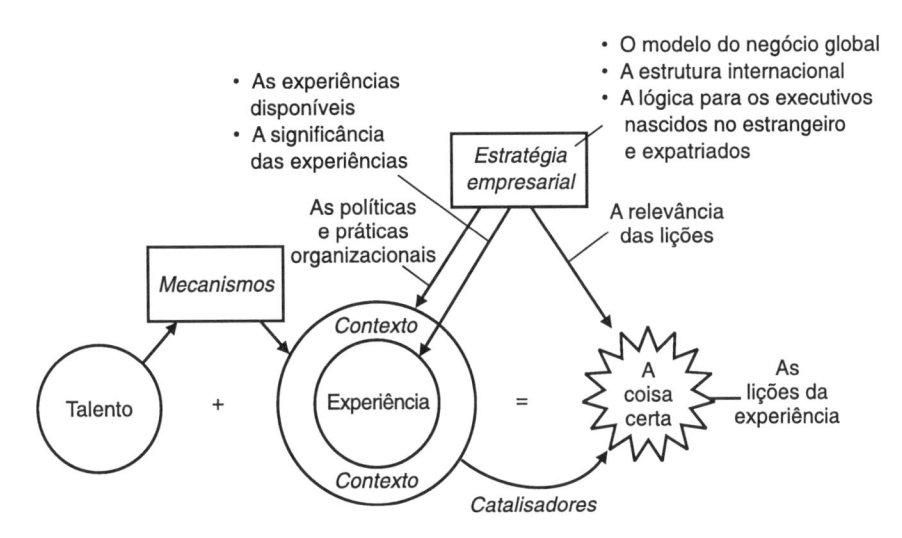

Fonte: adaptada de Morgan W. McCall Jr., *High Flyers: Developing the Next Generation of Leaders* (Boston: Harvard Business School Press, 1998).

Figura 8.2 O papel da estratégia empresarial e a "coisa certa" no desenvolvimento de executivos globais

ção tem que, na verdade, movê-los entre as funções. Mantê-los dentro de áreas estreitamente definidas apenas perpetua, globalmente, as mesmas questões de provincianismo já presentes nas organizações domésticas. É claro que mover, ou não, as pessoas para fora dos silos vale o seu custo, mas permanece uma questão estratégica – quantos indivíduos cruzando fronteiras são necessários para preencher a linha de frente?

É tentador afirmar que a lógica para as escolhas do desenvolvimento reside na estratégia e deixar por isso mesmo, em vez de muitas outras permutações. Entretanto, as decisões de estratégia e de estrutura parecem particularmente importantes no desenvolvimento porque afetam as áreas específicas que se seguem.

O local onde o negócio localiza a sua sede pode causar impactos profundos. Se essa situa-se em um país com um mercado doméstico muito grande, como os Estados Unidos, então, a sua abordagem ao mercado de âmbito mundial provavelmente será muito diferente do que se tivesse um mercado doméstico pequeno como o da Bélgica, da Noruega, da Suíça ou da Holanda. Para crescer, as empresas com mercados domésticos pequenos têm sido forçadas a desenvolver estratégias e estruturas globais e a aprender como trabalhar com diferentes culturas. Elas têm pouca escolha além de enviar executivos ao exterior para estabelecer os seus negócios em âmbito mundial, assim, uma alta porcentagem de seus executivos carrega responsabilidades por negócios globais. A Royal Dutch/Shell, por exemplo, informa que 95% de seus executivos seniores já viveram em outros países que não os seus de origem. Esse fato significa que muitos executivos seniores já tiveram a oportunidade de desenvolver-se com experiências não-domésticas e que eles compreendem a importância dessas experiências e de como auxiliar outros a passarem por elas.

Em contrapartida, as empresas com grandes mercados domésticos podem ter uma história relativamente breve com o mercado global e desfrutar do luxo de aumentar, apenas de forma incremental o seu envolvimento no exterior. Desses executivos, um número menor foi forçado a assumir responsabilidades internacionais ou atribuições no exterior. Nessas empresas, tal experiência pode não ser tão valorizada, ou tão sabiamente utilizada, ou mesmo ser necessária para se avançar a carreira nos escalões. Enquanto a história, em vez da vontade, pode determinar onde uma empresa se baseia, algumas empresas, notadamente a Asea Brown Boveri (ABB), deliberadamente situaram as suas sedes de modo a possuírem um mercado doméstico, mantiveram-nas bem pequenas para não representarem o único ponto de enfoque ou asseguraram que vários segmentos ou funções do negócio estejam centrados fora do país de origem da empresa.

Outro fator significativo no desenvolvimento determinado pela estratégia é o número e o uso de executivos naturais do estrangeiro. Se uma organização pretende gerir os seus negócios localmente com executivos locais, mas não aumentar a presença de executivos naturais do estrangeiro em suas fileiras seniores, então, a questão do desenvolvimento envolve como conseguir executivos locais conectados com a estratégia global e os procedimentos da sede. Se a organização escolhe gerir as operações locais com estrangeiros, a questão estratégica envolve desenvolver talento para a expatriação e a condução de negócios em uma outra cultura ou, mais importante, como usar os executivos estrangeiros para desenvolver talento local. Uma estratégia verdadeiramente global, no entanto, pode envolver o aumento da diversidade cultural nas fileiras de gestão sênior. Neste caso, o desafio é ajudar os executivos naturais do local a desenvolverem as habilidades dos estrangeiros ou, ao menos, desenvolverem uma perspectiva global. E o desafio autodesenvolvimentista apresentado por essa estratégia difere, dependendo dos países de origem dos executivos naturais do local. Os indivíduos das nações em desenvolvimento poderia precisar de experiências diferentes das que precisariam os executivos das nações mais desenvolvidas.

Outro tipo de escolha estratégica concerne à formação da organização em si. De matriz, de produto, de segmento empresarial, funcional, geográfica – as variedades e as misturas são ilimitadas, e cada forma diferente tem implicações diretas na sorte de experiências disponíveis para os propósitos desenvolvimentistas. As estruturas geográficas, por exemplo, enfatizam os diretores autônomos no país, e essas posições podem ser úteis para ajudar os expatriados a aprender a conduzir um negócio em uma outra cultura. Uma organização formada com base em linhas funcionais globais pode não ter experiências como essa a oferecer. Acrescente as decisões para se conquistar uma posição de âmbito mundial por meio de alianças, fusões, aquisições ou empreendimentos conjuntos e as implicações desenvolvimentistas multiplicam-se rapidamente. Surgem então questões do "ingresso a bordo" (da integração de pessoas de fora da empresa), tipos diferentes de desafios de liderança mesmo filosofias e valores conflitantes a serem resolvidos.

A despeito da complexidade, o impacto das decisões estratégicas no desenvolvimento dos executivos internacionais dá-se basicamente em poucas áreas: a mistura cultural e o tamanho da fonte de talento, a natureza do trabalho a ser realizado pelos executivos, onde o trabalho é realizado, os tipos de executivos exigidos para fazer o trabalho, os tipos de transições pelas quais as pessoas de talento devem passar se elas pretendem desenvolver-se para fora de seus "silos", a disponibilidade dos diferentes tipos de experiências necessárias para se desenvolver a fonte de talento e as políticas e práticas que encorajam ou desencorajam as escolhas desenvolvimentistas.

"A coisa certa"

Pensar "a coisa certa" nos negócios, em especial nos negócios globais, significa que a liderança e a habilidade executiva são, presumivelmente, inatas, não produzidas. Nós discordamos. É claro que as organizações deveriam selecionar as pessoas mais capazes que puderem encontrar, de onde quer que essas capacidades venham. Ainda assim, muito da "coisa certa" – do que os executivos necessitam para implementar a estratégia de negócio – é aprendido (veja o Capítulo 4), e aprendido basicamente no cadinho da experiência global (veja o Capítulo 5).

Podemos tomar três perspectivas progressivamente sofisticadas para examinarmos as lições aprendidas. Primeiro: existem coisas que qualquer executivo precisa saber, seja o seu cargo doméstico ou global. Estão incluídas uma ampla variedade de habilidades essenciais, desde aprender a conduzir um negócio e gerir pessoas até compreender a tecnologia. Segundo: enquanto esses mesmos tipos de lições são certamente relevantes e necessários em um contexto internacional, as exigências de um contexto global acrescem as suas dificuldades e sutilezas. Por exemplo, os executivos ainda precisam aprender a conduzir um negócio, mas agora eles podem estar conduzindo-o em um país estrangeiro com um modelo de negócio diferente e uma tropa de contingências culturais. Por fim, algumas das lições estão unicamente relacionadas ao trabalho internacional e determinam-se amplamente pelas diferenças culturais e as complexidades agregadas da expatriação.

As nossas 18 lições da experiência internacional, por conta das limitações do nosso estudo, não definem todas as lições que qualquer executivo em um negócio em particular tem de aprender, e elas, sem dúvida, incluem algumas que não representam competências universais; ilustram, porém, os tipos de lições que podem ser aprendidas com a experiência, experiência essa impulsionada pelas necessidade do negócio. É esse terceiro tipo de lição que se relaciona singularmente ao trabalho global, que nós acreditamos ser essencial para os executivos globais. Esta categoria de aprendizagem inclui lições como as três lições de cultura: onde e como utilizar uma língua, as lições culturais específicas e as lições gerais de cultura; envolve reconhecer que existem tantos executivos globais quanto são os cargos globais; em um certo nível, os executivos globais precisam estar "confortáveis culturalmente". E eles aprendem enquanto vivem e trabalham em outras culturas e países, não ficando em casa.

As implicações para as organizações podem ser óbvias, mesmo se não muito bem-vindas. O desenvolvimento executivo global é caro, dispendioso e incerto. Em tempos de recursos escassos, mais organizações podem estar tentando preterivelmente *limitar* as caras experiências que ensinam as lições globais do que *expandi-las*. As lições, ainda assim, precisam ser aprendidas.

A experiência

Do mesmo modo que muitas das lições que os executivos devem aprender são iguais, seja o cargo do executivo doméstico ou internacional, as experiências que formam os executivos globais são basicamente as mesmas das que formam qualquer executivo. Contudo, quando as experiências estão incrustadas em um contexto internacional em oposição a um contexto doméstico, elas ganham um tom decididamente diferente, são nitidamente mais complexas e ensinam diferentes lições.

A grande maioria dos nossos executivos defendeu as experiências envolvendo o trabalho real em um cenário entre culturas. Não há nada que substitui o trabalho em um outro país, ainda que o que é aprendido com as experiências transformacionais possa não ser relevante à corporação. E se a acuidade empresarial e global são importantes, uma pessoa, em geral, precisa de, ao menos duas atribuições de vivência no exterior para alcançá-la. Além do mais, o contexto internacional é multifacetado e inclui muitas coisas, afora as óbvias diferenças culturais. A família é uma questão mais central do que para o executivo doméstico, a organização comete mais equívocos e o apoio e o monitoramento são mais difíceis de proporcionar. A Figura 8.3 salienta alguns desses elementos para a experiência e o talento.

Os tipos de experiências que os nossos executivos internacionais julgaram ser importantes, junto com o que eles aprenderam com elas, foram descritos nos Capítulos 4, 5 e 6 (veja as Tabelas C.1 a C.4, no Apêndice C, para um resumo). Muitas dessas experiências (se elas de fato acontecem) são direta ou indireta-

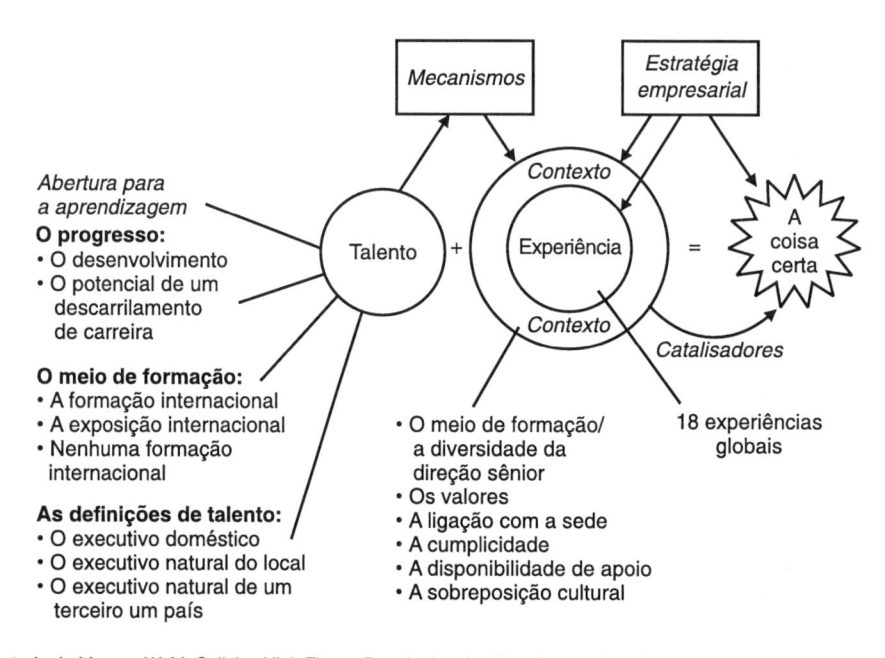

Fonte: adaptada de Morgan W. McCall Jr., *High Flyers: Developing the Next Generation of Leaders* (Boston: Harvard Business School Press, 1998).

Figura 8.3 O papel do talento e das experiências no desenvolvimento de executivos globais.

mente acessíveis à organização para propósitos autodesenvolvimentistas. Como observamos ao final do Capítulo 6, aquelas que são diretamente acessíveis incluem todas as atribuições principais de ponta (as viradas de negócios, os começos de negócio, o levar adiante um negócio, os empreendimentos conjuntos, as alianças, as fusões e as aquisições), a maioria das experiências de menor duração (os projetos especiais, as funções de consultoria, os cargos de aconselhamento de equipe, as breves tarefas na sede, as negociações, as experiências autodesenvolvimentistas e educacionais e algumas outras pessoas significativas) e ambas as atribuições básicas (as primeiras experiências de trabalho e a primeira responsabilidade de gestão), embora muitas das pessoas desenvolvidas possam ter passado os seus primeiros anos em outra empresa.

A categoria "outras pessoas significativas" merece atenção especial porque a maioria dos nossos executivos julgou-a muito importante, mesmo a organização possuindo apenas um controle limitado em relação à exposição do executivo a outras pessoas ou ao que acontece em um relacionamento. Especialmente em um trabalho global, as oportunidades de trabalhar em paralelo com um predecessor, a aprendizagem *in loco* (intencional ou não) da parte de um executivo local e a exposição a outras pessoas com carreiras globais tiveram influências importantes e ofereceram grandes oportunidades de aprendizagem.

As organizações também podem ter efeitos significativos em outras experiências potencialmente autodesenvolvimentistas que não estejam sob o seu controle direto. Criando um ambiente que encoraja os riscos razoáveis, os equívocos e erros de julgamento podem transformar-se em oportunidades de aprendizagem. Proporcionando um apoio oportuno, as organizações podem auxiliar as pessoas de talento a passarem com sucesso pelas experiências e crescerem com os desafios familiares e pessoais, com as guinadas de carreira, as crises, as mudanças em escopo e em escala e o choque cultural (essas duas últimas, incidentemente, estão sob o controle da organização na medida em que os aumentos em escopo e em exposição a culturas diferentes podem ser alcançados por meio das atribuições). Apenas uma categoria, as confrontações com a realidade, é difícil de posicionar de uma perspectiva da organização.

Mesmo as organizações que possuem vários níveis de controle sobre essas experiências não podem garantir que estas serão efetivamente desenvolvimentistas. Porém, podem elaborar atribuições para maximizar esse potencial pensando em tipos de apoio e intervenção que levem ao aprendizado e colocando-os em prática nas ocasiões apropriadas. Somente fazendo o acompanhamento do progresso do incumbente, uma organização pode saber quando e como ajudar.

Nitidamente, o fator que determina quais experiências são mais importantes para o desenvolvimento de executivos internacionais – ao menos da perspectiva da corporação – é a estratégia empresarial. Nada substitui saber o que o futuro guarda e para quais tipos de experiências as pessoas de talento precisam se preparar.

A ilusão de controle sobre as lições da experiência

Embora as organizações possam influenciar no contexto no qual o desenvolvimento se dá, e de fato exerce algum controle sobre quem recebe qual experiência, seria um engano superestimar o grau em que o desenvolvimento pode ser programado. Existem bons motivos para as trajetórias fixas de carreiras e as atribuições alternadas apresentarem uma eficácia limitada. Existem duas principais fontes de variância: as pessoas e as experiências.

Cada pessoa é um indivíduo único, o que significa que cada pessoa possui um meio de formação diferente, está em um diferente estágio de seu desenvolvimento, aprende de maneiras diferentes, é mais ou menos receptiva à experiência em um dado momento, e assim por diante. Quando os indivíduos de talento do grupo vêm de culturas diferentes, as diferenças aumentam.

O contexto afeta as experiências, especialmente em um cenário internacional. Uma virada de negócio no Sudão não representa a mesma experiência de uma virada de negócio nos Estados Unidos. Além disso, as experiências modificam-se ao longo do tempo – o que representa uma experiência contundente em um ano pode representar uma experiência medíocre no seguinte.

Obviamente, ocorrem fortes interações entre a pessoa e a situação. Um britânico começando um negócio na Indonésia não passará pela mesma experiência que um japonês começando uma operação no Japão. Um expatriado experiente trabalhando em um empreendimento conjunto na China adquire uma experiência de aprendizagem diferente de um novato no mesmo cargo.

Isso significa que o desenvolvimento executivo global, até mais ainda do que os esforços domésticos, precisa ser individualmente moldado. Princípios abrangentes guiam nitidamente o processo, mas quando a questão for indivíduos talentosos, altamente valorizados, com o potencial de chegarem a executivos internacionais seniores, os rígidos programas não serão suficientes. Tampouco o desenvolvimento irá funcionar se as pessoas que conduzem o processo não forem elas próprias internacionais e suficientemente experimentadas para compreender as complexidades das pessoas, dos cargos e das culturas. Como resultado, contribuições de ponta, ou mesmo um controle direto de ponta do processo, figuram quase sempre um pré-requisito. As empresas participantes do nosso estudo nos alertaram da dificuldade de uma participação de ponta significativa – normalmente, as funções dos recursos humanos lidam com as transferências sob um ponto de vista contratual e administrativo. Nós não temos respostas fáceis; é sempre tentador deixar a "equipe" lidar com os detalhes. Não obstante, os mesmos sistemas de informação (por exemplo, as redes internas de âmbito mundial das empresas) que permitem um desenvolvimento individualmente formulado também permitirão contribuições da direção de ponta, se não um controle. Essa contribuição/controle, é claro, inicia-se nas seções de formação de equipe determinando quem recebe qual atribuição.

Uma seqüência lógica, muitas flexibilidades

Quando a questão é o desenvolvimento de executivos globais, a rede emaranhada de possibilidades é simultaneamente desanimadora e libertadora. Por um lado, todas as complexidades e interações fazem os esforços de desenvolvimento programados parecerem inúteis, o que talvez pese a favor de uma abordagem de seleção, na qual a organização meramente seleciona as pessoas que acredita serem qualificadas para as posições executivas globais (como se não existissem tais complexidades envolvidas!). Por outro lado, a complexidade abre possibilidades, permitindo múltiplos caminhos e opções criativas. O desenvolvimento não precisa ser rígido, talvez as coisas não precisem se desdobrar em uma seqüência, nem todas as habilidades são progressivas, e nem todo mundo tem de ter as mesmas habilidades – ou, ao menos, não tem de adquiri-las no mesmo estágio de desenvolvimento – para ser eficaz. Na verdade, talvez não precise haver um "percurso" de carreira tanto quanto uma caminhada, uma trajetória daqui para lá com consideráveis possibilidades nos dois extremos.

Parece claro, contudo, que a caminhada será menos complicada se começar por uma exposição inicial ao trabalho internacional e às diferenças culturais. A importância de se começar cedo foi a opinião quase unânime dos veteranos entrevistados, e um início é particularmente importante para as pessoas originárias de países relativamente homogêneos ou para as pessoas com um meio de formação provinciano. As primeiras experiências de trabalho podem ser planejadas tendo em mente o crescimento, por exemplo, enviando-se pessoas a outros países para exercerem um trabalho técnico ou funcional, ou colocando-as em equipes ou situações nas quais elas trabalhem de perto com pessoas de outras culturas. Os cargos não-administrativos podem ser planejados para incluir ao menos alguns elementos internacionais (por exemplo, os clientes, os vendedores e a geografia). Os cargos de supervisão de primeiro escalão podem ser planejados com elementos similares ou expandidos para incluir uma responsabilidade por subordinados de uma cultura diferente ou trabalhar para um chefe de uma cultura diferente. O envolvimento com os projetos especiais, as forças-tarefa, as negociações, os empreendimentos conjuntos e projetos do gênero podem vir cedo em uma carreira e proporcionar numerosas oportunidades de se trabalhar em outros países e com pessoas de outros países. As atividades como essas não garantem que lições específicas sejam aprendidas ou que as pessoas à elas expostas se tornem executivos internacionais, mas oferecem a oportunidade de lançar as bases de uma futura aprendizagem e, mais importante, da descoberta de uma paixão pelo trabalho internacional.

Sendo assim, uma boa nova é que, embora os resultados não possam ser preordenados, as organizações possuem numerosas maneiras de deslanchar, desde cedo, o desenvolvimento. Mas existem notícias ainda melhores. O desenvolvimento subseqüente não precisa seguir uma marcha fixa. Se a nossa amostra de executivos é de todo representativa, o desenvolvimento pode assumir múltiplas trilhas e seguir as escolhas oportunistas que as organizações são quase sempre obrigadas a fazer. Em lugar de regras rígidas, existem algumas linhas-mestras para utilizar a experiência para o desenvolvimento:

1. **Evite a armadilha da repetição.** Por mais tentador que possa parecer manter uma pessoa eficaz no mesmo país, exercendo os mesmos tipos de funções, ou mover as pessoas eficazes de país em país, exercendo as mesmas funções, o desenvolvimento é mais provável quando as coisas diferem.
2. **Evite exigir demasiadamente das pessoas.** A linha entre desafiar e sobrecarregar pode ser difícil de ver e surge em diferentes lugares para diferentes pessoas. Levando em conta o que sabemos por meio dos nossos estudos dos descarrilamentos de carreiras, precisamos nos certificar de que as pessoas possuem algum tipo de âncora em suas experiências e alguma fonte de credibilidade à qual recorrer, quando lançadas em um vórtice.

3. **Cuide para não presumir o que foi aprendido.** Embora a primeira atribuição vivendo no estrangeiro (quando em um país bem diferente do da pessoa) seja uma poderosa experiência de aprendizagem, nitidamente, um novo campo de aprendizagem se abre com a segunda atribuição. Não é seguro presumir que a pessoa seja "internacional" simplesmente por conta de um sucesso em um cargo expatriado. Além disso, um executivo pode esconder-se em sua *expertise*, mesmo como um expatriado. A autoridade em ser "da sede", a distância da vigilância, uma boa situação local do negócio e muitas outras forças podem servir de escudo para um administrador contra as exigências autodesenvolvimentistas do novo ambiente. Estar lá, apenas, não representa garantia de crescimento. Esse efeito pode ser acumulado se uma organização move as pessoas rápido demais, antes que lhes exija dominarem novas habilidades ou terem uma oportunidade de fazê-lo, ou se a organização as deixa em uma situação confortável por tempo demais.
4. **Considere o meio de formação.** Como demonstramos com as histórias de Andrew, Jean e Brian no Capítulo 3, o tipo de experiência que conduzirá ao crescimento relaciona-se diretamente com os lugares onde a pessoa esteve. As pessoas que crescem falando múltiplas línguas ou tendo vivido em várias culturas diferentes apresentam necessidades autodesenvolvimentistas diferentes e aprendem lições diferentes com experiências semelhantes às das pessoas com menor exposição. Como um exemplo óbvio, um expatriado que fala a língua local, ao liderar uma virada de negócio, passará por uma experiência muito diferente do que um expatriado que não a fale. Embora ambos os executivos possam aprender algo a respeito das mesmas lições, é mais provável que o primeiro estará aprendendo sobre as viradas de negócio naquele país, ao passo que o último estará aprendendo sobre a importância de uma comunicação clara e o estabelecimento de credibilidade.

O talento

Avaliar o talento (o potencial) para o trabalho global é bem mais difícil do que uma avaliação para os cargos executivos domésticos. Varia não só a abertura para com a aprendizagem, como nos executivos domésticos, mas os indivíduos de países diferentes trazem consigo uma enorme variedade de fatores de formação e experiência que podem auxiliar ou atrapalhar no desenvolvimento. Já que diferentes países podem variar dramaticamente em seus processos de desenvolvimento e promoção, pode ser extremamente difícil encontrar um padrão comum entre os candidatos.

Mas existem dificuldades adicionais. Primeiramente, como argumentamos no Capítulo 2, nenhum conceito utilitário define o que é um executivo global – os executivos internacionais e os cargos executivos internacionais vêm em vários formatos e tamanhos. Como resultado, não existe nenhum alvo específico que indique que seleção e desenvolvimento podem ser objetivados. Isso vale igualmente para os cargos executivos domésticos, mas o campo de ação é infinitamente maior no trabalho global.

Em segundo lugar, o meio de formação e a experiência, embora importantes na avaliação de um executivo, são ainda mais significativos quando o trabalho é global. Pelo fato de os diferentes países terem diferentes mecanismos para avaliar, promover e desenvolver gestores, a comparação entre as múltiplas culturas configura-se como difícil, se não problemática.

Um outro fator de complicação é a interação do país de origem da organização com as nacionalidades do grupo dos executivos de talento. A definição dos potenciais e das necessidades autodesenvolvimentistas pode variar consideravelmente, dependendo se a pessoa for natural do país de origem da organização, do local ou de um terceiro país, e em qual tipo de mudança de carreira se considera (expatriada, doméstica, nômade). Tais fatores relacionam-se diretamente com a probabilidade de um eventual descarrilamento de carreira também (veja o Capítulo 7), porque o movimento cruzando culturas cria dinâmicas singulares.

Assim como o uso da experiência para o desenvolvimento, a dificuldade de se avaliar o potencial não significa que nada possa ser feito. Ao contrário, a própria riqueza e variedade do grupo de candidatos é essencial para uma organização que aspira ao sucesso global, mesmo que o dificulte. Para tirar vantagem dessa variedade, considerações adicionais devem ser levadas em conta.

1. **A interpretação da história da carreira.** Disseram-nos que, no Japão, a promoção se determina com base na escola da pessoa ou na sua relação com o chefe. Várias vezes ouvimos falar de empresas européias que apenas promovem as pessoas de nacionalidade do país da empresa para as fileiras seniores. Esses e outros exemplos de um progresso de carreira não baseado no mérito apenas ressalta o que nós já sabemos – que diferentes países fazem as coisas diferentemente. Mas essas diferenças trazem muitas implicações para o gerenciamento de um grupo de talento de âmbito mundial, em especial quando as pessoas no grupo foram contratadas de fora da empresa ou trazidas para ela por meio de uma fusão ou aquisição.
2. **A análise dos ativos preexistentes.** Escolher quem recebe qual experiência é um exercício de seleção que deveria basear-se em uma avaliação da posição em que a pessoa agora está, aonde ela pode chegar e com o que a próxima experiência pode contribuir para o trajeto de sua carreira. A riqueza de um grupo global significa que há uma tremenda variedade e que muitas pessoas trazem consigo características relevantes – algumas falam múltiplas línguas, algumas já viveram em múltiplas culturas, algumas já trabalharam no exterior, algumas foram educadas em um outro país que não o seu.
3. **A habilidade de aprender com a experiência.** O próprio cerne do uso da experiência para o desenvolvimento é a expectativa de que a pessoa recebendo a experiência aprenderá com ela. Portanto, *o fator crucial de seleção de quem recebe a experiência deveria ser a habilidade da pessoa de aprender com essa experiência.* Felizmente, o estudo empírico de Gretchen Spreitzer, Morgan McCall e Jay Mahoney de uma amostragem internacional demonstra que a habilidade de aprender com a experiência relaciona-se positivamente com uma variedade de resultados relevantes.[7] Eles identificaram as dimensões subjacentes da construção, que um de nós (McCall) subseqüentemente interpretou em um contexto autodesenvolvimentista.[8] As duas conclusões primárias desse estudo foram que os executivos internacionais que alcançaram os mais altos pontos em potencial (1) mais provavelmente receberiam, tomariam ou cria-

riam as oportunidades de aprender e (2) mais provavelmente ter condições de criar um contexto para aprender com as oportunidades por permanecer abertos à crítica, solicitar *feedback* e liderar de uma maneira que desenvolvesse a confiança e a abertura.
4. **O potencial de uma carreira descarrilar.** Avaliar o potencial não é só uma questão de avaliar qual o crescimento que pode ocorrer, mas também de antecipar o que pode dar errado. A nossa discussão das dinâmicas do descarrilamento na carreira de executivos globais oferece evidências convincentes de que mesmo as pessoas de talento não estão livres de permitir que as suas forças se transformem em fraquezas, de tornar-se cegas ou complacentes, ou mesmo arrogantes, no resplendor do sucesso. Visto que as armadilhas são mais numerosas e mortais no contexto internacional, é imperativo que as organizações considerem a possibilidade de um descarrilamento de carreira quando avaliarem o talento.

Tomadas em conjunto, essas questões simplesmente reforçam a necessidade essencial de os processos de desenvolvimento serem conduzidos por executivos internacionais experimentados, ou ao menos dependerem de algum envolvimento por parte deles. Assim como as pessoas sem experiência global não podem eficazmente tecer julgamentos sobre as experiências que são relevantes ao desenvolvimento global, as pessoas que entendem as exigências do trabalho internacional devem ser as que emitem os juízos sobre o potencial. A experiência internacional não torna automaticamente válido o juízo do avaliador, é claro. As organizações necessitam de um processo que sistematicamente aplique esses juízos às questões acima ressaltadas.

Em acréscimo, acreditamos ser vital que o desenvolvimento seja seguido ao longo do tempo. No mínimo, essa trajetória é mais importante para as pessoas com carreiras globais do que para os executivos domésticos, e é mais difícilmente rastreada por todas as razões que já discutimos. Com todas as diferentes direções que uma carreira pode tomar, o que deve ser seguido? Com o passar do tempo, talvez o melhor índice de crescimento e de maturação seja o grupo de lições discutidas no Capítulo 4 – as lições da experiência internacional. Alguns subconjuntos dessas experiências, nós sugerimos, formam as habilidades nas quais se baseia o sucesso de longo prazo no trabalho internacional.

E um pensamento final: parece que monitorar e trabalhar com um grupo de talento deve começar cedo caso se pretenda que as pessoas de talento recebam experiência internacional no início de suas carreiras. Isso significa que o envolvimento dos executivos globalmente experimentados não deve se restringir aos níveis superiores, mas incluir, igualmente, aqueles dos níveis mais baixos.

Os mecanismos: concedendo às pessoas as experiências de que necessitam

"Levar as pessoas certas às experiências certas" pode ser acrescentado à nossa lista dos fatores mais complicados em um contexto global, em parte, por conta dos meios de formação dos candidatos internacionais variarem tão amplamente e, em parte, por causa do amor pelo trabalho internacional não ser sempre aparente. As organizações precisam de uma combinação de estratégias para seleção visando a alguns aspectos que proporcionem a oportunidade de descobrir outros talentos e para fornecer oportunidades de desenvolvimento formuladas, inicialmente, para terceiros. Tudo isso, mais a necessidade administrativa de colocar pessoas comprovadamente capazes nos cargos globais mais importantes!

Muitas forças agem para manter as pessoas talentosas fazendo o que fazem melhor, em vez de permiti-las desenvolverem novas habilidades. Esse fato até tornou-se uma das últimas panacéias de gerenciamento – utilizar as forças das pessoas e não perder tempo com as fraquezas. É com certeza mais fácil, em curto prazo, usar as pessoas para suas forças comprovadas do que lidar com as perdas em eficiência da curva de aprendizado ou com o risco do fracasso quando uma pessoa é levada longe demais. Essas forças são reforçadas no trabalho global porque um executivo de talento pode não ser apenas um *expert* no segmento técnico, funcional ou administrativo; agora ele pode também ser um *expert* na cultura, na língua ou na política nacional.

Às vezes, no entanto, uma escassez de executivos globais experimentados leva as organizações a trabalharem em outra direção. Em vez de manter as pessoas onde elas já se mostraram proveitosas, a organização as joga a esmo em novas atribuições, precisamente porque elas possuem alguma experiência internacional – sem consideração pelo valor desenvolvimentista ou mesmo pela relevância da experiência prévia. Deixar a distribuição do grupo de talento à mercê da maré das necessidades de curto prazo certamente entrega ao acaso o desenvolvimento de um dos mais importantes recursos de uma organização. No nosso entender, uma organização precisa estabelecer e manter cinco processo paralelos, não só para o desenvolvimento, mas igualmente para o negócio de curto prazo: a seleção, a sucessão, a descoberta, o desenvolvimento e a recuperação (Figura 8.4).

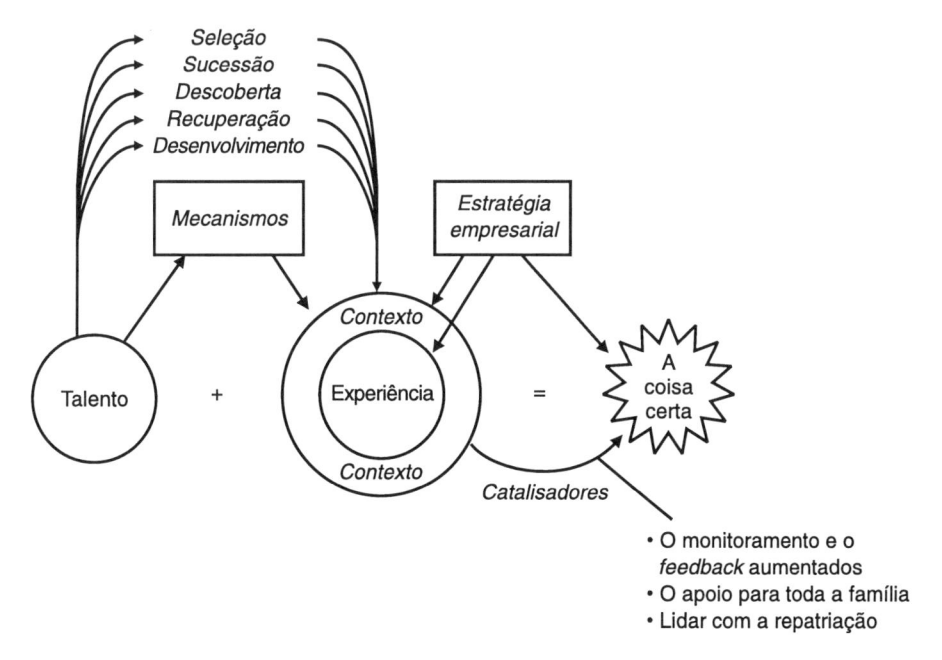

Fonte: adaptada de Morgan W. McCall Jr., *High Flyers: Developing the Next Generation of Leaders* (Boston: Harvard Business School Press, 1998).

Figura 8.4 O papel dos mecanismos e dos catalisadores no desenvolvimento de executivos globais.

A seleção e a sucessão

Devido à natureza dinâmica do negócio global, é tolice não se ter a postos candidatos "de prontidão" para as posições cruciais ao redor do mundo. Um aspecto da abordagem da prontidão é o desenvolvimento de um processo para a seleção de candidatos quando os cargos cruciais se abrem inesperadamente. O planejamento das substituições é um processo no qual uma organização mantém uma lista de vários candidatos com (ou que logo terão) as habilidades exigidas para as posições cruciais. Caso um ônibus desgovernado acerte o encarregado, um ou mais substitutos qualificados já foram identificados previamente. Ao considerar possíveis vagas antes da hora, uma organização pode lidar com a tendência em vários setores de amontoar talento, de examinar estreitamente as suas próprias esferas quando considera os sucessores e de acabar homogênea a despeito dos objetivos de diversidade.

Dois aspectos das estratégias de seleção e sucessão as distinguem dos outros três processos. Primeiramente, enfocam os cargos cruciais ou simplesmente os cargos mais altos em detrimento dos aspectos dos cargos, atribuições e pessoas que possam torná-los desenvolvimentistas. Embora se possa esperar que ocorra uma sobreposição dos cargos cruciais e dos cargos desenvolvimentistas, existem muitas experiências, especialmente nos níveis mais baixos e fora dos cargos usuais, que poderiam servir como terreno desenvolvimentista para o futuro.

Em segundo lugar, quando o objetivo é casar a pessoa mais qualificada com o cargo, em vez de desenvolver a pessoa no cargo, os processos de seleção e de sucessão se concentram em habilidades existentes, em vez das novas habilidades. Ironicamente, a pessoa mais qualificada – a que já está pronta – é também a que vai desenvolver-se menos ao executar o trabalho.

A seleção e a sucessão são os mecanismos básicos da colocação de pessoas em cargos desenvolvimentistas. Além de enfatizarmos a sua importância, deixamos para outros os detalhes da descrição de sistemas eficazes. Mencionaremos, entretanto, uma falha organizacional comum à qual as organizações globais parecem ser especialmente vulneráveis. As atribuições globais geralmente oferecem boas oportunidades para as organizações tentarem solucionar os problemas de pessoal exportando o problema. "Longe dos olhos, longe da mente" pode se tornar a resposta fácil ao lidar-se com um indivíduo de capacidade limitada. Infelizmente, exportar o problema tão freqüentemente tem as conseqüências esperadas: macula todo o processo que utiliza as atribuições para o desenvolvimento e pode tornar a repatriação do "executivo-problema" quase impossível.

A descoberta e o desenvolvimento

Sem negarmos a importância do planejamento contingente, é também essencial ter estabelecidos os processos que enfocam diretamente o desenvolvimento de talento para o futuro. Ao considerar os grupos de talento global que surgem dos processos de sucessão, uma organização provavelmente precisa de duas abordagens. Para muitos no grupo, a paixão, o meio de formação e as suas habilidades básicas já os identificam como tendo alto potencial para o trabalho global. Alguém que deseja uma carreira internacional, que fala várias línguas e cresceu em diferentes partes do mundo é um candidato óbvio. Para tais pessoas, os processos de desenvolvimento podem começar cedo e continuar por toda a carreira. A ênfase pode estar nas habilidades relacionadas ao negócio, em vez das habilidades culturais.

Mas o nosso estudo também revelou que há um número significativo de pessoas que acabam tornando-se executivos internacionais de sucesso, mas nunca "tiveram idéia", quando começaram, do que seu futuro seria. Vieram de meios provincianos ou demonstraram pequeno interesse nas viagens e não teriam descoberto o seu interesse se não fosse por uma intervenção ou acidente. Para tais pessoas, é importante que haja processos que as permitam descobrir os seus interesses no primeiro estágio de suas carreiras. As primeiras experiências que envolvem pessoas ou negócios internacionais podem servir para este propósito, ao mesmo tempo que identificam aqueles que não demonstram nem interesse nem aptidão para o trabalho global.

A recuperação

O termo *expatriação* originalmente referia-se a um desterro da terra natal. Embora o uso moderno simplesmente refira-se a um expatriado como uma pessoa residindo em um país estrangeiro, as dificuldades que os nossos executivos experimentaram ao retornarem para casa aproximam-se do sentido anterior do termo. A repatriação tornou-se um dos problemas persistentes nas organizações internacionais. Apesar de ter sido muito identificada como uma transição crucial, a percepção de sua natureza problemática ainda não conduziu a uma prática eficaz. A repatriação toma várias formas: os naturais do estrangeiro retornando a seus países natais depois de um tempo no país da sede, os expatriados naturais do país da sede retornando e os naturais de um terceiro país retornando a seus países. Enquanto as dinâmicas para cada grupo possam ser um tanto diversas, a necessidade de processos para auxiliarem na integração é universal. Amiúde, nem o executivo que retorna nem a organização dão-se conta do trauma em potencial do retorno para o executivo e sua família. Por mais irrisórias que a maioria das preparações para a expatriação parece ser, a preparação para o retorno, em comparação, configura-se como inexistente. Não obstante, as ações recomendadas pelos executivos para suavizar a repatriação são bem conhecidas. As freqüentes visitas ao país natal durante a expatriação, a manutenção dos contatos e redes de relacionamento, a assistência com a relocação da família, o oferecimento de um trabalho significativo quando ele retorna para casa e medidas do gênero – tudo isso representa ações amplamente reconhecidas mesmo se não amplamente implementadas.

Os catalisadores: ajudando as pessoas a aprenderem com a experiência

Até mesmo conseguir colocar as pessoas de alto potencial nas experiências estrategicamente valiosas pode não ser o bastante. Embora se espere que uma pessoa talentosa em uma atribuição desafiadora vá aprender tudo que há para ser aprendido, nem sempre isso acontece. Um catalisador é algo que se acrescenta a uma mistura e causa uma reação. Os catalisadores desenvolvimentistas ajudam os executivos a aprenderem. Embora o mesmo catalisador possa melhorar a aprendizagem de qualquer experiência, global ou não, a distância física e psicológica que caracteriza os cargos globais torna muito mais difícil proporcionar *feedback*, monitoramento, apoio e recursos aos executivos. Os expatriados, em especial, são particularmente vulneráveis aos elos fracos com a sede e às pressões da família.

Uma organização pode tomar várias medidas para facilitar a aprendizagem, seja na atribuição doméstica, internacional ou expatriada. Algumas delas estão listadas na Tabela 8.1.

As atribuições expatriadas requerem algumas considerações adicionais. Por causa da distância do *home office*, uma atenção especial deve ser dada a manter-se em contato. O monitoramento do que está acontecendo e o fornecimento de *feedback* útil auxiliam na aprendizagem, mas ambos são consideravelmente mais difíceis atravessando o tempo e o espaço. Além disso, identificar o *feedback* útil, e de quem, pode não ser óbvio, visto que a cena local pode ser bastante diversa daquela do país de origem. Com efeito, uma força de trabalho multicultural pode apresentar muitas reações inesperadas às típicas intervenções dos recursos humanos envolvendo avaliações de desempenho, *feedback*, treinamento e afins.

Talvez por causa da singularidade das atribuições expatriadas, um dos mais significativos potenciais catalisadores mencionados freqüentemente por nossos executivos é um chefe que compreende o trabalho internacional e está disposto a passar o tempo trabalhando com a pessoa. Uma segunda condição especial das atribuições expatriadas que influencia a aprendizagem é a reação da família. Nós concluímos que as famílias desempenham um papel crítico na eficácia dos expatriados. As dificuldades enfrentadas pela família podem afetar o desempenho do executivo, contribuir para o descarrilamento da carreira e, mais provavelmente, desviá-lo de uma potencial aprendizagem (embora lidar com questões familiares em si seja um solo fértil de aprendizado). Ainda que seja um catalisador *indireto*, um apoio para toda a família acaba sendo importante do ponto de vista da aprendizagem.

Uma outra questão especial da expatriação é a repatriação. Como mencionado anteriormente neste capítulo sob o item "mecanismos", a recuperação dos executivos expatriados justifica processos especiais porque a repatriação pode fazer com que pessoas de talento se frustrem e até deixem a organização. As dificuldades da repatriação também apresentam uma oportunidade de aprendizagem. Alguns dos executivos com os quais falamos descreveram a reentrada como sendo um choque cultural do mesmo porte que haviam sido as suas atribuições expatriadas. Esse dado implica que com o apoio adequado, a repatriação pode também apresentar um valor autodesenvolvimentista.

ALGUMAS CONSIDERAÇÕES FINAIS

Este capítulo desenvolveu uma estrutura para a compreensão dos processos críticos envolvidos no desenvolvimento dos executivos internacionais e expandiu os elementos da estrutura com as implicações para as organizações. Evitamos a tentação de apresentar uma lista de imperativos de um desenvolvimento global devendo ser seguidos por qualquer organização. Não acreditamos que detalhamentos e miudezas, não importa o quão sensatos pareçam ser, resolverão o enigma do desenvolvimento. Apenas considerando o desenvolvimento como um imperativo estratégico e com uma perspectiva estratégica, uma organização poderá combinar os pedaços de forma sinérgica para criar um todo coerente.

Embora por questões de clareza tenhamos examinado os elementos do nosso modelo individualmente, não queremos perder de vista o quadro geral do que é necessário para o desenvolvimento das pessoas. Quando esses elementos são

Tabela 8.1 Exemplos de catalisadores para o desenvolvimento

Melhorando a informação	Proporcionando incentivos e recursos	Apoiando mudanças
• Proporcionar *feedback* específico • Proporcionar um grande número de exemplos • Proporcionar *feedback* sobre critérios importantes, possivelmente sobre competências identificadas • Proporcionar *feedback* acerca do desenvolvimento, bem como do desempenho e dos resultados • Esperar que os supervisores confrontem os problemas • Utilizar fontes dignas de crédito (para o receptor) • Não contornar as questões • Dar o *feedback* necessário, mesmo se a pessoa esteja desempenhando bem • Proporcionar uma perspectiva nos casos em que as mensagens estão confusas • Interpretar o *feedback* em termos de futuro e de presente • Proporcionar um contexto para o *feedback* que reflita a futura estratégia da organização • Dar *feedback* em uma forma aceitável ao receptor • Enriquecer, quando possível, o *feedback* do cargo, dos clientes e de outras fontes "naturais"	• Estabelecer objetivos desenvolvimentistas específicos e mensuráveis • Pôr o desenvolvimento no contexto da estratégia empresarial • Encontrar maneiras de avaliar o progresso dos objetivos desenvolvimentistas • Responsabilizar as pessoas para alcançarem os objetivos desenvolvimentistas • Envolver as pessoas no estabelecimento dos objetivos e medidas • Tornar o desenvolvimento uma prioridade verdadeira • Fazer parte do pagamento contingente do desenvolvimento, assim como do desempenho • Promover ou mover as pessoas por razões desenvolvimentistas • Promover as pessoas que servem de modelo ao comportamento desenvolvimentista desejado • Proporcionar o máximo de recompensa e o máximo de reconhecimento possível pelo crescimento • Envolver múltiplas fontes no estabelecimento da agenda desenvolvimentista • Certificar-se, acima de tudo, de que o sistema de recompensa existente não seja contraditório com o desenvolvimento • Proporcionar acesso a modelos de conduta • Tornar seguro praticar, tentar coisas novas • Aconselhar e treinar as pessoas em como adquirir novas habilidades	• Proporcionar apoio emocional • Encarar as mudanças em um contexto de sistemas; considerar como a mudança afetará outras pessoas, a natureza do trabalho, etc. • Modificar o contexto conforme necessário • Criar um ambiente no qual a mudança é apoiada e encorajada

Fonte: adaptada da Morgan W. McCall Jr., *High Flyers: Developing the Next Generation of Leaders* (Boston: Harvard Business School Press, 1998).

reunidos, como o fizemos na Figura 8.5, não se pode evitar sentir a complexidade do todo. Somos, então, tentados a lançar as mãos para o alto, desencorajados, sem saber por onde começar.

Ao concluirmos, portanto, voltamos à premissa inicial. A primeira ordem dos negócios é firmar a estratégia da organização. Sabendo qual o tipo de presença global que deseja, uma organização pode ligar o planejamento organizacional com o desenvolvimento de seus ativos de liderança. Já que a força motora em um esforço de desenvolvimento é a experiência, as decisões de planejamento determinam quais experiências estarão disponíveis – e exatamente quantos cargos internacionais e globais, projetos, forças-tarefa e outras oportunidades existirão.

Mas, na prática, as organizações nem sempre têm as suas estratégias firmadas; nem sempre é possível começar com o imperativo estratégico. O que fazer então? Os praticantes organizacionais sabem que, por vezes, é preciso iniciar por onde a energia se encontra, em vez de pelo começo. De fato, nós podemos adentrar o processo de desenvolvimento global em qualquer um de seus elementos. A complexidade do nosso modelo reflete a complexidade do desenvolvimento. Algumas vezes, precisamos começar por onde é possível. Com tanto a ser feito, qualquer começo é melhor do que nenhum.

O nosso objetivo, neste capítulo, foi examinar o papel da organização na criação de um contexto no qual o desenvolvimento possa florescer. Neste aspecto, ajuda considerarmos que a palavra *desenvolvimento* deriva do francês antigo *des*, significando "desfazer", e *voloper* significando "embrulhar, envolver". Literalmente, portanto, desenvolver é desfazer o embrulho. Embora o uso habitual inclua a idéia de evoluir e crescer bem como a idéia de trazer para fora o que já existe (como na expressão inglesa "*developing a photograf*", revelar uma fotografia), o termo desenvolver tem mais a ver com libertar e aumentar o que já existe do que com instalar algo novo. Sugerir que alguém desenvolva uma nova habilidade é sugerir que a raiz dessa habilidade esteja firmada, à espera de ser desembrulhada para ser revelada. Essa idéia também se apresenta na raiz da palavra *educação*, derivada do latim *educare*, "trazer para fora", o que, é claro, foi o método socrático. Criar um contexto para o crescimento de outrem não é uma idéia nova.

Ao criar um contexto para o crescimento, contudo, a organização pode apenas fazer uma parte. A responsabilidade final de aproveitar as oportunidades de crescimento reside no indivíduo, e é este o tópico do próximo capítulo.

A abertura à aprendizagem

O progresso:
- O desenvolvimento
- O potencial de um descarrilamento de carreira

O meio de formação:
- A formação internacional
- A exposição internacional
- Nenhuma formação internacional

As definições de talento:
- O executivo doméstico
- O executivo natural do local
- O executivo natural de um terceiro de país

- As experiências disponíveis
- A significância das experiências

- O modelo empresarial global
- A estrutura internacional
- A lógica para os executivos naturais do estrangeiro e expatriados

As políticas e as práticas organizacionais

- O meio de formação/ diversidade da direção sênior
- Os valores
- A ligação com a sede
- A cumplicidade
- A disponibilidade de apoio
- A sobreposição cultural

- O monitoramento e o *feedback* aumentados
- O apoio para toda a família
- Lidar com a repatriação

Seleção
Sucessão
Descoberta
Desenvolvimento
Recuperação

Mecanismos

Estratégia empresarial

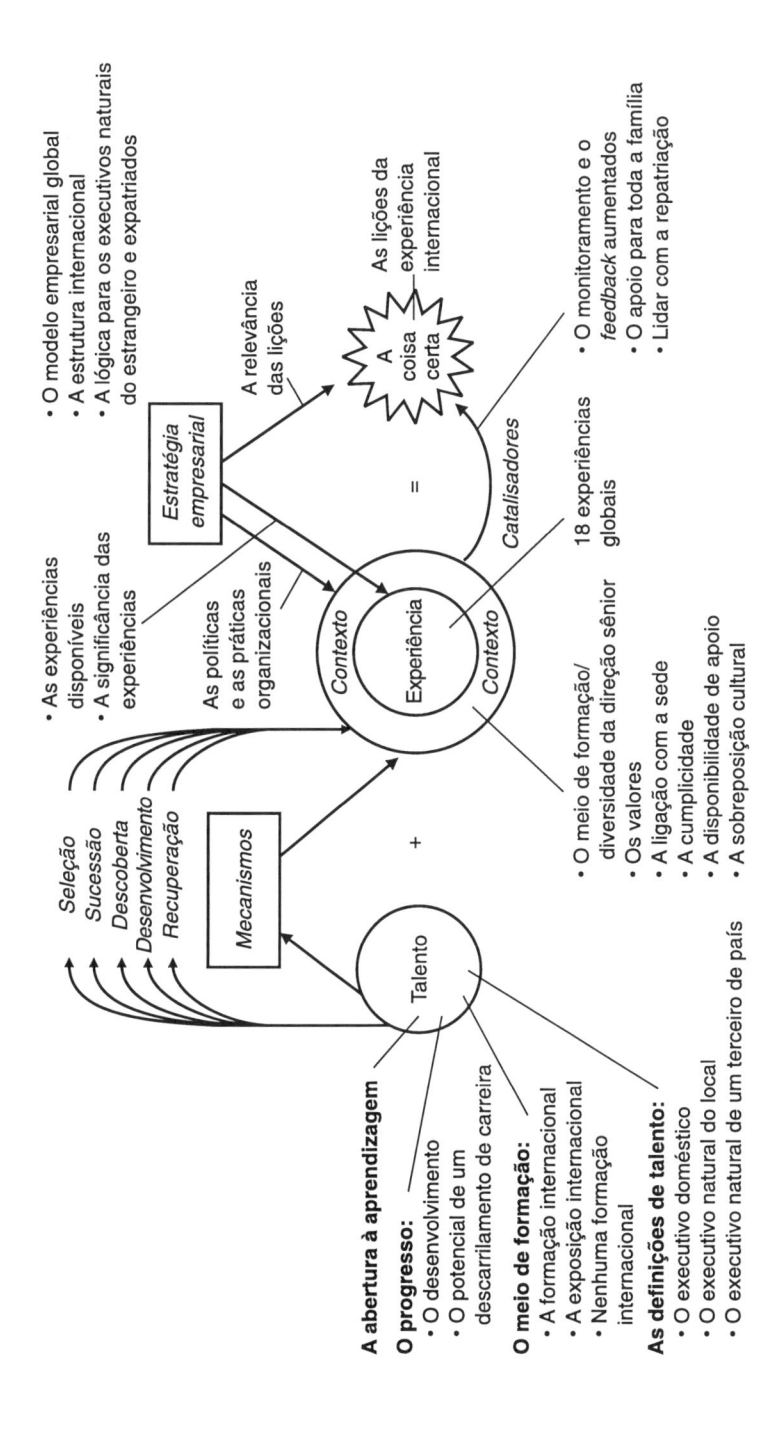

Talento + Experiência = A coisa certa

Contexto *Contexto* *Catalisadores*

A relevância das lições

As lições da experiência internacional

18 experiências globais

Fonte: adaptada de Morgan W. McCall Jr., *High Flyers: Developing the Next Generation of Leaders* (Boston: Harvard Business School Press, 1998).

Figura 8.5 Em detalhes: um modelo para o desenvolvimento de executivos globais.

Construção de uma carreira global: a parte do indivíduo

> O senso comum não solicita um tabuleiro de xadrez impossível, mas toma-o à sua frente e joga o jogo.
>
> – Wendell Phillips (1811–1884)

Começamos este livro com a premissa de que a globalização nos alcançou, gostemos ou não. Dentro desta estrutura, o indivíduo considerando uma carreira de negócio no século XXI, goste ou não, está considerando uma carreira em um negócio *global*. A pergunta sobre a carreira transforma-se de *se* em *quanto* uma carreira deve envolver componentes internacionais: "O quão global eu devo ser, quero ser, posso ser? Como posso lidar com isso?"

As carreiras, como as vidas, nunca apresentam bem a previsibilidade que tentamos nelas impor. Nunca se desenrolam como planejadas, por conseguinte, não temos a pretensão de prescrever como uma carreira deva ser esculpida. Neste capítulo, reunimos as descobertas do nosso estudo, a sabedoria dos nossos executivos e o pensamento atual sobre o desenvolvimento das carreiras de uma forma que auxiliará os indivíduos que consideram carreiras globais a ponderarem sobre as questões. O nosso objetivo é oferecer conselhos e orientações que se mostrarão úteis na tomada de decisões sobre carreiras. O nosso conselho é, em certo sentido, o lado inverso do Capítulo 8, que trata do que as empresas devem fazer.

A SITUAÇÃO DAS CARREIRAS

As carreiras não são mais o que um dia foram. As regras mudaram, assim como mudaram as recompensas. O antigo modelo de carreira, com um emprego por toda a vida em uma única empresa, uma carreira sempre subindo em uma trajetória espiral planejada pela empresa, uma lealdade sem desvios por toda a vida profissional e uma aposentadoria confortável com uma pensão proporcionada pela empresa ou pelo Estado em uma certa idade (seja aos 55, 60 ou 65 anos), parece surpreendentemente ultrapassado. Se já não estiver "terminado", o antigo modelo está sendo modificado para um novo, mais flexível paradigma que se enquadra no mundo global.[1]

Embora essas mudanças sejam mais salientes de uma perspectiva norte-americana, seria um equívoco acreditar que não estejam acontecendo em todo o mundo. Como respostas à globalização e ao modelo global de negócios, parecem quase tão inevitáveis quanto as manchetes dos jornais. Em "*Japan's Long Decline Makes One Thing Rise: Individualism*" (O longo declínio do Japão faz com que uma coisa ascenda: o individualismo), Yumiko Ono e Bill Spindle descrevem as mudanças tendo lugar em um dos países mais estruturados em termos de carreiras.[2] Os países podem ter diferentes exigências de emprego e costumes, mas os temas são os mesmos – os planos de restruturação, as reduções no redimensionamento das atividades e as busca de novas fontes são temas globais, não domésticos.

O consenso do desenvolvimento é que a nova carreira será uma "seqüência de experiências relacionadas ao trabalho ao longo de uma vida".[3] As melhores empresas proporcionarão experiências que recompensam e desenvolvem os seus executivos; quando as experiências terminam, o novo executivo move-se para novas experiências, seja dentro daquela organização ou em outra. Uma descrição desse novo contrato de carreira apareceu no quadro de avisos de uma empresa dos Estados Unidos (Quadro 9.1).[4]

Em um ambiente de carreira, os indivíduos não mais dependem das empresas para administrarem as suas próprias carreiras; eles o fazem por si próprios. Eles não esperam que a empresa lhes proporcione uma carreira; antes, esperam que proporcionem oportunidades desafiadoras, interessantes e recompensadoras e informação para delas tirar vantagem. Para cima não é mais o único caminho (parafraseando o título de um livro). As escolhas das atribuições, tanto feitas pelo indivíduo como feitas pela empresa, podem se dar com um olho na direção das oportunidades de desenvolvimento e da ampliação das experiências (nas palavras de um executivo, "o aumento do valor da minha marca"), em vez de simplesmente visar à ida para cima na hierarquia, se houver. O novo modelo de carreira pede uma flexibilidade consideravelmente maior. Alguns teóricos prevêem que os iniciantes nas carreiras irão, com efeito, ter múltiplas – mesmo quatro ou cinco – diferentes carreiras ao longo de uma vida. E toda a noção de uma vida de trabalho está se modificando. Durante o século XX, a expectativa média de vida aumentou em 30 anos; "parar de trabalhar", em qualquer idade, pode vir a se tornar uma anomalia para os executivos saudáveis.

Nitidamente, o novo modelo de carreira requer que as pessoas que administram as próprias carreiras tenham uma perspectiva e habilidades diferentes. Reconhecendo que o novo modelo de carreira pode ter sido adotado desigualmente ao redor do mundo e entre as empresas, a nossa tarefa é aumentar a conscientização de que o novo modelo, 100% adotado ou não, formará a base para as novas carreiras, e examinar o que aprendemos e como essa aprendizagem se aplica a uma carreira global.

Quadro 9.1 O novo contrato de emprego

- Não podemos prometer quanto tempo estaremos operando.
- Não podemos prometer que não seremos comprados por outra empresa.
- Não podemos prometer que haverá espaço para promoções.
- Não podemos prometer que o seu cargo existirá até a sua idade de se aposentar.
- Não podemos prometer que o dinheiro estará disponível para a sua aposentadoria.
- Não podemos esperar a sua lealdade contínua – e não estamos certos de desejá-la.

Fonte: quadro de avisos de uma empresa.

AS DESCOBERTAS ESPECIALMENTE RELEVANTES

Da mesma maneira que o novo modelo de carreira requer uma perspectiva diferente, é improvável que espelhem as experiências globais do futuro as experiências dos nossos executivos do estudo global. Com uma idade média de 48 anos, esses executivos vêem atrás de si mais de 20 anos de experiências que, inevitavelmente, serão significativamente diferentes daquelas dos executivos começando hoje. Podem essas lições proporcionar qualquer contribuição às carreiras futuras?

Nós pensamos que podem. Existe um caráter atemporal nessas lições, experiências e contribuições que nós acreditamos merecedores da consideração daqueles recém começando a jornada. Os modos de fazer podem mudar, mas não é provável que os *temas* se tornem obsoletos. Ademais, os conselhos desses veteranos àqueles que seguiriam em suas pegadas podem representar os melhores conselhos disponíveis. As suas carreiras, com ênfase na autonomia e na autoconfiança, incorporaram elementos da "nova carreira" em maior escala do que as carreiras dos executivos domésticos.

Principiamos com os temas que parecem especialmente relevantes às carreiras globais. Prosseguimos aplicando esses temas a seis processos essenciais de carreira, que então relacionamos aos conselhos dos executivos do nosso estudo (resumido no Quadro 9.2):

Quadro 9.2 As descobertas relevantes sobre as carreiras

- Existem muitos caminhos para uma carreira global.
- Os líderes globais desenvolvem-se na arena global.
- O choque cultural é uma singular experiência global.
- As lições culturais são as mais importantes lições globais.
- As experiências de ponta são o cadinho do desenvolvimento mas as outras experiências assumem mais importância no contexto global do que no doméstico.
- Existem mais acasos e armadilhas em uma carreira global do que em uma doméstica.

---

1. **Há muitos caminhos para uma carreira global.** Do mesmo modo que não existe um só tipo de executivo global, não existe uma só carreira executiva global. Muitos caminhos podem ser trilhados, de muitos pontos iniciais. Metade dos nossos executivos pôde identificar fatores específicos em seus meios de formação que contribuíram para os seus interesses nas carreiras globais, mas metade não pôde. Alguns executivos chegaram aos seus cargos devido a uma ânsia por aventura ou por viagens, mas muitos simplesmente "acabaram neles". Indagados sobre a primeira atribuição internacional, foram tanto os enviados por suas empresas quantos os que haviam eles próprios solicitado essas atribuições. O novo modelo de carreira nas empresas, que estão rapidamente mudando para se adaptarem às mudanças externas, provavelmente oferecerá rotas ainda mais diversas para a liderança global. Já figurando um mundo de complexidades, os negócios globais se tornarão ainda mais complexos

com o aumento do número de participantes, fornecedores e ingressantes na economia global. A implicação para as carreiras é que, por um lado, os executivos precisam crescentemente estar no comando de suas carreiras, encontrando caminhos que se enquadrem às suas necessidades e talentos. Por outro lado, uma pessoa não precisa preocupar-se demasiadamente se não nasceu pronta para a liderança global. Muitas rotas podem conduzir para lá. Camada sobre camada de complexidade também pode ser compreendida como camada sobre camada de oportunidade.

2. **Os líderes globais desenvolvem-se na arena global.** Embora as experiências domésticas possam ensinar lições importantes (as lições básicas que todos os executivos devem aprender, tais como administrar), as lições críticas da liderança global são aprendidas no trabalho global. Se um líder está ou não vivendo domesticamente e trabalhando internacionalmente, ou trabalhando e vivendo como um expatriado, a combinação de negócio com cultura é essencial. A implicação? Consiga essa experiência!

3. **O choque cultural representa a singular experiência global.** Trabalhar *e* viver em uma outra cultura difere da experiência doméstica ou de trabalhar *ou* viver (mas não os dois ao mesmo tempo) cruzando culturas.[5] A magnitude e o tipo de mudanças experimentadas na situação de expatriado força as pessoas a desenvolverem novas perspectivas, atitudes e habilidades. Para muitos, a experiência os transforma de maneiras importantes – maneiras que eles valorizam – e os ensina lições generalizáveis sobre cultura. As carreiras globais requerem experiências fora do país natal da pessoa... prepare-se para elas.

4. **As lições culturais representam as singulares lições globais.** Muitas lições exigidas para o sucesso como um executivo parecem ser muito semelhantes, seja no contexto doméstico ou global. Os executivos em qualquer uma das duas arenas devem aprender a estabelecer a credibilidade, a construir uma equipe eficiente e a lidar com os chefes e superiores. Mesmo as lições do tipo aprender a ouvir, tão mais importantes em um contexto global, precisam ser igualmente aprendidas pelos executivos domésticos. São as *lições culturais* que verdadeiramente diferenciam o contexto global.

5. **As experiências de ponta são o cadinho do desenvolvimento, mas as outras experiências assumem mais importância no contexto global do que no doméstico.** A natureza das experiências de menor duração em um cenário internacional, experiências como aquelas que caem nas categorias de "outras pessoas significativas" e de "experiências autodesenvolvimentistas e educacionais", as torna fontes férteis de lições globais. Essa é uma boa notícia para as futuras carreiras; as oportunidades para aprender as lições cruciais não limitam-se às atribuições de maior duração.

6. **Existem mais acasos e armadilhas em uma carreira global do que em uma doméstica.** Os descarrilamentos de carreira ocorrem no trabalho global quase da mesma forma que no doméstico, mas a arena global apresenta uma ampla gama de acasos, armadilhas, tentações. Tipicamente operando a uma maior distância com grande liberdade, o trabalho global é com freqüência excitante, algumas vezes perigoso e, de vez em quando, bastante assustador. Esperar um mundo diferente é uma

parte significativa da batalha na superação dos obstáculos. O novo carreirista deve saber o que esperar.

Todas essas descobertas possuem implicações abrangentes para as carreiras de liderança global. Essas implicações, como as próprias carreiras, vão depender do indivíduo e do contexto.

ELEMENTOS ESSENCIAIS PARA UMA CARREIRA GLOBAL

O modelo *frequent flyer* para o desenvolvimento do executivo global apresentado no Capítulo 8 para ajudar a organizar a perspectiva de uma organização pode, igualmente, ajudar os indivíduos a examinarem as carreiras. Especificamente, iremos desenvolver uma perspectiva ligeiramente diferente baseada nos mecanismos descritos no Capítulo 8, examinando as suas implicações para as carreira individuais. Neste contexto, os mecanismos utilizados por uma organização para administrar o movimento do talento podem ser traduzidos em um conjunto de tarefas essenciais a fim de que um indivíduo administre a sua própria carreira. A nossa discussão incluirá as implicações das descobertas do nosso estudo e os conselhos dos executivos globais que entrevistamos. Subjacente à nossa discussão, a prescrição para a nova carreira – seu desenvolvimento é responsabilidade sua. Podemos aconselhar, mas você é o agente de mudança, deve fazê-la acontecer, deve arriscar e colherá as recompensas.

Os cinco elementos essenciais, discutidos abaixo, formam a base para um novo contrato de carreira global (Quadro 9.3) planejado para o seu benefício.

Quadro 9.3 As tarefas essenciais para uma carreira global

A descoberta: inicie e aproveite as oportunidades de descobrir o quão global você deseja ser. Existem muitos caminhos que levam para liderança global – descubra o seu.

A seleção: selecione você mesmo, a sua empresa, as pessoas para quem você trabalha, as atribuições que você recebe. A carreira é responsabilidade sua. Seja você o agente; não espere que outros o façam em seu lugar. Selecionar sabiamente depende de uma boa avaliação de si mesmo. Seja extremamente honesto: você possui energia, senso de aventura, curiosidade, saúde e tolerância ao estresse?

O desenvolvimento: aprender com a experiência, em vez de mecanicamente desempenhar o trabalho, vai determinar se você desenvolve "a coisa certa". Como fazer? Reflita, fale, escute, examine. O que você aprendeu e como você pode usar o que aprendeu?

A recuperação: você obterá sucesso *e* sofrerá fracassos. A diferença para a sua carreira será a sua capacidade de experimentar o fracasso, aprender com ele, e dar a volta por cima para aprender ainda mais.

O reaprender: as novas carreiras exigem uma aprendizagem por toda a vida. A aprendizagem deve se dar 24 horas por dia, 7 dias por semana, 365 dias por ano. Em um mundo correndo em alta velocidade, os negócios nunca param, e as oportunidades para se aprender (e os requisitos para se aprender) também não. Encontre refúgios, mas continue aprendendo, sempre.

A descoberta

Poucos dos executivos do nosso estudo, se alguns, conheciam a extensão completa de suas trajetórias quando iniciaram suas carreiras. Mas por mais tentados que estejamos a planejar as nossas estratégias pessoais de 30 anos, podemos afirmar com confiança que nenhuma irá funcionar conforme o planejado. Metade dos nossos executivos não identifica nenhuma influência particular que os tenha levado à carreira global.

Do mesmo modo que o início de carreira requer que uma pessoa desenvolva habilidades fundamentais e reputação (David Thomas e John Gabarro chamam isto de desenvolvimento de competências, credibilidade e confiança), isto também ajuda a, logo no início, entrar em contato direto com as oportunidades que o levarão a descobrir quão global você quer ser.[6] Isso torna-se ainda mais importante se você é um daqueles que "não tem a mínima idéia". Busque oportunidades de viajar, trabalhar com pessoas de outras culturas – na mesa do lado, nas equipes, nas forças-tarefa. Os indivíduos (assim como as organizações) cometem um equívoco quando se estabelecem muito cedo quanto a seus gostos, sonhos e objetivos e em determinado contexto. Existem muitas trilhas levando a uma carreira global; não presuma cedo demais que uma carreira não serve para você. Descubra!

A seleção

Aqui, a seleção significa *auto-seleção*. Com você no comando da sua carreira, é essencial que faça escolhas que o levem na direção da liderança global. A ambigüidade e a complexidade do contexto global se prestam à auto-seleção, em vez de se esperar ser selecionado por outra pessoa. Um artigo recente no *Houston Chronicle* relatou que mais homens do que mulheres eram chamados para assumirem as atribuições expatriadas, mas o artigo não mostrava o ponto importante.[7] Quaisquer que sejam as suas características pessoais, as pessoas interessadas nas carreiras globais não esperam para ser chamadas. Elas selecionam a si mesmas e fazem com que a organização fique sabendo. Somente cerca de um quarto dos nossos executivos disse que haviam sido enviados por sua empresa em suas primeiras atribuições internacionais. A maioria dos outros executivos exerceu um papel ativo. Você pode tomar a iniciativa de participar em qualquer situação internacional – viagens, forças-tarefa, programas de treinamento, recepções – o que quer que seja necessário para que você se exponha e ganhe experiência na arena global.

A auto-seleção começa com encontrando uma organização que se enquadre em seus valores e temperamento. As organizações variam amplamente em suas necessidades de líderes globais e em suas visões da liderança global, dependendo de suas estratégias e de sua história. Se você almeja uma carreira global, encontre uma organização global. Nós encontramos executivos da Royal Dutch/Shell que escolheram especificamente a Shell porque essa prometia (até mesmo exigia) atribuições internacionais. Um executivo da Hewlett-Packard (HP), já ciente de seu próprio interesse pelo internacional desde seu tempo de estudante em um intercâmbio e programas de liderança freqüentados no exterior, buscou uma entrevista na HP porque ele soube que mais da metade da receita desta vinha de fora dos Estados Unidos.

Um outro ponto da seleção são os cargos e os chefes. Com as outras pessoas significativas sendo uma importante fonte de aprendizagem, a auto-seleção significa encontrar e escolher chefes que possam ensinar a você sobre culturas e negócios internacionais.

A seleção depende da avaliação, e, na *auto-seleção*, a chave é a *auto-avaliação*. Você tem de buscar e ser receptivo ao *feedback* no qual baseia essa avaliação. Ao ter uma oportunidade de experimentar o negócio global, em um nível qualquer, você precisa ser honesto na avaliação de seus gostos, forças e fraquezas e se os seus próprios interesses e habilidades se encaixam, ou não, nos requisitos.

O desenvolvimento

As carreiras globais são construídas em cima de experiências que proporcionam oportunidades para aprender, mas essas oportunidades podem ser caras e difíceis de se obter. Os nossos executivos nos aconselharam da importância de primeiramente desenvolver uma *expertise* técnica, funcional ou empresarial por um motivo: a *expertise* capacita você a agregar valor em uma atribuição global. As atribuições internacionais, em virtude de se darem fora do país de origem da pessoa, são inevitavelmente mais caras do que as atribuições domésticas. Um executivo expatriado na China pode custar de 50 a 80 vezes mais do que um executivo chinês; por conseguinte, uma pessoa de fora assumindo essa atribuição *precisa* ter valor agregado.

Nem todas as experiências são de igual valor para o desenvolvimento, e as empresas vão diferir nas experiências e nas lições que estão disponíveis, bem como naquelas que são mais importantes. Na sua empresa, você precisa passar pelas atribuições que surgirem e desenvolver-se com essas experiências.

Nas organizações de alto desempenho, os líderes são tentados a perseguir os resultados à custa de seus próprios desenvolvimentos. Certamente, o desempenho conta e representa o bilhete de ingresso para a próxima rodada do torneio, mas o *sucesso* na próxima rodada vai depender da aprendizagem acumulada pela pessoa, e essa depende do desenvolvimento. A verdadeira chave, então, não é só a habilidade de produzir resultados, mas a habilidade de aprender com a experiência *enquanto* se produzem resultados. Um enfoque fixo no desempenho pode proteger nossos olhos das lições nas experiências. Encontramos inúmeros exemplos de executivos cujas carreiras haviam descarrilado quando foram incapazes de continuar aprendendo e crescendo. O nosso estudo demonstra que as lições essenciais da liderança global podem ser aprendidas em uma variedade de experiências. Em sua grande maioria, porém, as lições são aprendidas no trabalho internacional. Os nossos executivos refletem essa afirmação em seus conselhos do tipo "comece cedo". Envolva-se cedo em um trabalho que o capacite a descobrir, selecionar e desenvolver.

Não há, é claro, nenhum segredo para aprender com a experiência. Começa com uma abertura à aprendizagem repensando as nossas maneiras características de pensar e ver o mundo. Se há uma lição essencial da liderança global, é a necessidade de uma perspectiva que reconheça a constância da pergunta *o quê* e a variabilidade da resposta *como*.

A recuperação

A nossa discussão sobre os executivos cujas carreiras descarrilaram apontou que a diferença entre os executivos que perderam o rumo e os bem-sucedidos não está no fato de o executivo de sucesso jamais ter experimentado o fracasso, mas sim de ser capaz de se recuperar, de aprender com a experiência e de seguir adiante. O pecado capital nas organizações de alto desempenho, como a Asea Brown Boveri (ABB), não é o fracasso de um projeto em atingir os seus números previstos, mas uma tentativa de esconder o fracasso, de negar o papel que se teve no resultado e de não aprender nenhuma lição. Especialmente no trabalho global, em que a ambigüidade e a incerteza inevitavelmente resultam no inesperado, você precisa desenvolver a elasticidade e a habilidade de aprender com as experiências boas e ruins. A raiva, a postura defensiva, a hostilidade e a rigidez são as marcas de uma incapacidade de recuperação.

O reaprender

Examinar as carreiras como uma série de experiências relacionadas ao trabalho, ao longo de uma vida, dita a necessidade de continuamente aprender novas habilidades, novas atitudes, novas maneiras de pensar. A maioria das discussões sobre as "competências do futuro" enfatiza a necessidade de uma aprendizagem com a duração de uma vida para se adaptar a um mundo mutante.[8] Quanto maior a mudança, maior a necessidade de reaprender. A complexidade, a incerteza e a rápida mudança que vêm com o trabalho atravessando países, culturas e negócios apresentam novos desafios a cada curva. Ao passo que esses desafios representem, de fato, o caráter animador das carreiras globais, eles também aumentam a exigência de que se continue aprendendo.

OS CONSELHOS DAQUELES QUE JÁ FIZERAM

Duvidamos que qualquer um dos executivos do nosso estudo, desde o mais jovem (com 35 anos) ao mais velho (com 62 anos), pense que as carreiras futuras serão como as deles foram. Ainda assim, não tiveram dificuldade em colher em suas experiências temas comuns que provavelmente causem um impacto nas carreiras futuras dos líderes globais (Quadro 9.4). Os conselhos que dão reforçam os pontos essenciais desenvolvidos anteriormente.

Quadro 9.4 Os conselhos daqueles que já fizeram

1. Desenvolva a sua *expertise*.
2. Comece cedo.
3. Apenas vá e faça – arrisque-se.
4. Esteja aberto à aprendizagem.
5. Concentre-se nos resultados empresariais.
6. Não se confine aos negócios.
7. Mantenha as suas redes de contato.
8. Cuide de sua família.

Desenvolva a sua *expertise*

Não existe substituto para as habilidades que agregam valor. As atribuições com exigências globais são de preenchimento caro e o custo do fracasso é alto. Uma pessoa conquista essas atribuições não apenas expressando um interesse por elas; o preço do ingresso é uma habilidade comprovada para contribuir ao trabalho da organização. Em especial, logo no início de uma carreira, é provável que essa *expertise* seja uma relevante habilidade técnica, funcional ou especificamente empresarial. Um enfoque antecipado em adquirir *expertise* proporciona oportunidades para a descoberta, a auto-seleção e para o desenvolvimento de credibilidade.

Comece cedo

O trabalho global inevitavelmente envolve as viagens, as relocações, uma dedicação de tempo intensa e as tensões físicas e familiares inerentes. Os executivos do nosso estudo enfatizaram que começar a ser global logo no início de uma carreira não só proporciona oportunidades de descoberta, auto-avaliação e desenvolvimento, mas também tira vantagem do otimismo e da flexibilidade da juventude, da energia psíquica e física e da tolerância ao desconforto e da relativa liberdade dos limitantes relacionamentos sociais e familiares.

Com que presteza? As forças-tarefa, as viagens de negócio e as experiências internacionais autodesenvolvimentistas e educacionais podem oferecer oportunidades iniciais enquanto ainda se está estabelecendo uma base, mas a maioria diria que, se possível, não espere 10 anos.

Ao mesmo tempo, encontramos exceções à regra. O nosso estudo incluiu executivos cujas primeiras atribuições internacionais se deram após os 40 anos, ou até aos 50, depois de 25 anos na empresa. Um executivo apontou as vantagens de começar tarde. Um executivo mais velho pode comandar uma tarefa de nível mais alto, com condições de trabalho e de moradia que mais aproximam-se do que ele deixou para trás. Concluímos que, para o executivo ansioso pela experiência e disposto ao sacrifício, nunca é tarde demais para "se tornar global".

Apenas vá e faça – arrisque-se

Tornar-se global, isto é, tornar-se envolvido em um trabalho global, inevitavelmente engloba arriscar-se quando a pessoa vai do confortável ao desconfortável, do familiar ao desconhecido. Os nossos executivos nos alertaram sobre as tentações de se contentar com a segurança de casa em vez da animação da aventura. Não importa o quanto se tenha viajado ou participado em atividades globais no conforto dos cargos domésticos, chega a hora da decisão. Algumas vezes, a decisão é impulsionada por uma oferta (26% dos nossos executivos foram enviados para as suas primeiras atribuições internacionais), mas, com mais freqüência, é impulsionada pelos próprios executivos, e o executivo precisa decidir dar o passo cruzando a linha. Os executivos do nosso estudo, examinando as suas experiências passadas, aconselham: "Se você quer fazer, apenas faça; você pode não ter uma outra chance". Nas palavras de um executivo: "Daqui a 40 anos, eu odiaria pensar que não tentei".

Esteja aberto à aprendizagem

Se existe um único tema que percorre todas estas páginas é o de que o sucesso no trabalho global depende de uma abertura à aprendizagem. "Do meu modo e de nenhum outro", figurou um caminho para o fracasso; como nós já apontamos inúmeras vezes, a resposta à pergunta *o quê* pode permanecer a mesma, mas à pergunta *como* será diferente. Essa regra básica para a adaptabilidade e a abertura no aprender aplica-se de igual forma à vida pessoal e à empresarial. Várias vezes, ouvimos o conselho que a satisfação pode ser conquistada em qualquer lugar do mundo, mas com coisas diferentes. Um executivo assim o entendia: "Onde quer que você vá, o seu índice de satisfação será 100. Mas, em diferentes lugares, a combinação que o leva até 100 será diferente. Se você insiste em reproduzir a vida que tinha em casa, você sempre estará infeliz". Concedido no contexto da satisfação pessoal, esse conselho pode se aplicar igualmente aos negócios.

Descobrimos que a experiência do choque cultural testa a abertura da pessoa à aprendizagem, mas também figura uma grande professora de uma ampla gama de lições. Dar o passo além das fronteiras culturais inevitavelmente desafia a visão de mundo de uma pessoa. As pessoas respondem de forma diferente, algumas retraindo e outras expandindo as suas visões. Quanto mais se faz, mais fácil se torna; portanto, o desafio de uma carreira é jamais perder a postura de abertura.[9]

Concentre-se nos resultados empresariais

Com o trabalho atravessando fronteiras culturais, talvez fronteiras empresariais, às vezes bem distante de um olho vigilante, os executivos globais são tentados a esquecer que o desempenho importa. Os nossos executivos nos alertaram para a tendência de se utilizar "desculpas culturais" na explicação dos fracassos nos negócios. Somente a seu próprio risco um executivo deveria se esquecer de que o propósito da viagem é conquistar resultados empresariais. O desempenho de fato importa. Como disse um executivo: "A sua carreira é o ativo mais importante que você tem. Concentre-se nos resultados".

Não se confine aos negócios

Ainda assim, embora conquistar resultados seja o principal propósito empresarial, compreender o contexto no qual esses resultados são atingidos é essencial. Um enfoque único e fixo nos resultados pode distanciá-lo desse amplo entendimento. Para entender outra cultura, você precisa primeiro nela ingressar. Jamais deixar o escritório, sempre comer no "Clube Americano", permanecer no recinto dos expatriados – esses são caminhos garantidos para o isolamento. Os nossos executivos apontaram que não só é preciso que uma pessoa compreenda o contexto, a fim de conseguir os resultados empresariais, como não experimentar a variedade cultural proporcionada pelo trabalho global priva a pessoa de uma das maiores recompensas pessoais: o entusiasmo e a excitação de experimentar pessoas e culturas diferentes.

Mantenha as suas redes de contato

O *sine qua non* de um gerenciamento de carreira para o executivo global é o desenvolvimento e a manutenção das redes de colegas dentro e fora da organização. Fazer negócio em um contexto global envolve uma complicada gama de fornecedores, apoio e controles, e a manutenção do movimento de uma carreira depende da conexão com a "organização central". As redes não são apenas requisitos para se conseguir os resultados de negócio, mas são também as ferramentas da aprendizagem e do movimento em uma carreira. Quem você conhece nunca é por si só o bastante, mas os resultados também, por si só, não o são.

A distância física e psicológica, associada com as atribuições globais, exerce tensões especiais nos vínculos das redes de contato. "Longe dos olhos, longe da mente" é a regra, em vez da exceção, e quanto mais tempo "longe dos olhos", mais "longe da mente". Um executivo descreveu a sua rede de contatos como sendo um ativo em depreciação em sua atribuição atual. Outro descreveu a facilidade de perder contato quando fora do local da sede, seja por causa das extensivas viagens, seja por causa da expatriação.

As redes de contato bem mantidas fornecem ao executivo global um tipo de rede de segurança contra os riscos aumentados de uma carreira global. Os reveses de negócio são inevitáveis nos ambientes voláteis e mutantes; as desvalorizações de moeda, as mudanças de governo, as marés altas e baixas na boa vontade dos clientes. Um executivo descreveu a votação de dois contra um na sede para mantê-lo em seu cargo quando ele foi pego em uma crise econômica regional com controles (admitidos) inadequados: "Podia ter pendido para qualquer um dos lados. O que me salvou foi eu ter mantido os meus contatos".

Esses contatos são também a chave para a repatriação. Por mais que tentem, as organizações não podem garantir uma repatriação bem-sucedida – as situações de negócio são por demais voláteis; ninguém sabe exatamente o que estará acontecendo daqui a três, cinco ou sete anos, quando chegar a hora de voltar. A memória organizacional é curta, os executivos vêm e vão, ascendem e caem. As pessoas fazem promessas, mas as organizações não as mantêm. Os executivos globais não podem deixar a administração de suas carreiras nas mãos de outros, muito menos de desconhecidos que podem estar a quilômetros de distância.

Cuide da sua família

Uma certeza nas carreiras internacionais é a importância da família. Em um mundo em mudança, com o termo *família* adquirindo uma gama de significados, talvez nós devêssemos mudar a categoria para "a importância dos relacionamentos de apoio". Mas o ponto continua o mesmo: o sucesso das carreiras globais depende de muito mais do que apenas do executivo. Quanto mais longe se está da nossa base natal, mais importante é esse apoio. "Famílias felizes" são importantes de duas formas. Primeiro: elas podem proporcionar uma base de apoio em um mundo por vezes desconhecido e duro, e podem enriquecer a vida de uma pessoa. Segundo: as famílias infelizes distraem e sugam energia no exato momento em que a pessoa mais necessita de foco e de direção.

Os nossos executivos descreveram o entusiasmo e a intensidade do trabalho global afastando a preocupação com os outros. Um executivo que mudou-se para Hong Kong com responsabilidades regionais considerou-se afortunado porque o seu chefe reforçou essas preocupações nele: "Você tem que se preocupar com a sua família" – o chefe lhe disse. "Eu sei" – o executivo respondeu. "Não, eu estou dizendo que você tem que realmente se preocupar" – disse o chefe. "Qualquer um que viaje duzentos dias por ano e tenha uma família vivendo em um novo mundo precisa levar isso a sério". Os nossos executivos expressaram avisos similares. Eles reconhecem a dificuldade de fazer a mensagem ser de fato compreendida, e muitos deles falavam por causa de suas próprias experiências amargas. As famílias são diferentes, assim como as expectativas culturais da família, mas sem uma administração bem-sucedida das nossas relações de apoio, colocamos em risco tanto o sucesso pessoal como o empresarial.

SERÁ QUE VALE O PREÇO PAGO?

Dadas as nossas descrições da dificuldade e da complexidade do trabalho global, da ambigüidade e da incerteza do sucesso, da dependência nos fatores externos, dos esforços e das tensões associados e dos perigos e das oportunidades para um descarrilamento da carreira, por que alguém iria intencionalmente persegui-la? Onde estão as recompensas, e quais são os benefícios?

O nosso primeiro argumento se esquiva da pergunta. Gostemos ou não, a globalização nos alcançou. Como dissemos no começo deste capítulo, a pergunta não é se as carreiras serão globais; a pergunta é: nessa estrutura, o quão global você deseja ser, e de que maneira? Ao reexaminarmos a nossa discussão do trabalho global, do desenvolvimento global e das carreiras dos nossos executivos, o que mais nos impressiona é quantas escolhas as carreiras globais oferecem. A resposta, então, se transforma em encontrar as recompensas dentro das escolhas que você faz e das que são confiadas a você – as recompensas que as carreiras globais oferecem.

O trabalho global difere do trabalho doméstico, e quanto mais global, maiores as diferenças. Os nossos executivos acharam essas diferenças excitantes, estimulantes, animadoras às vezes; as diferenças exigiam altos níveis de energia, elasticidade, habilidade, adaptabilidade. Mas os executivos do nosso estudo, tendo vivência global, não conseguiam imaginar viver e trabalhar em contextos menos desafiadores.

Existe, é claro, um outro lado da moeda. Embora ouvíssemos exemplos de fracassos de executivos, eles ficaram em segundo plano – não falamos com executivos que caíram fora do trabalho global. O que é desafiador sobre o trabalho internacional pode também ser perigoso e debilitante. A conquista do sucesso exigiu que os nossos executivos fizessem sacrifícios: relacionamentos se perturbaram, um sentido de país ou de cultura se perdeu, estar separado da família e dos amigos representou uma privação.

Sem dúvida, as carreiras globais oferecerão as recompensas financeiras que posicionam os executivos na camada mais alta, onde quer que vivam. Pelas aparências, os nossos executivos viviam bem – estavam bem-alojados, bem-alimentados, bem-vestidos e bem-entretidos, e suas crianças bem-educadas. Muitos deles sentiam que, financeiramente, haviam lucrado com as carreiras globais, mas poucos, se algum, sentia que o dinheiro por si só era uma razão suficiente para se agüentar as privações do trabalho global.[10]

Ao avaliarem as suas carreiras, os executivos valorizaram enormemente as mudanças dentro deles mesmos. Eles são hoje pessoas diferentes como resultado dos desafios encontrados em suas carreiras globais (Quadro 9.5).

Quadro 9.5 Resultados das mudanças pessoais ao longo de uma carreira global

- Mais cosmopolitas
- Perspectivas mais amplas
- Mais equilibrados
- Mais tolerantes
- Valorizam mais as outras pessoas
- Mais sociáveis
- Mais informados
- Mais resistentes
- Mais concentrados
- Mais sábios
- Mais autoconfiantes
- Mais conscientes de si mesmos

E mesmo que as carreiras globais sejam diferentes no futuro, as mudanças pessoais descritas por nossos executivos serão semelhantes. É possível que as características do trabalho global que produzem esses tipos de mudanças sejam tão comuns ao trabalho no futuro como o são hoje. Em resultado, então, as futuras carreiras globais oferecerão os mesmos tipos de oportunidades para as pessoas se desenvolverem.

A globalização torna improvável que os futuros executivos seniores, quaisquer que sejam as suas organizações, possam alcançar os altos escalões sem uma experiência global. Mas, tais carreiras proporcionam maravilhosas oportunidades de se explorar a riqueza do mundo e de crescer de maneira que muitos de nós mal consegue imaginar.

Epílogo 10

> Então, a viagem terminou e eu estou de volta novamente onde comecei, enriquecido por muita experiência e empobrecido por muitas convicções explodidas, muitas certezas falecidas. Para convicções e certezas, muito freqüentemente, estão os concomitantes da ignorância.
>
> – Aldous Huxley, *Jesting Pilate*

Os executivos que estudamos nos alertaram de que o mundo mudou, que aqueles que estão começando carreiras globais hoje diferem do que eles próprios eram (os jovens de hoje estão mais acostumados a viver bem, entre outras diferenças) e enfrentariam desafios diferentes. Isso nos deixa com algumas perguntas: em um mundo em globalização, as organizações ainda irão precisar de executivos globais? Doméstico e global serão sinônimos? Os mesmos princípios irão se aplicar?

Não podemos concluir sem tratarmos dessas questões, que se resumem a uma pergunta: as nossas prescrições e descrições para o desenvolvimento de executivos globais serão apenas panacéias do passado, ou se aplicarão igualmente aos futuros executivos como se aplicam aos de hoje? Acreditamos que o mundo em mudança torna ainda maior a necessidade de executivos globais, que os mesmos processos básicos governam – e por vezes retardam – o desenvolvimento, e que o verdadeiro perigo no novo mundo não é se desperdiçarem os recursos para o desenvolvimento dos quais ninguém necessita, mas subestimar-se a significância das diferenças culturais.

O MUNDO EM MUDANÇA

Chegando ao ultramoderno Aeroporto de Changi, em Cingapura, de um vôo de 12 horas sem escalas vindo de Londres, não tivemos dificuldade em imaginar como seria chegar a Cingapura 90 ou 100 anos atrás, hospedar-se no Raffles e terminar o dia no Long Bar abanados por *punkahs*, enquanto sorvíamos um refrescante Singapore Sling. É mais difícil, por algum motivo, nos darmos conta de que, 50 anos depois, a viagem ainda levaria três dias e exigiria nove escalas pelo caminho. Mesmo 25 ou 30 anos atrás, depois de aterrizar em Teerã e em Calcutá, nós chegaríamos para encontrar apenas um intermitente serviço telefônico com atraso na recepção da voz, nenhum fax, nenhum correio eletrônico, nenhum computador e provavelmente nenhum ar-condicionado.[1] Alguns diriam que Cingapura é um caso à parte, tendo passado por um enorme desenvolvimento ao longo desses anos, mas o caso não é o único.

Sim, o mundo mudou, mas tornou-se também muito mais homogêneo em muitos aspectos. Especialmente para o viajante de negócios, o mundo se igualou de forma significativa. Com uma linguagem de negócio comum quase em todas as partes que vamos, com o Singapore Regency em essência igual ao Inter-Continental London ou ao Hyatt Regency Jeddah, com um luxuoso automóvel sedã esperando pelo nosso avião em qualquer aeroporto, os lugares remotos do mundo estão de fato tornando-se mais parecidos. Temos quase um acesso mundial à CNN, noite e dia; há um McDonald's em muitos, se não na maioria dos lugares que provavelmente iremos; os nossos telefones celulares agora funcionarão em quase todas as partes; por todo o mundo, nos encontramos com detentores de MBAs que estudaram os mesmos livros e casos, às vezes nas mesmas escolas e com os mesmos professores. Com toda esta convergência, é tentador concluir que negócio é negócio onde quer que se vá, que as diferenças não importam tanto e que, em apenas uns poucos anos, elas não importarão por completo.

Existe um outro argumento, é claro, de que as mudanças cataclísmicas no clima ou nas sociedades vão alterar o mundo de maneira fundamental. Não especularemos quanto a essas possibilidades, reais ou imaginárias; não podemos nem prever nem prescrever algo para tal mundo. Iremos, em vez disso, aceitar que em muitas formas o negócio global se dá com muitas semelhanças, onde quer que se dê, e que a homogeneização provavelmente continuará. Neste contexto, entretanto, quais são as implicações do nosso estudo para o futuro do desenvolvimento executivo, tanto doméstico como global?

PLUS ÇA CHANGE...

Voltamos do nosso estudo convencidos de que os mesmos processos que deram certo para o desenvolvimento dos executivos domésticos e globais de hoje serão os processos que darão certo no futuro. O expatriado hospedado no Raffles em 1900, o executivo dos anos 70 e o executivo de hoje – todos aprenderam (ou fracassaram em aprender) com a experiência. O mesmo será verdade nos tempos vindouros. Aqueles que tiverem as experiências importantes aprenderão as lições importantes (ou ao menos terão essa oportunidade); os que não as tiverem, não aprenderão. Os executivos do passado talvez tivessem mais tempo para aprender as lições que a experiência oferece; esconder os seus fracassos pode ter sido mais fácil em um mundo menos interligado; suas experiências e lições podem ter sido menos complexas e podem ter vindo em uma corrente mais lenta. Não obstante, os processos básicos de desenvolvimento (e muitas das lições), concluímos, são os mesmos.[2]

Talvez o maior perigo seja a possibilidade de as organizações presumirem que não mais precisam de executivos com um entendimento cultural profundo, que o mundo homogeneizador não mais exige que as lições aprendidas com a cultura sejam de todo aprendidas, ainda mais longe de casa. Julgamos errônea essa suposição, por muitos motivos; seguem quatro deles.

Primeiro: como Thomas Friedman tão convincentemente argumenta em *The Lexus and the Olive Tree*, e como vemos nas notícias internacionais todos os dias, a globalização envolve tanto a homogeneização quanto a particularização.[3] A mesma tecnologia de informação que permite a globalização também permite às pessoas, ao redor do mundo, reforçarem as velhas fronteiras de "quem são" e até de formar novas fronteiras. A globalização não significa o fim das diferenças.

Segundo: o século XXI vem se formando como um século de fronteiras que atravessam as culturas. Pascal Zachary, por exemplo, argumenta, em *The Global Me*, que o sucesso irá para as nações e corporações híbridas, em vez dos países de monoculturas, como a Alemanha e o Japão. Em um mundo de diversidade cultural e de travessia de fronteiras, a habilidade em lidar com as diferenças será mais importante e representará uma vantagem competitiva para a organização que as levar a sério. Em uma empresa e em um país de híbridos, até a gestão doméstica transforma-se em uma experiência "global".[4]

Terceiro: a nossa pesquisa acaba nos convencendo de que a transformação pessoal, acompanhando o fazer negócio entre culturas, é uma transformação que pode, fundamentalmente, alterar a perspectiva de uma pessoa e ensinar as novas habilidades e atitudes exigidas dos executivos globais. Gerir uma força de trabalho diversa em casa é importante, e nós mostramos muitas lições empresariais que podem ser aprendidas no cenário doméstico. Porém, não há substituto para o viver *e* trabalhar fora da própria cultura. E isso inclui aprender uma outra língua, se ainda não sabemos uma outra.

Por que simplesmente não selecionarmos visando ao talento de alto potencial global, e isso falhando, por que não contratarmos todos os executivos globais de que precisamos? Constatamos em nosso estudo que selecionar a pessoa certa é importante – mais importante, nós julgamos, do que na organização doméstica – mas que muitos executivos globais (no nosso estudo, a metade) figuravam possibilidades improváveis até que descobriram que os interesses e as habilidades que tinham enquadravam-se ao internacional. Uma estratégia de seleção no ingresso na empresa provavelmente não é o suficiente; acabará por excluir a outra metade.

Falhando a estratégia de seleção no ingresso na empresa, por que não contratarmos todos os executivos globais dos quais precisamos entre aqueles que já se desenvolveram? Afinal, na guerra por talento, o agente livre é o "herói da nova economia".[5] No entanto, como uma resenha em *The Economist* apontou com perspicácia, esses agentes livres não são fáceis de controlar. Consiga um grande número deles e você põe em risco o conceito de corporação. Além do mais, a noção de um centro estável de executivos que administra um conjunto fluido de agentes livres desmorona em uma análise: "Ainda que um Jack Welch que nunca erra deseje que a General Electric seja assim... a gigante corporação americana ainda possui 340.000 empregados em tempo integral".[6]

O nosso quarto argumento é que, em um mundo de hipercompetição, haverá pouco lugar para o erro. As decisões não só precisam ser tomadas com mais rapidez, mas têm de ser as melhores. E é exatamente aí que entra uma mais profunda compreensão cultural. Como um executivo relatou, ecoando uma idéia por vezes atribuída a Percy Barnevik, "95% das vezes a cultura não importa; são os 5% restantes que se tornam tão críticos". Desenvolver executivos que saibam notar as diferenças culturais será um ingrediente essencial da rota para o sucesso.

Eis o que vale a visão de que as organizações não vão precisar de executivos que compreendam a cultura. À medida que as organizações, no intuito de poupar dólares com o desenvolvimento e investir em executivos naturais do local, limitam as oportunidades de uma aprendizagem que cruza as fronteiras da cultura, elas também limitam as oportunidades desenvolvimentistas culturais e, assim, a força de medição executiva da qual vão, com quase toda certeza, precisar para levar a cabo as estratégias globais. Se as organizações pretendem competir no cenário global, vão precisar de *mais* executivos com essa compreensão, não de *menos* – e, com raras exceções, as organizações de qualquer porte vão ter pouca escolha.

CONCLUINDO

Encerramos a nossa viagem, como Aldous Huxley, de volta para onde partimos. Tempos atrás, desistimos da noção de que existe um tipo de executivo global ou de que existe uma resposta simples para como se desenvolver o talento executivo internacional. As nossas próprias experiências, contudo, e as dos nossos executivos, nos dizem que o nosso modelo ainda é aplicável: a estratégia deve dirigir o desenvolvimento, a seleção de pessoas de talento deve deixar espaço para a descoberta, faça com que comecem cedo e garanta que sejam capazes de receber as experiências globais que importam e conceda-lhes apoio e ajuda na aprendizagem, "a coisa certa" surgirá.

Voltando a Heráclito uma última vez, parece que a verdadeira natureza das coisas aprecia se esconder. Mas o filósofo também disse que a harmonia escondida é melhor do que a óbvia. As verdades do trabalho global são difíceis de discernir, mas esse fato as torna ainda mais valiosas quando são encontradas.

APÊNDICE A
As perguntas da entrevista

Esperamos que você reserve um tempo antes da entrevista para pensar acerca das perguntas a seguir. Por favor, preste uma atenção especial às duas primeiras, pois essas requerem alguma reflexão e estão no cerne da entrevista. Estamos incluindo as outras perguntas que cobriremos conforme o tempo permitir, portanto talvez você queira examiná-las também.

PERGUNTAS PRINCIPAIS
(Por favor, pense com cuidado sobre estas antes da entrevista)

1. Quando você pensa sobre a sua carreira como gestor, certos acontecimentos ou episódios destacam-se em sua mente – fatos que o fizeram mudar de alguma forma e, em última instância, o formaram como executivo. Por favor, escolha três dessas experiências que tiveram um impacto duradouro em você como gestor ou como um executivo no trabalho internacional. Quando nos encontrarmos, perguntaremos sobre cada um desses "acontecimentos cruciais" em sua carreira: o que aconteceu? O que você aprendeu com ele (para melhor ou para pior)?
2. Agora, pense em uma outra pessoa – alguém cuja carreira você tenha visto ascender e despencar. Essa deve ser uma pessoa que inicialmente tenha sido muito bem-sucedida como um gestor ou um executivo no trabalho internacional e de quem se esperava que continuasse a ter sucesso – mas que fracassou em cumprir essas expectativas. Essa pessoa previamente bem-sucedida pode ter alcançado um patamar, pode não ter sido promovida ou ter sido rebaixada, ou até despedida. Sem revelar a identidade da pessoa, por favor, esteja preparado para discutir conosco as suas visões de: (a) por que esse indivíduo fora tão bem-sucedido antes do descarrilamento de sua carreira; (b) as falhas que foram a sua ruína e (c) as circunstâncias que levaram ao descarrilamento da carreira.

PERGUNTAS ADICIONAIS
(Por favor, examine)

3. Se não for um dos três acontecimentos que você descreveu na primeira pergunta, fale de sua primeira atribuição internacional. Por que você aceitou o cargo? Quais foram as maiores surpresas? Quais foram os maiores desafios? Você cometeu algum erro? Você teve alguma ajuda?
4. Existem quaisquer outras experiências que você julga terem preparado você para a gestão internacional?
5. Quem foi a pessoa com quem você mais aprendeu sobre gestão em um cenário internacional? O que você aprendeu com ela?
6. Quais os desafios de se ter um chefe de uma cultura diferente da sua? E quanto a se ter subordinados de culturas diferentes?
7. Quais as diferenças mais importantes entre a gestão em um trabalho internacional e a gestão em uma atribuição doméstica? Que qualidades especiais você procura ao escolher uma pessoa para uma atribuição internacional? Que armadilhas você evitaria?
8. Quais os tipos de preparação, ou de apoio, que você recebeu da sua empresa, ou de uma outra fonte qualquer, que o ajudaram a ter sucesso como um gestor internacional? Em retrospectiva, o que teria sido útil que a sua empresa fizesse? O que você recomenda que eles façam no futuro para ajudar os jovens administradores de talento que desejam uma carreira internacional?
9. Houve algo em especial na forma como você foi criado ou no início da sua vida que o levou a buscar ou a ser especialmente eficiente em um contexto internacional? Algo especial em você (por exemplo, interesses ou habilidades especiais, tais como falar várias línguas)?
10. De que maneira você mudou ao longo de sua carreira? Se você esbarrasse em alguém que não vê há muitos anos, em que essa pessoa diria que você mudou?
11. Examinando as suas experiências passadas, existe algo que você aprendeu que gostaria de passar a um gestor talentoso mais jovem que deseje uma carreira no negócio internacional?

APÊNDICE B
A metodologia

Nossas entrevistas seguiram a ordem de apresentação do questionário no Apêndice A, tanto quanto possível tomamos extensivas notas, em vez de gravarmos as entrevistas em si, transcrevendo mais tarde as nossas anotações para a codificação e a análise.

Seguimos a regra, nas entrevistas, de que quando todo o resto falha – como por vezes acontece em viagens tão remotas – as duas perguntas essenciais sejam sobre os acontecimentos cruciais e o descarrilamento de carreira (número 1 e 2). Como preparação, tínhamos enviado as perguntas aos executivos bem antes do dia marcado para o nosso encontro (e, na maioria dos casos, eles as tinham recebido com bastante antecedência) e pedimos a eles que se preparassem para, ao menos, essas duas (e, na maioria dos casos, eles se prepararam).

As perguntas sobre os acontecimentos cruciais e sobre o descarrilamento de carreira apresentam uma longa história no desenvolvimento executivo. A pergunta sobre os acontecimentos cruciais serviu de base para *The Lessons of Experience*, de Morgan McCall, Michael Lombardo e Ann Morrison[1]; a pergunta sobre o descarrilamento de carreira, para uma pesquisa conduzida na mesma época e publicada pela primeira vez em *Psychology Today*, em 1983[2]. Ambos estudos, conduzidos no Center for Creative Leadership em meados de 1980 e amplamente utilizados como base para os programas do Centro, enfatizaram o papel crucial da experiência no desenvolvimento de executivos. Os estudos sobre as lições da experiência enfocavam o sucesso; e os estudos sobre os descarrilamentos de carreira, o fracasso.

As entrevistas produziram 332 acontecimentos cruciais e 952 lições aprendidas desses acontecimentos. O nosso processo de análise foi, em essência, o mesmo relatado por Lindsay et al., 1987.[3] Dos 332 acontecimentos, nós indutivamente desenvolvemos as 18 categorias de experiências apresentadas nos Capítulos 5 e 6; e das 952 lições, indutivamente, desenvolvemos 27 categorias (Capítulo 4). A nossa equipe de quatro pesquisadores codificou os acontecimentos e as lições em suas respectivas categorias. Constatamos que alguns acontecimentos eram complexos demais para receber um só código, então, nós designamos um código secundário que utilizamos para análises adicionais.

Embora tivéssemos conduzido uma variedade de análises – desde simples contagens e porcentagens, passando pela classificação em tabelas e em escala multidimensionais, este livro não tem a intenção de ser um relatório de pesquisa em si, mas antes um livro genérico sobre o desenvolvimento executivo global.

Descobrimos que sempre que nos distanciávamos das histórias dos nossos executivos, as lições da pesquisa se perdiam – os dados fracassavam em capturar a realidade. A realidade que descobrimos era, de fato, complexa, com poucas respostas simples, como enfatizamos ao longo do livro. Utilizamos citações tiradas das nossas entrevistas. Dado o nosso método (das entrevistas para as anotações, para posterior transcrições), essas "citações" raramente são as palavras exatas utilizadas por nossos executivos e não se apresentam como tal. Elas representam os nossos melhores esforços em fazer um apanhado do significado da entrevista. Na maioria dos casos, fizemos alterações adicionais para disfarçar os nomes, as empresas e quaisquer outros aspectos que pudessem ameaçar o anonimato dos executivos do nosso estudo. A história de Brian é uma exceção. Brian e a Royal Dutch/Shell nos permitiram usar a sua história com a devida identificação.

A pergunta sobre o descarrilamento de uma carreira produziu 121 histórias de fracassos de executivos. Com bons motivos para acreditarmos que o descarrilamento de uma carreira global partilha em muito com os estudos originais nos Estados Unidos (veja, por exemplo, *A Look at Derailment Today*)[4], nós examinamos as nossas histórias em termos dessas dinâmicas de descarrilamento de carreiras. Após nos tornarmos familiarizados com todo o conjunto de histórias, estendemos a estrutura anterior para refletir as diferenças que encontramos no cenário internacional (Capítulo 7).

As perguntas restantes da entrevista foram analisadas conforme o conteúdo, em categorias apropriadas e examinadas em termos da porcentagem dos executivos respondendo. O número de executivos que as responderam variou de pergunta para pergunta ao longo das entrevistas – às vezes, o tempo de entrevista era breve, outras, o executivo podia dar uma interpretação diferente à pergunta. Para o restante das perguntas, que não as referentes aos acontecimentos cruciais e aos descarrilamentos de carreira, os entrevistadores tiveram considerável latitude para conduzir a entrevista de uma maneira que não comprometesse os nossos dados básicos.

Embora apresentemos por todo o nosso livro muitos dados e análises, acreditamos que a base para o desenvolvimento de líderes globais reside nas histórias dos líderes globais. É nas histórias dos nossos executivos que somos capazes de dar significado às complexas tapeçarias das carreiras globais e aplicá-lo à prática organizacional. A nossa tarefa foi preservar a intensidade e o interesses das histórias, tirando vantagem do poder da estatística e da análise onde quer que fossem úteis. A nossa intenção é não perder os benefícios de nenhuma das duas abordagens.

APÊNDICE C

Tabelas suplementares

Tabela C.1 As atribuições básicas

Primeiras experiências de trabalho

Definição	Exemplos	As lições ensinadas
Esses foram cargos e atribuições que ocorreram logo no início de uma carreira, às vezes mesmo em um primeiro cargo, que tipicamente estabeleceram uma base para um desenvolvimento posterior. Esses acontecimentos, com freqüência, tiveram um foco funcional ou técnico, ou refletiram uma exposição bastante cedo às maneiras das organizações ou às diferenças culturais. Esses primeiros cargos, freqüentemente, trouxeram significativos choques culturais.	• um chefe de um programa de serviço jurídico • um executivo que iniciou como um contador • um executivo em um cargo de vendas não estruturado • um executivo muito jovem e longe do país natal no negócio de exportações • um comprador para uma empresa britânica trabalhando na Alemanha • um executivo em um cargo técnico de alcance internacional • um sueco vendendo produtos de engenharia na Holanda	As lições aqui aprendidas estabeleceram uma base para o crescimento futuro. Os executivos tenderam a aprender o valor de ouvir as outras pessoas e a ver o mundo por intermédio dos olhos dos outros. Com freqüência, essas experiências iniciais se deram em outros países, e trabalhar diretamente com pessoas nesses países em cargos de nível mais baixo forçou o executivo a aprender a fazer negócio na língua nativa.

Primeira responsabilidade de gestão

Definição	Exemplos	As lições ensinadas
O foco dessas experiências foi a primeira gestão, com freqüência complicada por fatores contextuais, tais como os relacionamentos difíceis com os chefes, estar em uma nova cultura, ser promovido antes de funcionários mais antigos ou supervisionar subordinados mais velhos, ou mais experientes, ou precisar estabelecer a credibilidade. Os cargos, com freqüência, foram complicados por um enorme aumento no espectro das responsabilidades e foram influenciados positivamente por uma pessoa que ajudou.	• um primeiro cargo de gestão... com um chefe difícil • supervisionar subordinados mais velhos • um expatriado em Portugal • um brasileiro supervisionando a fabricação no México • um expatriado em Hong Kong	Na grande maioria, os desafios dessas experiências ensinaram essas pessoas a acreditarem em si mesmas e a se responsabilizarem pelos atos e situações. Isso envolveu aprender a falar em nome da empresa, bem como em seu próprio nome, algumas vezes sob intensa pressão da mídia. Quando a pessoa vivia em uma outra cultura, a experiência também ofereceu lições sobre viver e trabalhar nessa cultura.

Tabela C.2 As principais atribuições de ponta

Viradas de negócio		
Definição	Exemplos	As lições ensinadas
Consertar um negócio ou uma função com problemas. Com freqüência dificultada pelo choque cultural, por uma guinada de carreira e, em algumas ocasiões, por um acontecimento educacional ou autodesenvolvimentista.	• uma virada de negócio na França • um diretor-geral enviado à Noruega para consertar um negócio • um inglês enviado à Austrália para resolver um problema • um executivo enviado aos Estados Unidos para fazer crescer uma empresa com problemas • um executivo assumindo a direção de uma organização de pesquisa que estava gerando pesquisas insatisfatórias • um executivo enviado para reorganizar um negócio na China • um executivo enviado para controlar os custos na África • um executivo enviado para consertar uma operação na Austrália • um executivo encarregado de um grande projeto de virada de negócio na Suécia • um executivo encarregado de dar uma virada em um negócio no Japão • um executivo encarregado de resolver os problemas na Bélgica deixados pelo antigo diretor expatriado • um administrador americano enviado à Suécia para consertar as coisas • um sueco enviado para dar uma virada nas operações na China	As lições cobriram todos os cinco temas e incluíram acreditar em si mesmo, aprender a ouvir os outros e ver o mundo pelos olhos dos outros, conduzir um negócio, manter-se concentrado, formar uma equipe, tomar decisões difíceis sobre as pessoas, administrar a interface com a sede e administrar a própria carreira. Um acontecimento com um dos maiores repertórios de possível aprendizado.

Começos de negócios		
Definição	Exemplos	As lições ensinadas
Começar um negócio ou uma organização. Uma atribuição particularmente excitante. Com freqüência composta de um choque cultural e de uma outra pessoa significativa (boa ou má). Veja a categoria "os empreendimentos conjuntos"; um igual número de começos de negócios foram levados a cabo nessa estrutura organizacional.	• um executivo e mais quatro colegas deram início à sua própria empresa • um executivo formou um departamento financeiro do zero • um executivo deu início à subsidiária norte-americana na Ásia • um executivo estabeleceu um escritório em Praga • um executivo começou a empresa no Canadá	Uma gama surpreendentemente estreita de lições. Muito se aprendeu sobre a cultura específica na qual o início do negócio se deu e sobre ser aberto, justo e respeitoso com os outros (provavelmente porque conseguir fazer o trabalho exigia estabelecer um sentimento como "estamos todos juntos nisso").

(continua)

APÊNDICE C

Tabela C.2 As principais atribuições de ponta (*continuação*)

Construir ou continuar um negócio

Definição	Exemplos	As lições ensinadas
Conduzir uma organização em que o desafio é crescer ou construir um negócio, um produto ou levar adiante uma organização que tenha desempenho satisfatório. Isso inclui as organizações que já passaram do ponto inicial, assim como as organizações que precisam de uma transformação ou mudança para continuarem crescendo. Essas atribuições são complicadas por um aumento dramático no escopo das responsabilidades e representam guinadas de carreira para uma gestão geral.	• um executivo que conduziu um negócio em Oman • um executivo que construiu a organização na Venezuela • um executivo que fez crescer o negócio na Argentina • um vice-presidente/diretor-geral de um negócio global • um executivo que desenvolveu o mercado europeu • um executivo que construiu o negócio na África • um executivo que fez crescer a empresa na Tailândia • um italiano expatriado que fez crescer o negócio no Brasil • um sueco expatriado que fez crescer o negócio na Indonésia	As lições incluíram tanto a perspectiva estratégica (de que maneira o negócio se enquadra na corporação como um todo e como enxergar o negócio como sendo de âmbito mundial) como conduzir o negócio (a estrutura, os processos, etc.). Incluíram também muitas lições sobre como concentrar-se e motivar as pessoas. O sucesso gera muita confiança.

Empreendimentos conjuntos, alianças, fusões ou aquisições

Definição	Exemplos	As lições ensinadas
Esses acontecimentos envolvem trabalhar com uma outra organização, um outro indivíduo ou grupo, tipicamente de uma cultura diferente, com diferentes objetivos ou perspectivas e com considerável conflito ou mal-entendidos. Com freqüência complicado pelo choque cultural e, muitas vezes, um início de negócio.	• um empreendimento conjunto com uma empresa brasileira • um diretor-geral expatriado de um empreendimento conjunto em Portugal • um expatriado conduzindo um empreendimento conjunto na Coréia • um expatriado conduzindo um empreendimento conjunto em Taiwan • um vice-presidente encarregado de um empreendimento conjunto entre empresas dos Estados Unidos na Ásia • um executivo conduzindo um empreendimento conjunto entre brasileiros e suecos • um executivo conduzindo um empreendimento conjunto britânico na Rússia • um executivo chefiando um empreendimento conjunto entre empresas dos Estados Unidos e do Japão	Não surpreendentemente, aprender a conduzir o negócio suplementa-se com aprender a administrar os relacionamentos difíceis – as técnicas de negociação, a lidar com os governos, etc. Muitas lições são aprendidas sobre a cultura específica na qual o empreendimento se estabeleceu.

Tabela C.3 As experiências de curta duração

Projetos especiais, funções de consultoria e cargos de aconselhamento de equipes

Definição	Exemplos	As lições ensinadas
Esses acontecimentos incluem as atribuições temporárias e de curta duração e os projetos especiais, freqüentemente sobre um cargo regular, ou na forma de um cargo regular em si. Usualmente envolveram dar conselhos ou fazer estudos em vez de uma responsabilidade direta, foram com freqüência limitados em duração, e em geral bem-definidos. Freqüentemente ocorreram em conjunto com os primeiros trabalhos e envolveram o choque cultural ou uma confrontação com a realidade.	• um cargo de chefe de uma unidade de consultoria durante uma reorganização • um cargo de presidente de um comitê internacional sobre padrões • numerosos cargos de força-tarefa entre funções • um diretor de *marketing* que recebeu um projeto de avaliação dos indicadores de desempenho na Europa • um executivo nomeado conselheiro do grupo para os executivos seniores • um executivo profundamente envolvido na avaliação de uma empresa para uma venda ou fusão • um executivo enviado para fechar uma fábrica • um conselheiro de corporações sobre propostas de capitais • um executivo especializado na resolução de problemas na América Latina • um coordenador de negócios globais • um executivo que adaptou um plano de *marketing* norte-americano para a Europa • um executivo que desenvolveu um plano de *marketing* para o exterior	As lições cobriram como se dirigir um negócio tanto da perspectiva estratégica como da operacional; como ter confiança em si mesmo. Os conhecimentos específicos basearam-se no conteúdo da tarefa.

Uma breve tarefa na sede

Definição	Exemplos	As lições ensinadas
Um cargo na sede da corporação, visando a uma exposição ou com propósitos de desenvolvimento, programado para ser temporário e envolvendo um executivo natural do estrangeiro. Experiência freqüentemente complicada por um choque cultural.	• um colombiano enviado à sede com um cargo inferior ao prometido • um brasileiro enviado à sede com um cargo de nível inferior àquele que possuía • um expatriado enviado à sede nos Estados Unidos • um expatriado enviado à sede na Suécia • uma repatriação para a sede • um executivo a quem é dado um péssimo cargo na sede • um executivo que mudou-se para a sede para dirigir os recursos humanos • um expatriado enviado à sede no Reino Unido a quem é dado um cargo de nível inferior àquele que possuía	A aprendizagem óbvia deu-se em relação à administração da interface com o *home office*. Do mau trato ou do ocasional ato de apoio, a pessoa aprendeu como é importante tratar os estrangeiros com justiça e respeito. Os estrangeiros aprenderam como viver em uma nova cultura. Os executivos aprenderam sobre a direção dos negócios da perspectiva da sede. Sobreviver à experiência construiu confiança.

(continua)

Tabela C.3 As experiências de curta duração (*continuação*)

Negociações

Definição	Exemplos	As lições ensinadas
Negociar com um participante de fora, com freqüência relutante, se não hostil, para se chegar a um contrato, preço ou acordo. Em geral de breve duração, específica e formal e, usualmente, com um cliente, um governo ou um sindicato. Inclui negociações sobre empreendimentos conjuntos, alianças, etc., casos em que a pessoa esteve apenas envolvida na negociação e não na direção do negócio.	• uma equipe de negociação de um contrato na África • um executivo que negociou uma aquisição secreta que fracassou • um executivo que negociou a implementação de um contrato sindical e as cansativas discussões em relação ao significado dos detalhes • um executivo que negociou uma aquisição no Brasil • um executivo que negociou um contrato de cliente na Europa • um expatriado do Reino Unido que lidou com uma negociação sindical nos Estados Unidos	Os executivos obviamente aprenderam muitas lições sobre como negociar, e lições com essas relacionadas sobre escutar atentamente o ponto de vista dos outros e perseverar em meio à adversidade e ao revés. Menos óbvias, muitas foram as lições sobre a formação e a motivação das equipes de negociação.

Experiências autodesenvolvimentistas e educacionais

Definição	Exemplos	As lições ensinadas
Experiências educacionais formais e cargos ou projetos que tinham primeiramente propósitos educacionais ou de exposição. Estão aqui, incluídos os programas que revesam os executivos por todas as áreas da empresa, os programas de treinamento internos e vários programas externos (por exemplo, Harvard, INSEAD, Center for Creative Leadership), para a obtenção de um diploma ou não. Experiência freqüentemente composta de um choque cultural.	• um programa interno sobre liderança de mudança • uma experiência de viver com uma família americana durante uma bolsa da AFS nos Estados Unidos • uma experiência no serviço militar obrigatório na Coréia • um curso de treinamento em vendas • um programa de desenvolvimento de gestão em Harvard • um programa de desenvolvimento executivo global ou programa para executivos • um executivo que tirou o seu MBA nos Estados Unidos • um executivo que havia cursado o mestrado nos Estados Unidos • um executivo que freqüentara a British Foreign Office School no Líbano • um executivo que freqüentara a IMEDE • um executivo que freqüentou o programa executivo da INSEAD • um executivo enviado para treinamento na Malásia • um programa rotativo entre funções • um curso de treinamento na Suíça • um programa rotativo entre departamentos • um executivo que estudou executivos na Austrália	As lições foram, na grande maioria, sobre cultura em programas em um outro país que não o da pessoa ou em programas com participantes de múltiplas culturas. Os executivos aprenderam como ser flexíveis e adaptar-se tanto às pessoas como às exigências. Da perspectiva do conteúdo, eles aprenderam sobre o negócio internacional. Quando o programa envolvia uma aprendizagem de ação ou projetos, eles aprenderam sobre a formação de equipes. Alguns programas acadêmicos ensinaram algo acerca do desenvolvimento de pessoas.

(*continua*)

Tabela C.3 As experiências de curta duração (*continuação*)

	Outras pessoas significativas	
Definição	Exemplos	As lições ensinadas
Essas experiências resultaram de um relacionamento com uma outra pessoa ou pessoas, fossem experiências boas ou más. Com mais freqüência, envolveram chefes, superiores, colegas, subordinados, clientes, amigos ou esposas. Muitas vezes complicadas por serem experiências iniciais de trabalho e por confrontos com a realidade organizacional.	• um chefe de pesquisa apresentou um árduo desafio • um chefe do chefe de um executivo concedeu-lhe oportunidades e considerou-o responsável • um homem de negócios chinês aconselhou um executivo • um presidente da empresa criou um ambiente de aprendizagem • um parceiro de negócio transformou-se em um amigo e ofereceu muita orientação • poderoso pai de uma namorada do executivo impressionou-o negativamente • um chefe em Madri mostrou a um executivo como lidar com as mudanças • uma colega demonstrou que ainda se pode ser uma mulher em um mundo de homens • um chefe asiático sempre demonstrava calma e era por todos respeitado • um chefe levou um executivo em visitas a clientes • um presidente de empresa não deixou que um executivo se demitisse • um parceiro de negócio australiano • um chefe que pressionava • um chefe ineficiente • um chefe francês que acabou com o negócio • um colega inglês em Madri • um chefe dinamarquês • um chefe da Armênia • um chefe maravilhoso em Cingapura • um "cientista maluco"	Pode-se encontrar exemplos de quase qualquer coisa no mau e no bom comportamento de outras pessoas significativas. A lição mais relatada envolveu aprender sobre os próprios gostos de uma pessoa, suas forças e fraquezas. O apoio de outros aumentou a confiança dos executivos. As experiências ruins com chefes podem aprimorar a habilidade de uma pessoa em lidar com seus superiores. Os bons chefes ensinaram lições sobre como desenvolver outras pessoas. As outras pessoas podem ser particularmente importantes no início de uma carreira e sempre que se aprende sobre o contexto internacional. Os bons chefes de uma outra cultura foram particularmente importantes.

Tabela C.4 As experiências que alteram a perspectiva

	Crises	
Definição	Exemplos	As lições ensinadas
O administrador está em meio a uma importante crise, em geral envolvendo intensa pressão, exposição na mídia e participantes externos (governos, terroristas, reguladores). Situação que pode ser complicada por negociações.	• terroristas ameaçam envenenar os produtos da empresa • uma empresa é acusada de suborno • uma marca importante quase afunda na Europa • uma situação em que o produto foi alterado • um executivo impede a tentativa de fechamento de uma instalação	As crises forçam as pessoas a se confrontar com suas forças e fraquezas. O sucesso aumenta a crença em si mesmo e a vontade de aceitar responsabilidades. Lições importantes sobre estratégia empresarial para se preparar para as crises, delas se prevenir e se recuperar. Também envolveu algumas lições sobre lidar com a mídia.

	Guinadas de carreira	
Definição	Exemplos	As lições ensinadas
Uma importante mudança na direção da carreira, por exemplo, trocar de organização ou de vocação ou mudar para uma nova função. Tais guinadas, com freqüência, envolveram considerável risco ou sacrifício pessoal. Esses acontecimentos associam-se comumente com o estresse na família, as mudanças de escopo e até com os empreendimentos conjuntos.	• um executivo deixa um emprego seguro para apostar em uma parte diferente do negócio • um executivo tira a família da sua situação estável ao mudar-se para trabalhar em uma grande empresa em Frankfurt • um executivo escolhe entre estudar nos Estados Unidos e aceitar um cargo • um executivo faz 50 anos e mantém a promessa feita a si mesmo de ir para a Coréia, deixando pela primeira vez a sua casa • uma executiva abandona um cargo que adora para ficar com a filha e o marido • um executivo deixa a P&D para ingressar em *marketing* • um executivo abandona o planejamento e ingressa na fabricação • um executivo troca a Áustria pela Alemanha e uma nova carreira • um executivo troca de uma função na fabricação para uma no desenvolvimento de produto • um executivo abandona a engenheira pela administração • um executivo deixa o trabalho para começar o próprio negócio • um executivo deixa a pesquisa para se tornar um diretor de produto	A maioria das guinadas de carreira envolveu responsabilidade por algo novo e, por conseguinte, ensinaram lições de como se dirigir um negócio. A maioria envolveu uma mudança de cultura, portanto, as lições sobre cultura também vieram com as guinadas de carreira. Dependendo da natureza da mudança, lições sobre administrar a família, sobre se arriscar e sobre o desenvolvimento de pessoas podem ocorrer. As transições bem-sucedidas geraram enorme confiança.

(continua)

Tabela C.4 As experiências que alteram a perspectiva (*continuação*)

Mudanças em escopo ou em escala

Definição	Exemplos	As lições ensinadas
Esses acontecimentos foram mudanças de cargos que, significativamente, aumentaram suas respectivas complexidades, o seu escopo ou a escala de responsabilidades. Essas mudanças, com freqüência, foram de relativamente pequenas e simples até grandes e complexas, ou de domésticas a internacionais, de locais a globais. Foram mudanças súbitas e dramáticas. Tiveram a tendência de se associar com as atribuições de viradas de negócio ou com aquelas de começo de um negócio e, com freqüência, uma outra pessoa foi instrumental.	• um executivo tornou-se um diretor de área em âmbito mundial • um diretor de *marketing* foi despedido e o nosso executivo conseguiu o cargo... teve de lidar com vinte mercados, sócios e negócios que não conhecia • um executivo tornou-se um diretor nacional na Espanha • um executivo é enviado aos 32 anos para a Arábia Saudita para dirigir um grande projeto • um executivo é feito vice-presidente/diretor-geral de um negócio global • um executivo é repatriado para a Malásia com total responsabilidade por uma força de trabalho multicultural	Um salto no escopo de um cargo ensina muitas lições sobre como se dirigir um negócio. Outras lições comuns envolveram aprender a escutar os outros que sabiam algo sobre as novas exigências e aprender a estabelecer a própria credibilidade em face da inexperiência. Por causa do grande escopo de alguns desses cargos, alguns executivos tiveram de aprender a lidar com os governos locais. A transição bem-sucedida gerou grande confiança.

Choque cultural

Definição	Exemplos	As lições ensinadas
Esses acontecimentos enfocaram quase que exclusivamente o impacto de se estar em uma cultura nova ou diferente, onde o motivo por lá estar ganhou uma importância reduzida frente à aprendizagem cultural. Com mais freqüência, a descontinuidade cultural foi uma surpresa ou mesmo um choque. Essas experiências comumente associaram-se com as viradas de negócio e os empreendimentos conjuntos.	• um executivo na Nigéria choca-se com a maneira de viver das pessoas • uma executiva teve de lidar com a cultura machista na Argentina • um executivo é tratado com condescendência por ser um expatriado • um executivo lidou com a corrupção enquanto negociava vendas • um expatriado sueco é enviado à Índia para estabelecer uma empresa dirigida por indianos • um expatriado indiano é enviado para as Filipinas • um expatriado na Tailândia aprende a comer com moscas à sua volta • um expatriado americano na Europa surpreende-se com o nacionalismo • um expatriado americano não é bem-vindo na Suécia • um executivo cuja família sofre um choque cultural na Ásia	O choque cultural é a principal fonte de lições sobre cultura – todas as três categorias estão representadas em peso (aprender uma língua estrangeira, as lições específicas de cultura e as lições genéricas de cultura). Lições relacionadas incluíram escutar os outros, ver o mundo pelos olhos dos outros, ser aberto e honesto, ser flexível e adaptar-se à situação e estabelecer credibilidade.

(*continua*)

Tabela C.4 As experiências que alteram a perspectiva (*continuação*)

Confrontos com a realidade

Definição	Exemplos	As lições ensinadas
Essas experiências foram, em geral, surpresas desagradáveis, tais como confrontações com as políticas organizacionais, ações arbitrárias de outras pessoas, testes de valor ou de ética, ou as percepções de exílio, de injustiça ou de traição. Freqüentemente vieram em conjunto com uma experiência negativa com uma outra pessoa e, por vezes, envolveram a família ou o estresse pessoal.	• um executivo é prometido para uma posição que desaparece quando ele chega na França por ser italiano • um executivo vê-se, frente a frente, pela primeira vez com a política • um executivo descobre um erro nos livros e é pressionado para alterar as cifras; ele aceita a culpa para livrar o seu pessoal de uma perseguição ao culpado • um executivo é rebaixado arbitrariamente por um difícil presidente de empresa indiano • um executivo é traído pelo pessoal sênior • um executivo tem um sócio sem ética em um empreendimento conjunto • um executivo tem uma idéia roubada e o crédito é dado ao ladrão • uma executiva enfrenta um comportamento sexista na Austrália • um executivo é traído e rebaixado pelo chefe • um executivo é rebaixado por um chefe tirano • um executivo sofre uma desilusão política	As pessoas aprenderam que, se perseverassem, passariam pelo problema e acabariam bem. Também aprenderam muito sobre política e, por meio de exemplos negativos, a importância é ser honesto e justo no lidar com os outros. Essa experiência confrontou os executivos com os seus gostos (freqüentemente orientados pelos valores) e, sobreviver a ela, aumentou a sua autoconfiança.

Equívocos e erros de julgamento

Definição	Exemplos	As lições ensinadas
Essas foram experiências nas quais um erro na ação ou julgamento da própria pessoa ou um erro seu de julgamento levaram as coisas a dar errado, resultando no aprendizado frente à falta e, alguma vezes, com a ressurreição depois das conseqüências. Elas incluíram vários tipos de atribuições que fracassaram por causa das ações ou do fraco julgamento do administrador.	• um executivo age sem consultar o líder sindical • um negócio fracassa em poucos meses • um executivo não ouve os conselhos • um executivo lida mal com uma redução na força de trabalho e enfrenta uma aberta hostilidade • um expatriado na Indonésia vê tudo desmoronar em poucos anos – o nosso executivo tem que ficar e consertar os próprios erros • um executivo contrata a pessoa errada e sofre as conseqüências • um executivo passa por cima da administração e eles se vingam mais tarde • um executivo escolhe as pessoas erradas e quase é despedido	Já que os erros freqüentemente envolveram um mal-entendido de uma pessoa vinda de uma cultura diferente, muitas das lições foram sobre a cultura específica. Os erros também ensinaram a importância de ouvir e de se estar aberto e ser honesto. Algumas pessoas aprenderam lições sobre as diferenças no que motiva os outros. Sobreviver a um erro gerou autoconfiança.

(*continua*)

Tabela C.4 As experiências que alteram a perspectiva (*continuação*)

Desafios familiares e pessoais		
Definição	Exemplos	As lições ensinadas
O estresse, os desafios e sacrifícios, pessoais ou na família, causados por acontecimentos na carreira ou vice-versa. Também estão incluídos os acontecimentos externos, na família ou na própria vida, que causaram impacto na carreira ou na perspectiva do executivo (por exemplo, uma conversão religiosa, um colega morto em um acidente de avião, um cônjuge enraivecido, ou uma doença). Essas experiências, com freqüência, se complicam pelo choque cultural.	• um executivo muda-se com a família (com um recém-nascido) para Paris, e deixa-os por longos períodos enquanto viaja a negócios • um executivo deixa um bom cargo para seguir o cônjuge • um executivo torna-se cristão • um colega do executivo morre em um acidente de avião • um executivo suporta a grande competição para a admissão nas escolas no Japão	Lições cruciais incluíram compreender qual o apoio de que se necessita dos outros e como administrar uma situação de família sob grande ambigüidade e estresse. Muitas lições sobre as culturas específicas, onde o acontecimento se deu. Também a lição de aprender a perseverar – a continuar seguindo em frente mesmo quando as coisas se tornam muito dolorosas.

Tabela C.5 Acontecimentos cruciais nas vidas dos executivos internacionais *versus* nas vidas dos executivos dos Estados Unidos

A amostra internacional[a]	A amostra dos Estados Unidos[b]
Outras pessoas significativas (12 % dos acontecimentos, 32% das pessoas) Essas experiências resultaram de um relacionamento com uma outra pessoa ou pessoas, fossem essas boas ou más. Com mais freqüência, envolveram chefes, superiores, colegas, subordinados, clientes, amigos ou cônjuges.	*Pessoas servindo de modelo* (7,5% dos acontecimentos, 18,3% das pessoas) *Valores em jogo* (10,6% dos acontecimentos, 24,6% das pessoas)
Viradas de negócio (11% dos acontecimentos, 30% das pessoas) Uma virada de negócio significou consertar um negócio ou uma função com problemas.	*Consertando um negócio* (10,9% dos acontecimentos, 29,3% das pessoas)
Choque cultural (9% dos acontecimentos, 27% das pessoas) Esses acontecimentos concentraram-se quase que exclusivamente no impacto de se estar em uma cultura nova ou diferente, nos quais o motivo para um executivo lá estar ganha menor importância face ao aprendizado cultural. Mais freqüentemente, essa experiência foi uma surpresa ou mesmo um choque.	Nenhuma comparação direta, embora existam alguns paralelos com a categoria "trauma pessoal" (a seguir).
Experiências autodesenvolvimentistas e educacionais (9% dos acontecimentos, 23% das pessoas) Essas experiências incluíram todas as experiências educacionais formais e cargos ou projetos que tiveram um propósito de exposição ou educacional. Aqui estão incluídos os programas rotativos, os programas de treinamento interno e vários programas externos (por exemplo, Harvard, INSEAD, Center for Creative Leadership).	*Cursos* (6,2% dos acontecimentos, 18,3% das pessoas)
Guinada de carreira (8% dos acontecimentos, 21% das pessoas) Uma mudança importante na direção de uma carreira, por exemplo, trocar de organização ou de vocação ou mudar para uma nova função, envolveu consideráveis riscos e sacrifícios pessoais.	*Quebrando a rotina* (3,9% dos acontecimentos, 10,5% das pessoas)
Projetos especiais, funções de consultoria e cargos de aconselhamento de equipes (8% dos acontecimentos, 24% das pessoas) Esses acontecimentos incluíram as atribuições temporárias e de curta duração e os projetos especiais, com freqüência sobre um cargo regular, mas podendo eles próprios ter figurado como um cargo regular. Envolveu dar conselho ou fazer um estudo, em vez de uma responsabilidade direta; foram, freqüentemente, de duração limitada e, em geral, bem-definidos.	*Projetos/forças-tarefa* (12,3% dos acontecimentos, 28,8% das pessoas) *Mudança de uma atribuição de ponta para um trabalho de equipe* (2,1% dos acontecimentos, 6,8% das pessoas)
Construir ou levar adiante um negócio (6% dos acontecimentos, 16% das pessoas) Envolveu dirigir uma organização cujo desafio era fazer crescer ou construir um negócio, um produto ou uma organização que não tivesse problemas (não necessitava ainda de uma virada). Inclui as organizações que já tinham passado do estágio inicial e as organizações que precisavam de uma transformação ou mudança para continuar crescendo.	Veja a categoria "mudanças em escopo" (a seguir), que incluiu dirigir uma grande operação, bem como um aumento em escopo e em escala.

(continua)

Tabela C.5 Acontecimentos cruciais nas vidas dos executivos internacionais *versus* nas vidas dos executivos dos Estados Unidos (*continuação*)

A amostra internacional[a]	A amostra dos Estados Unidos[b]
Confrontações com a realidade (6% dos acontecimentos, 18% das pessoas) Essas experiências foram, em geral, desagradáveis surpresas, tais como os confrontos com a política organizacional, as ações arbitrárias de outros, os testes de valores ou de ética ou as percepções do exílio, de injustiça ou de traição.	*Rebaixamentos/promoções perdidas/trabalhos ruins*[**] (4,4% dos acontecimentos, 12 % das pessoas) *Os problemas de desempenho de subordinados*[**] (3,4% dos acontecimentos, 10,5% das pessoas) *Os traumas pessoais*[**] (1,8% dos acontecimentos, 5,8% das pessoas) Veja também a categoria "Os valores em jogo" (acima)
Mudanças em escopo ou em escala (6% dos acontecimentos, 17% das pessoas) Esses acontecimentos foram mudanças de carreiras que alteraram significativamente a complexidade do cargo, o seu escopo ou a escala das responsabilidades. Essas mudanças, com freqüência, foram de relativamente pequenas e simples até grandes e complexas, ou de domésticas a globais. As mudanças, em geral, foram súbitas e dramáticas.	*Mudanças em escopo* (16,9% dos acontecimentos, 40,8% das pessoas)
Primeiras experiências de trabalho (4% dos acontecimentos, 12% das pessoas) Essas foram os cargos e atribuições que ocorreram cedo em uma carreira, às vezes em um primeiro cargo, que tipicamente lançaram uma base para o desenvolvimento futuro. Esses acontecimentos, com freqüência, tiveram um enfoque técnico ou funcional ou refletiram uma exposição inicial às maneiras das organizações ou às diferenças culturais.	*As primeiras experiências de trabalho* (3,2% dos acontecimentos, 9,9% das pessoas)
Os empreendimentos conjuntos, as alianças, as fusões ou aquisições (4% dos acontecimentos, 11% das pessoas) Esses acontecimentos envolveram trabalhar com uma outra organização, com um indivíduo ou um grupo – tipicamente de uma cultura muito diferente, com diferentes objetivos ou perspectivas e com considerável conflito e mal-entendido.	Veja a categoria "projetos/forças-tarefa" (acima)
Equívocos e erros de julgamento (4% dos acontecimentos, 10% das pessoas) Essas foram experiências nas quais as ações da pessoa, ou seu erro de julgamento, levaram as coisas a darem errado, resultando em aprender com o engano e, às vezes, com a ressurreição, depois de passadas as conseqüências. Incluíram vários tipos de atribuições que fracassaram por causa das ações ou do fraco julgamento do administrador.	*Os fracassos de negócios e os equívocos* (3,9% dos acontecimentos, 11% das pessoas)
Começos de negócios (3% dos acontecimentos, 10% das pessoas) Começar uma nova função, departamento, subsidiárias do negócio ou da organização.	Começando do zero (5,5% dos acontecimentos, 16,8% das pessoas)

(*continua*)

Tabela C.5 Acontecimentos cruciais nas vidas dos executivos internacionais *versus* nas vidas dos executivos dos Estados Unidos (*continuação*)

A amostra internacional[a]	A amostra dos Estados Unidos[b]
Negociações (3% dos acontecimentos, 8% das pessoas) Os executivos negociaram com participantes de fora da empresa, freqüentemente relutantes, se não hostis, para chegar a um contrato, preço ou acordo. As negociações foram de curta duração, específicas e formais, e deram-se, em geral, com um cliente, um governo ou um sindicato. Nós incluímos as negociações em torno dos empreendimentos conjuntos, alianças, etc., somente quando a pessoa esteve envolvida na negociação e não na direção do empreendimento.	Veja a categoria "projetos/forças-tarefa" (acima)
Crises (2% dos acontecimentos, 7% das pessoas) O administrador esteve em meio a uma importante crise, em geral envolvendo intensa pressão, exposição na mídia e participantes externos (governos, terroristas, reguladores).	Veja a categoria "traumas pessoais" (acima)
Desafios familiares e pessoais (2% dos acontecimentos, 8% das pessoas) Estresse, desafios e sacrifícios, pessoais e/ou na família, foram causados por acontecimentos na carreira ou vice-versa. Também estão incluídos os acontecimentos externos na família ou na vida pessoal que causam impacto na carreira ou na perspectiva do executivo (por exemplo, uma conversão religiosa, um colega morto em um acidente aéreo, um cônjuge enraivecido, uma doença).	*Puramente pessoal* (2,6% dos acontecimentos, 8,4% das pessoas)
Primeira responsabilidade de gestão (2% dos acontecimentos, 7% das pessoas) O foco dessas experiências esteve na primeira gestão de uma pessoa, com freqüência complicada por fatores contextuais, tais como os difíceis relacionamentos com chefes, estar em uma nova cultura, ter sido promovido antes de funcionários mais antigos ou estar supervisionando subordinados mais experientes ou precisando estabelecer credibilidade.	*A primeira supervisão* (4,9% dos acontecimentos, 15,7% das pessoas)
Uma breve tarefa na sede (2% dos acontecimentos, 7% das pessoas) As participações envolveram um cargo no escritório da sede da corporação para exposição ou propósitos desenvolvimentistas, pretendendo ser temporária e envolvendo um executivo estrangeiro.	Veja a categoria "mudanças de uma atribuição de ponta para um trabalho de equipe" (acima) Veja a categoria "rebaixamentos/promoções perdidas/ cargos ruins" (acima)

[a] A amostra internacional incluiu 332 acontecimentos e 101 pessoas

[b] A amostra dos Estados Unidos incluiu 616 acontecimentos e 191 pessoas. Os dados dos Estados Unidos foram tirados de Esther H. Lindsey, Virginia Homes e Morgan W. McCall Jr., *Key Events in Executives' Lives*, relatório técnico nº 32 (Greensboro, NC: Center for Creative Leadership, 1987).

*Enquadrou-se em mais de uma experiência.

**Não se enquadra perfeitamente, mas se aproxima.

Notas

Prefácio

1. Joseph Campbell, *The Hero with a Thousand Faces*, 2nd edition (Princeton, NJ: Princeton University Press, 1972).
2. John Steinbeck, *The Log from the Sea of Cortez* (New York: Viking, 1951), 61.

Capítulo 1: Introdução

1. Heráclito, *Fragments: The Collected Wisdom of Heraclitus*, traduzido por B. Haxton (New York: Viking, 2001).
2. Veja, por exemplo, Christopher A. Bartlett e Sumantra Ghoshal, *Managing Across Borders* (Boston: Harvard Business School Press, 1998).
3. Veja, por exemplo, Manfred F. R. Kets de Vries, *The New Global Leaders: Richard Branson, Percy Barnevik, and David Simon* (San Francisco: Jossey-Bass, 1999).
4. Jay Galbraith, *Designing the Global Corporation* (San Francisco: Jossey-Bass, 2000).
5. J. Stewart Black, Allen J. Morrison, and Hal B. Gregersen, *Global Explorers: The Next Generation of Leaders* (New York: Routledge, 1999).
6. George P. Hollenbeck, "A Serendipitous Sojourn through the Global Leadership Literature", in *Advances in Global Leadership*, vol. 2, ed. William Mobley and Morgan W. McCall Jr. (Stamford, CT: JAI Press, 2001).
7. Veja, por exemplo, John Fulkerson, "Growing Global Executives", in *The 21st Century Executive: Innovative Practices for Building Leadership at the Top*, ed. Rob Silzer (San Francisco: Jossey-Bass, 2002); e Douglas T. Hall, Gurong Zhu e Amin Yan, "Developing Global Leaders: To Hold On to Them, Let Them Go!", in *Advances in Global Leadership*, vol. 2, ed. William Mobley and Morgan W. McCall, Jr. (Stamford, CT: JAI Press, 2001).
8. Morgan W. McCall, Jr., Michael Lombardo e Ann Morrison, *The Lessons of Experience* (New York: Free Press, 1988).
9. Morgan W. McCall Jr., *High Flyers: Developing the Next Generation of Leaders* (Boston: Harvard Business School Press, 1998).
10. Black, Morrison, and Gregersen, *Global Explorers*, 10, 11.
11. Galbraith, *Designing the Global Corporation*, 2.

Capítulo 2: O que é um executivo global?

1. Bartlett and Ghoshal, *Managing Across Borders*.
2. Christopher A. Bartlett and Sumantra Ghoshal, "What Is a Global Manager?" *Harvard Business Review* 70, n° 5 (1992): 125.
3. Christopher A. Bartlett and Sumantra Ghoshal, "Matrix Management: Not a Structure, a Frame of Mind", *Harvard Business Review* 68, n° 4 (July-August 1990): 138-145.
4. Embora as pessoas, freqüentemente, usem a palavra *país* para definir as fronteiras que atravessamos, o termo representa um conveniente, mas imperfeito, substituto do termo *cultura*, que é, na verdade, a travessia de maior interesse.
5. Veja, por exemplo, Z. Aycan, *Expatriate Management: Theory and Research* (Greenwich, CT: JAI Press, 1997).
6. O termo *cultura* tem muitas definições. Veja, por exemplo, William B. Gudykunst, *Bridging Differences: Effective Intergroup Communication*, 3rd ed. (Thousand Oaks, CA: Sage Publications, 1998), 69. Aqui, nós enfocamos as crenças, as atitudes e os comportamentos que caracterizam algum grupo, esteja este ciente do fato ou não.
7. Bartlett and Ghoshal, "What is a Global Manager?"
8. Para este argumento, veja Hollenbeck, "A Serendipitous Sojourn through the Global Leadership Literature"; para uma ilustração prática, veja "Churning at the Top", *The Economist*, 17 March de 2001, 67-69.
9. Veja Hollenbeck, "A Serendipitous Sojourn through the Global Leadership Literature", para várias listas de competências das companhias e empresas de consultoria.
10. W. Taylor, "The Logic of Global Business: An Interview with ABB's Percy Barnevik", *Harvard Business Review* 69, n° 2 (March-April 1991): 91-105.

Capítulo 3: Trajetórias globais

1. Não pudemos resistir a furtar essa citação de abertura de capítulo de Dickens do clássico de Warren Bennis, *On Becoming a Leader* (Reading, MA: Addison-Wesley, 1989). Além da sabedoria do próprio Warren, este livro contém um número de citações irresistíveis sobre a aprendizagem tiradas de fontes notáveis, incluindo o trecho seguinte em *Life on the Mississippi*, de Mark Twain: "Duas coisas me pareciam bastante aparentes. Uma era que, a fim de ser um piloto [no rio Mississippi], um homem tinha que aprender mais do que a qualquer homem deveria ser permitido aprender; e a outra era que ele precisa aprender tudo de novo de um modo diferente cada 24 horas".
2. Segundo a *Fortune* ("The Triumph of English", 18 de setembro de 2000, 209-212), existem 322 milhões de falantes nativos do inglês, mais ou menos, e talvez um outro bilhão que o fala com algum grau de competência. Com a população do mundo excedendo 6,1 bilhões, estamos falando de algo entre 5,3% e 21,6% de pessoas que falam inglês, dependendo do rigor do critério.

Capítulo 4: As lições da experiência internacional

1. Craig Storti, *The Art of Crossing Cultures* (Yarmouth, ME: Intercultural Press, 1990), 15.
2. McCall, Lombardo, and Morrison, *The Lessons of Experience*; e Esther H. Lindsey, V. Holmes, and Morgan W. McCall, Jr., *Key Events in Executives' Lives*, relatório técnico n° 32 (Greensboro, NC: Center for Creative Leadership, 1987).
3. Morgan W. McCall, Jr., Gretchen M. Spreitzer, and J. Mahoney, *Identifying Leadership Potential in Future International Executives: A Learning Resource Guide*, relatório final da

fase 2 deste projeto de pesquisa (Lexington, MA: International Consortium for Executive Development Research, 1994); e Gretchen M. Spreitzer, Morgan W. McCall, Jr., and J. Mahoney, "Early Identification of International Executives", *Journal of Applied Psychology* 82, n° 1 (1997): 6-29.
4. McCall, Lombardo, and Morrison, *The Lessons of Experience*.
5. Os dados nos quais os resultados dos Estados Unidos se basearam foram coletados de uma amostra de 191 executivos de 5 corporações norte-americanas e da subsidiária nos Estados Unidos de uma empresa canadense. Desses executivos, 89 foram entrevistados; o restante respondeu via uma enquete escrita. Quando esse estudo foi planejado, os autores não estavam preocupados com as questões internacionais e não consideraram ou coletaram dados sobre as nacionalidades dos executivos. Na nossa melhor estimativa, menos de 5% do total não eram dos Estados Unidos; portanto, para todos os propósitos práticos, essa pode ser uma amostra doméstica dos Estados Unidos. Por conveniência, nós usaremos esse critério em todo o livro, em vez de repetidamente qualificarmos a amostra com frases do tipo "virtualmente todos" ou "para todos os propósitos práticos". Embora a amostra fosse norte-americana, alguns dos executivos no estudo original tinham experiência expatriada. O poder dessas experiências no exterior, em vez da nacionalidade dos executivos, pode explicar parcialmente, nas lições que aprenderam, algumas das semelhanças com a nossa amostra global.
6. McCall, Spreitzer, and Mahoney, *Identifying Leadership Potential*.
7. McCall, *High Flyers*.
8. Douglas T. Hall, and Philip H. Mirvis, "The New Protean Career", in Douglas T. Hall and Associate, *The Career is Dead, Long Live the Career: A Relational Approach to Careers* (San Francisco: Jossey-Bass, 1996), 15-45.
9. McCall, *High Flyers;* e McCall, Spreitzer, and Mahoney, *Identifying Leadership Potential*.
10. Hall, Zhu, and Yan, "Developing Global Leaders".
11. Hollenbeck, "A Serendipitous Sojourn through the Global Leadership Literature", 15-47.
12. Ibid.
13. Hall, Zhu, and Yan, "Developing Global Leaders".

Capítulo 5: Experiências que ensinam aos executivos globais

1. McCall, *High Flyers*, 62.
2. Steinbeck, *Sea of Cortez*, 158.
3. Campbell, *Hero with a Thousand Faces*.
4. Morgan W. McCall, Jr., Michael Lombardo, and Ann Morrison, "Great Leaps in Career Development", *Across the Board* (March 1989): 61.
5. Hall, Zhu, and Yan, "Developing Global Leaders".
6. Campbell, *Hero with a Thousand Faces*.
7. Hall, Zhu, and Yan, "Developing Global Leaders".

Capítulo 6: Entendendo a cultura

1. Mary Catherine Bateson, *Peripheral Visions: Learning along the Way* (New York: HarperCollins, 1994).
2. Kalvero Oberg, "Culture Shock: Adjustment to New Cultural Environments", *Practical Anthropology* 7 (1960): 177-182, como citado em referência de Joyce S. Osland, *The Adventure of Working Abroad* (San Francisco: Jossey-Bass, 1995).
3. Lindsey, Holmes, and McCall, *Key Events in Executives' Lives*.

4. Joyce S. Osland, *The Adventure of Working Abroad* (San Francisco: Jossey-Bass, 1995), 141 e 154.
5. Storti, *The Art of Crossing Cultures*, 106.
6. Black, Morrison, and Gregersen, *Global Explorers*.
7. Bartlett, and Ghoshal, *Managing Across Borders*, 114.
8. Com efeito, as questões de família são, sem dúvida, mais importantes do que as nossas perguntas sobre os acontecimentos cruciais revelaram. Foram um tópico central nas respostas às outras perguntas na entrevista.
9. Veja, por exemplo, Monica Rabe, *Culture Shock: A Practical Guide* (Portland, OR: Graphic Arts Publishing, 1997).
10. Storti, *The Art of Crossing Cultures*, 11.
11. Barbara W. Tuchman, *The March of Folly: From Troy to Vietnam* (New York: Ballantine, 1984).

Capítulo 7: Quando as coisas dão errado

1. McCall, *High Flyers*. Veja também Morgan W. McCall, Jr., and Michael M. Lombardo, "Off the Track: Why and How Successful Executives Get Derailed", Relatório Técnico 21 (Greensboro, NC: Center for Creative Leadership, 1983).
2. McCall, *High Flyers*.
3. John J. Gabarro, *The Dynamics of Taking Charge* (Boston: Harvard Business School Press, 1987).
4. Veja, por exemplo, Osland, *The Adventure of Working Abroad*.

Capítulo 8: Desenvolvimento de executivos globais

1. McCall, *High Flyers*.
2. Veja, por exemplo, Bartlett and Ghoshal, *Managing Across Borders*.
3. Veja, por exemplo, Galbraith, *Designing the Global Corporation*, acerca da crescente complexidade de tais planejamentos; e Lynn Isabella and Robert Spekman, "Alliance Leadership: Template for the Future", in *Advances in Global Leadership*, vol. 2, ed. William Mobley and Morgan W. McCall, Jr. (Stamford, CT: JAI Press, 2001), acerca das alianças e dos empreendimentos conjuntos que, com freqüência, acompanham a expansão global.
4. Bartlett and Ghoshal, *Managing Across Borders*.
5. Isabella and Spekman, "Alliance Leadership".
6. Laree S. Kiely, "Overcoming Time and Distance: Virtual International Executive Teams"; e Alison Eyring, "The Challenges of Long-Distance Leadership: A View from Asia". Ambos os artigos aparecem em *Advances in Global Leadership*, vol. 2, ed. William Mobley and Morgan W. McCall, Jr. (Stamford, CT: JAI Press, 2001).
7. Spreitzer, McCall and Mahoney, "Early Identification of International Executives".
8. McCall, *High Flyers*.

Capítulo 9: Construção de uma carreira global

1. Hall and Mirvis, "The New Protean Career", in Hall and Associate, *The Career Is Dead, Long Live the Career*.
2. Yumiko Ono e Bill Spindle, "Japan's Long Decline Makes One Thing Rise: Individualism", *Wall Street Journal*, 29 de dezembro de 2000.
3. Douglas T. Hall and Jonathan E. Moss, "The New Protean Career Contract: Helping Organizations and Employees Adapt", *Organizational Dynamics* (winter de 1998).
4. Hall and Mirvis, "The New Protean Career", in Hall, *The Career is Dead, Long Live the Career*, 20.

5. Uma descrição respeitável da incerteza e da ansiedade de se experimentar outras culturas, bem como das ferramentas para com elas aprender, se encontra em Storti, *The Art of Crossing Cultures*. Nós já recomendamos este livro a executivos trabalhando em uma variedade de situações (por exemplo, um americano trabalhando para uma empresa japonesa).
6. David A. Thomas and John J. Gabarro, *Breaking Through: The Making of Minority Executives in Corporate America* (Boston: Harvard Business School Press, 1999).
7. "Few Female Executives Posted Overseas", *Houston Chronicle*, 24 November 2000, 4C.
8. John P. Kotter, *The New Rules: How to Succeed in Today's Post-Corporate World* (New York: Free Press, 1995); Thomas and Gabarro, *Breaking Through*; Stefan Wills and Kevin Barham, "Being an International Manager", *European Management Journal* 12, n° 1 (1994): 49-58.
9. Os livros que descrevem e prescrevem como lidar com os choques culturais são bastante difundidos. O nosso favorito é *The Art of Crossing Cultures*, de Storti. Simples, direto, de fácil leitura, o livro é recomendado a qualquer um que esteja lidando com outras culturas. Gudykunst, *Bridging Differences*, proporciona uma legível descrição da ansiedade inerente à confrontação do diferente e como lidar com ela.
10. A conhecida tendência dos executivos globais de se sentirem inadequadamente recompensados e de fazerem exigências aparentemente pouco razoáveis (conhecida, ao menos, por qualquer administrador de salários internacionais)não é, suspeitamos, em relação à apreciação das dificuldades, uma questão de dinheiro. As histórias são inúmeras, exigências de que se transportasse desde uma adega de mil garrafas de vinho até todo um estábulo de cavalos de equitação!

Capítulo 10: Epílogo

1. Encontrar os horários do passado dos vôos Londres/Cingapura teve início com uma pista criativa de Jane Fama, da biblioteca da Harvard Business School, e que nos levou a Bill Demarest, da World Airline Historical Society que, por sua vez, conduziu aos membros dessa: David Keller, Jim "Jet" Thompson e Steve Caisse, notáveis colecionadores dos horários de vôos e que foram muitíssimo generosos em sua ajuda.
2. O poder de permanência tanto da metodologia como dos resultados da abordagem experiências/lições (originalmente publicada em 1987) se confirmou recentemente por duas reproduções e extensões, um estudo realizado pela Boeing Company nos Estados Unidos e, o outro, um estudo entre organizações feito no Japão. Veja Paul R. Yost, Mary Mannion Plunkett, Robert McKenna, and Lori Homer, "Lessons of Experience: Personal and Situational Factors That Drive Growth", estudo apresentado no encontro anual da Society for Industrial and Organizational Psychology, San Diego, Califórnia, de 27 a 29 de abril de 2001; e Works Institute, "Research Project: 'The Lessons of Experience' in Japan", um relatório de pesquisa não publicado, Tóquio, Japão, junho de 2001.
3. Thomas L. Friedman, *The Lexus and the Olive Tree* (New York: First Anchor Books, 2000).
4. G. Pascal Zachary, *The Global Me* (New York: Public Affairs, 2000).
5. Bruce Tulgan, *Winning the Talent Wars* (New York: W. W. Norton, 2001).
6. "The Staff of Life", *The Economist*, 3 February 2001, 87.

Apêndice B: Metodologia

1. McCall, Lombardo, and Morrison, *The Lessons of Experience*.
2. Morgan McCall, Jr., and Michael M. Lombardo, "What Makes a Top Executive", *Psychology Today* 17, n° 2 (February 1983): 26-31.
3. Lindsey, Holmes, and McCall, *Key Events in Executives' Lives*.
4. Jean Brittain Leslie, and Ellen Van Velsor, *A Look at Derailment Today: North America and Europe* (Greensboro, NC: Center for Creative Leadership, 1996).

Referências bilbiográficas

Aycan, Z. *Expatriate Management: Theory and Research*. Greenwich, CT: JAI Press, 1997.
Bartlett, Christopher A. and Sumantra Ghoshal. "Matrix Management: Not a Structure, a Frame of Mind". *Harvard Business Review* 68, n° 4 (July-August 1990): 138-145.
_____ . "What Is a Global Manager?" *Harvard Business Review* 70, n° 5 (September-October 1992): 125.
_____ . *Managing Across Borders*. Boston: Harvard Business School Press, 1998.
Bateson, Mary Catherine. *Peripheral Visions: Learning along the Way*. New York: HarperCollins, 1994.
Bennis, Warren. *On Becoming a Leader*. Reading, MA: Addison-Wesley, 1989.
Black, J. Stewart, Allen J. Morrison, and Hal B. Gregersen. *Global Explorers: The Next Generation of Leaders*. New York: Routledge, 1999.
Campbell, Joseph. *The Hero with a Thousand Faces*, 2nd ed. Princeton, NJ: Princeton University Press, 1972.
Eyring, Alison. "The Challenges of Long-Distance Leadership: A View from Asia". In *Advances in Global Leadership*, vol. 2, ed. William Mobley and Morgan W. McCall, Jr. Stamford, CT: JAI Press, 2001.
Friedman, Thomas L. *The Lexus and the Olive Tree*. New York: First Anchor Books, 2000.
Fulkerson, John. "Growing Global Executives". Em *The 21st Century Executive: Innovative Practices for Building Leadership at the Top*, ed. Rob Silzer. San Francisco: Jossey-Bass, 2002.
Gabarro, John J. *The Dynamics of Taking Charge*. Boston: Harvard Business School Press, 1987.
Galbraith, Jay. *Designing the Global Corporation*. San Francisco: Jossey-Bass, 2000.
Gudykunst, William B. *Bridging Differences: Effective Intergroup Communication*, 3rd ed. Thousand Oaks, CA: Sage Publications, 1998.
Hall, Douglas T. and Jonathan E. Moss, "The New Protean Career Contract: Helping Organizations and Employees Adapt". *Organizational Dynamics* (Winter 1998).
Hall, Douglas T. and Philip H. Mirvis. "The New Protean Career". In Douglas T. Hall and Associate, *The Career is Dead, Long Live the Career: A Relational Approach to Careers*. San Francisco: Jossey-Bass, 1996.
Hall, Douglas T., Gurong Zhu, and Amin Yan. "Developing Global Leaders: To Hold On to Them, Let Them Go!" In *Advances in Global Leadership*, vol. 2, ed. William Mobley and Morgan W. McCall, Jr. Stamford, CT: JAI Press, 2001.
Heraclitus. *Fragments: The Collected Wisdom of Heraclitus*, traduzido por B. Haxton. New York: Viking, 2001.
Hollenbeck, George P. "A Serendipitous Sojourn through the Global Leadership Literature". In *Advances in Global Leadership*, vol. 2, ed. William Mobley and Morgan W. McCall, Jr. Stamford: CT: JAI Press, 2001.

Isabella, Lynn and Robert Spekman, "Alliance Leadership: Template for the Future". In *Advances in Global Leadership*, vol. 2, ed. William Mobley and Morgan W. McCall, Jr. Stamford, CT: JAI Press, 2001.

Kets de Vries, Manfred F. R. *The New Global Leaders: Richard Branson, Percy Barnevik and David Simon*. San Francisco: Jossey-Bass, 1999.

Kiely, Laree S. "Overcoming Time and Distance: Virtual International Executive Teams". Em *Advances in Global Leadership*, vol. 2, ed. William Mobley and Morgan W. McCall, Jr. Stamford, CT: JAI Press, 2001.

Kotter, John P. *The New Rules: How to Succeed in Today's Post-Corporate World*. New York: Free Press, 1995.

Leslie, Jean Brittain and Ellen Van Velsor, *A Look at Derailment Today: North America and Europe*. Greensboro, NC: Center for Creative Leadership, 1996.

Lindsey, Esther H., V. Holmes, and Morgan W. McCall, Jr. *Key Events in Executives' Lives*. Technical report n° 32. Greensboro, NC: Center for Creative Leadership, 1987.

McCall, Jr., Morgan W. *High Flyers: Developing the Next Generation of Leaders*. Boston: Harvard Business School Press, 1998.

McCall, Jr., Morgan W., and Michael M. Lombardo, "What Makes a Top Executive", *Psychology Today* 17, n° 2 (February 1983): 26-31.

McCall, Jr., Morgan W., Michael Lombardo, and Ann Morrison, "Great Leaps in Career Development". *Across the Board* (March 1989): 61.

———. *The Lessons of Experience*. New York: Free Press, 1988.

McCall, Jr., Morgan W., Gretchen M. Spreitzer, and J. Mahoney, *Identifying Leadership Potential in Future International Executives: A Learning Resource Guide*. Lexington, MA: International Consortium for Executive Development Research, 1994.

Oberg, Kalvero. "Culture Shock: Adjustment to New Cultural Environments". *Practical Anthropology* 7 (1960): 177-182.

Ono, Yumiko, and Bill Spindle. "Japan's Long Decline Makes One Thing Rise: Individualism". *Wall Street Journal*, 29 December 2000.

Osland, Joyce S. *The Adventure of Working Abroad*. San Francisco: Jossey-Bass, 1995.

Rabe, Monica. *Culture Shock: A Practical Guide*. Portland, OR: Graphic Arts Publishing, 1997.

Spreitzer, Gretchen M., Morgan W. McCall, Jr., and J. Mahoney. "Early Identification of International Executives". *Journal of Applied Psychology* 82, n° 1 (1997): 6-29.

Steinbeck, John. *The Log from the Sea of Cortez*. New York: Viking, 1951.

Storti, Craig. *The Art of Crossing Cultures*. Yarmouth, ME: Intercultural Press, 1990.

Taylor, W. "The Logic of Global Business: An Interview with ABB's Percy Barnevik". *Harvard Business Review* 69, n° 2 (March-April 1991): 91-105.

Thomas, David A., and John J. Gabarro. *Breaking Through: The Making of Minority Executives in Corporate America*. Boston: Harvard Business School Press, 1999.

Tuchman, Barbara W. *The March of Folly: From Troy to Vietnam*. New York: Ballantine, 1984.

Tulgan, Bruce. *Winning the Talent Wars*. New York: W. W. Norton, 2001.

Wills, Stefan, and Kevin Barham. "Being an International Manager". *European Management Journal* 12, n° 1 (1994): 49-58.

Works Institute. "Research Project: 'The Lessons of Experience' in Japan". Unpublished research report, Toky, Japan, June 2001.

Yost, Paul R., Mary Mannion Plunkett, Robert McKenna and Lori Homer. "Lessons of Experience: Personal and Situational Factors that Drive Growth". Estudo apresentado no encontro anual da Society for Industrial and Organizational Psychology, San Diego, CA, 27-29 April 2001.

Zachary, G. Pascal. *The Global Me*. New York: Public Affairs, 2000.

Índice

ABB (Asea Brown Boveri), 36-37, 48-49
    avaliação do talento executivo, 162-165
    adaptação
        à cultura, 188-189
            conseqüências do fracasso da, 139, 140-141, 143-144
            importância da, 99-100-101, 138-139
        programas de aprendizagem de ação, 130-131
Aprendendo com a experiência, 104-105
    atribuições que ensinam e, 159-160
    ilusão de controle, 159-160, 162
Atribuições básicas, 107, 158
    primeiras experiências de gestão, 107-109, 195
    primeiras experiências de trabalho, 107-108, 195
Atribuições de ponta, 108-109, 158
    começos de negócio, 110-111, 196
    construindo alianças, 110-111
    construindo e levando adiante negócios, 110-111, 197
    empreendimentos conjuntos, 110-111, 197
    fusões e aquisições como, 110-111, 197
    significância das, 176
    valor desenvolvimentista das, 111-112
    viradas de negócio, 109-110, 196
Atribuições empresariais
    alianças, 110-111
    construindo ou levando adiante, 110-111
    contexto cultural das, 38-39, 43-44, 86-88
    globalização e, 21-228 110-111
    viradas de negócio, 109-110

Barnevik, Percy, 21-22, 36-37, 50, 126-127
Bartlett, Christopher, 36-37, 153-154
Bateson, Mary Catherine, 119
Black, Stewart, 21-22, 28-29
Branson, Richard, 21-22
Brown Boveri. *Veja* ABB
Burke, James, 117-118

Campbell, Joseph, 104-105
Cargos de aconselhamento de equipe, 198
    experiência ganha com os, 112-113
Carreiras globais
    conselhos para, 179-180, 184
    elementos essenciais das, 177, 179-180
    importantes aspectos das, 173-174, 176
    mudanças de perspectiva resultantes das, 185
    múltiplas trilhas para, 173-175
    novo modelo das, 173-174
    recompensas das, 184-185
Catalisadores
    para apoiar a mudança, 168-169
    para melhorar a informação, 168-169
    para o desenvolvimento, 167-168, 170
    para proporcionar apoio, 168-169
Center for Creative Leadership (CCL), 193
Choque cultural, 28-29
    aprendizado com os, 120-121, 123, 182, 202
    aspectos desenvolvimentistas do, 123-124, 175-176
    como um modificador da perspectiva, 104-105, 115
    contextos mutantes e, 38, 68-70
    definições de, 29-31, 119-120
    e a aquisição de uma orientação mental para o global, 124-125
    e o descarrilamento de carreira, 145-147
    estudos sobre o, 120-122
    exemplos de, 119-121
    o poder do, 115
Começos de negócios, 196
    experiência de e as lições aprendidas com os, 110-111
Competências dos executivos globais, 45-47
Complexidade
    camada de complexidade executiva, 49-50
    dimensões da, 43-45
    lidando com, 49-50
    no trabalho global, 48-49
    tipos de, 43-45

Complexidade cultural
    como um determinante do trabalho global, 37
    como uma dimensão do trabalho global, 43-45
    e uma orientação mental para o global, 45
Comunicação entre culturas, 40-43
Confrontações com a realidade, experiência de e as lições aprendidas com, 116-117, 203
Contexto cultural
    cambiante, 38
    influência do, no trabalho, 38-39, 43-44
Corporações globais, 21-22
    tipos de, 21-22
Crises, experiência de e as lições aprendidas com, 117-118, 201
Cultura
    a criação de estereótipos e, 84
    adaptação à, 188-189
    aparência e realidade e, 138-139, 146
    compreensão da, 80, 81, 82-84, 182-183
    e aprendizagem, 28-29, 91, 94, 176
    e as estratégias de negócio, 81, 86-87
    e liderança, 87-90
    e o trabalho global, 38-39, 51, 64, 81, 86-88
    e os executivos globais, 35-36, 36-37, 176
    específica a um país, 83-84
    fluência na língua e, 80, 82-83
    uma abordagem genérica à, 84-86
    variáveis na, 45-46

Descarrilamento de carreira
    avaliando o potencial de, 163-164
    complexidades do, 144-148
    contribuição individual ao, 143, 145-146
    contribuições contextuais ao, 145-146, 148
    contribuições organizacionais ao, 142-143, 148-149
    dimensões internacionais do, 141-143
    dinâmicas do, 139-140
    doméstico *versus* global, 139-143
    evitando, 149-150
    exemplos de, 137-139, 140-141
    falhas fatais conduzindo a um, 139, 140-141, 146-147
    falhas fatais e, 139-141
    repatriação e o, 146-148
Desenvolvimento executivo, 21, 78
    "a coisa certa" e, 157-158
    catalisadores para, 167-168, 170
    descoberta e desenvolvimento, 166-167
    estrutura para, 151-154
    estudos do, 21-22
    experiência e, 158-162
    intenção estratégica no, 153-154
    linhas de orientação para, 161-162
    mecanismos do, 164-165, 167-168
    modelo do, 24-25, 152-153, 171
    momento para, 160-162
    no cenário internacional *versus* no doméstico, 91, 94-95
    papel individual no, 173-185
    papel organizacional no, 151-170
    pré-requisitos para, 177, 179-180
    rastreamento, 163-165
    redes de contato e, 182-184
    repatriação e, 167-168
    seleção e sucessão, 165-166

Empreendimentos conjuntos, 197
    experiência ganha com, 110-111
Equívocos, experiência de e as lições aprendidas com os, 116-118, 203
Erros de julgamento, experiência ganha com, 116-118, 203
Escala e escopo, mudanças em, experiência de e as lições aprendidas com as, 116-117, 202
Estratégia de negócio
    planejamento organizacional e, 157-158
    questões culturais na, 86-87
    questões globais na, 153-154
    relação com o desenvolvimento executivo, 26-27, 151-152, 154, 157-158
    uso de executivos naturais do estrangeiro na, 155-156
Estratégias de sucessão, 165-166
Executivos globais, 21-22
    acontecimentos cruciais nas vidas dos, 204-207
    aprendendo a dirigir um negócio por intermédio dos, 86-89
    aprendizagem com a experiência pelos, 99-101, 163-164
    atribuições básicas dos, 107-109
    autodescoberta pelos, 90-91
    avaliando a história de carreira e o potencial dos, 163
    competências dos, 45-47
    comunicação feita por, 40-43
    de alto potencial, 95-94, 98
    definição de, 45
    e o choque cultural, 121-123, 175-176
    eficácia dos, 59-62
    elementos essenciais das carreiras dos, 177, 179-180
    estudo de casos de, 62, 77-78
    evolução do conceito de, 35-37
    experiência de negociação dos, 88-90
    experiência internacional e, 80-93
    experiências que alteram a perspectiva dos, 115-118

funcionamento cruzando fronteiras de culturas dos, 35-36, 36-37, 38-39, 43-44, 80, 82, 85-86
identificação de indivíduos de alto potencial, 95-94, 98
inato *versus* desenvolvido, 54
influências iniciais nos, 54-55, 57-58
liderança pelos, 42-43, 87-89, 89-90
meios de formação dos, 54-55, 62, 161
modelos de carreira para, 173-174
mulheres como, 133-135
país natal dos, 49-50
papel individual no desenvolvimento dos, 173-185
papel organizacional no desenvolvimento dos, 151-152, 170
planejamento de substituição para, 166
principais atribuições de ponta, 108-109, 111-112
relacionamentos problemáticos dos, 88-90
relações com os superiores, 88-89
riscos encontrados pelos, 29-31
seleção e sucessão dos, 165-166
semelhanças e diferenças entre, 29-30
termos usados para descrever, 49-50
Expatriados, 167
catalisador autodesenvolvimentista para, 167-169
definição, 35-36, 49-50
questões de família dos, 167-168
repatriação, 167-168
Experiência
aspectos culturais da, 80, 82, 85-86
atribuições básicas, 107-109, 195
catalisadores para se aprender com a, 167-168, 170
e aprendizagem, 99-101, 163-164
e o desenvolvimento executivo, 158-162, 175-176
equilibrando os resultados da, 178-179
fontes de curta duração de, 111-112, 115, 198-199
internacional, 80-82, 91, 94-95, 204-205, 207
outras pessoas significativas e a, 111-112, 119-120, 125-127, 158, 200
papel da organização na, 103-104, 134-135, 158-160
papel dos mecanismos na, 164-165, 167-168
principais atribuições de ponta, 108-109, 111-112, 196-197
que altera a percepção, 115-118, 201-204
Experiência internacional, 80. *Veja também* Lições, em experiência internacional
contrastada com a experiência nos Estados Unidos, 91, 94-95, 204-205, 207
e o desenvolvimento executivo, 158-160
em um mundo em mudança, 187-188-190
questões culturais, 80, 82, 85-86
temas e lições da, 81-82
Experiências autodesenvolvimentistas, 199

cenários de, 128-129
experiência de e as lições aprendidas com as, 112-114, 127
programas executivos, 129-130
Experiências de breve duração, 158
atribuição na sede, 112-113, 115, 198
cargos de aconselhamento de equipe, 112-113, 198
consultoria, 112, 198
experiências desenvolvimentistas e educacionais, 112-114, 198
exposição a pessoas significativas, 111-112
negociações, 115, 199
projetos especiais, 112, 198
Experiências educacionais, 199
experiência de e as lições aprendidas com as, 112-114, 127
programas de aprendizagem de ação, 130-131
programas de estágio, 128-129
programas executivos, 129-130
Eyring, Alison, 154

Falhas fatais, e o descarrilamento de carreira, 139-141
Família
e eficácia executiva, 167-169
efeito do trabalho global na, 45-46
importância da, 130-132, 183-184
lições aprendidas com, 131-132, 204
resolvendo o problema na, 132
tipos de questões, 130-132
Fluência na língua, 80
importância da, 82-83
Formação de redes de contato, importância da, 182-184
Formar estereótipos, 84
evitando, 85-86
Friedman, Thomas, 188-189
Fusões e aquisições, 197
experiência ganha com, 110-111

Gabarro, John, 143-144, 177
Galbraith, Jay, 21-22
Ghoshal, Sumantra, 36-37, 153-154
Global Me, The (Zachary), 188-189

Hall, Tim, 99-100, 101, 105
Heráclito, 21, 33, 104, 190
High Flyers (McCall), 24
aprendendo com a experiência dos, 99-101
atributos dos, 96-97
critérios para identificação, 94, 98
estrutura, 24-25, 151-154
indivíduos de alto potencial, 95, 190
Huxley, Aldous, 190

Internacional, definição, 35-36
Isabella, Lynn, 154

Johnson & Johnson
  estágios na, 128-129
  "o susto do Tylenol" e, 117-118

Kiely, Laree, 154

Lessons of Experience, The (McCall et al.), 193
Lexus and the Olive Tree, The (Friedman), 188-189
Lições, em experiência internacional
  onde se aprendem, 121-122
  sobre cultura, 80, 85-86
  sobre liderar e gerir outras pessoas, 87-89
  sobre negócios, 86-88
  sobre os relacionamentos, 88-90
  sobre si mesmo e a carreira, 90-91
  versus a experiência norte-americana, 91, 94-95
Liderança
  aprendida com outras pessoas significativas, 125-126
  características pessoais necessárias para a, 89-90
  elementos básicos da, 87-89
  experiência internacional *versus* doméstica na, 91, 94
  questões culturais na, 42-43, 88-89
Liderança global
  caminhos para, 173-175
  definição, 35-37
  desenvolvimento da, 175
Lombardo, Michael, 193

Mahoney, Jay, 99-100, 163-164
Managing Across Borders (Bartlett e Ghoshal), 36-37
March of Folly, The (Tuchman), 135
McCall, Morgan, 24, 91, 94, 99-100, 103-104, 140, 163-164, 193
Metacompetências, 99-101
Metodologia
  descrição da, 193-194
  pergunta acerca do descarrilamento de carreira e, 191, 193
  pergunta acerca dos acontecimentos cruciais e, 191, 193
Mirvis, Philip, 99-100
Morrison, Ann, 193
Mudanças de perspectiva
  choque cultural e as, 104-105, 115, 123-124, 202
  desafios pessoais e na família, 117-118, 204
  importância das, 188-190
  mudanças em escopo e em escala e, 116-117, 202
  resultantes das confrontações com a realidade, 116-117, 203
  resultantes das crises, 117-118, 201
  resultantes de uma guinada de carreira, 116, 201
  resultantes dos equívocos e dos erros de julgamento, 116-118, 203
Mulheres executivas
  como executivos, 133-134
  diferenças nas experiências das, 134-135

Negociação, 199
  experiência de e as lições aprendidas com, 115
  pelos executivos globais, 88-90

Oberg, Kalvero, 119
Olsson, Arne, 124-125
On Nature (Heráclito), 21
Ono, Yumiko, 173
Organização transnacional, 36-37
Orientação mental para o global, 28, 45
  choque cultural e, 124-125
  desenvolvimento da, 100-101
Osland, Joyce, 124
Outras pessoas significativas
  conhecimento cultural resultante de, 119-120
  doméstica *versus* global, 119-120
  e o desenvolvimento executivo, 158
  experiência de e as lições aprendidas com, 111-112, 200
  identidades das, 125
  influência de, 126-127
  técnicas de liderança aprendidas com, 125-126

País de origem, importância do, 49-50
Participantes da pesquisa
  afiliações das empresas dos, 23-24
  demografia dos, 22-23, 133-134
  entrevistas com, 24-25
  nacionalidade dos, 23-24
  perguntas enviadas aos, 191-192
Personalidade
  falhas levando ao descarrilamento de uma carreira, 139, 140-141
  orientação mental para o global e, 124-125
  questões em relação à, 117-118, 204
Planejamento para a substituição, 166
Programas de estágio, 128-129
Projetos de consultoria, 198
  experiência de e as lições aprendidas com os, 112
Projetos especiais, 198
  experiência em e lições aprendidas com os, 112
Psychology Today, 193

Rabe, Monica, 124-125
Repatriação
  dificuldades da, 28, 146-148
  formas de, 167
  processos para, 167-168

Sede
  experiência na e lições aprendidas com a, 112, 113-115, 198
  lidando com a, 88-90
  local da, 155-156
  questões de família, 117-118
Seleção
  auto-seleção, 177-179
  dos candidatos, 165-166
Sorte, e o descarrilamento de carreira, 139-140, 141
Spekman, Robert, 154
Spindle, Bill, 173
Spreitzer, Gretchen, 99-100, 163-164
Steinbeck, John, 104-105
Storti, Craig, 80, 124, 134-135

Talento
  avaliando o, 162, 164-165
  como uma tapeçaria, 98-100
  dos indivíduos de alto potencial, 95-94, 98
  metacompetências, 99-101
Thomas, David, 177
Trabalho global
  aprendendo com, 120-123, 184-185
  complexidade do, 43-45, 48-49
  definição, 44-45
  desafios do, 47-48, 184
  diferenças em relação ao trabalho doméstico, 45-46
  dimensões do, 43-45
  elo "como/o quê" e, 48
  questões culturais no, 44-45, 50-51, 64
  questões de família, 45-46
  responsabilidades no, 45-46
  riscos do, 137-139, 176
  vantagens e desvantagens do, 45-46, 184-185
Trajetórias executivas
  Andrew, 63, 66-67
  Brian, 72, 77-78
  Jean, 67, 71-72
Transformação pessoal, 124-125
Travessia de fronteiras culturais, impacto de, 28, 37-38
Tuchman, Barbara, 134-135

Unilever, 53-54

Viradas de negócio, 196
  experiência de e as lições aprendidas com, 109-110

Yan, Amin, 99-100, 101, 105

Zachary, Pascal, 188-189
Zhu, Gurong, 99-100, 101, 105

METRÓPOLE
Indústria Gráfica Ltda.
Fone/Fax: (51) 3318-6355
e-mail: mig@mig.com.br
www.mig.com.br